U0371176

A Wise and Benevolent Power

Creative Involvement
in a Nutshell

仁智大国

『创造性介入』概说

王逸舟 —— 著

北京大学出版社
PEKING UNIVERSITY PRESS

图书在版编目(CIP)数据

仁智大国:"创造性介入"概说/王逸舟著.—北京:北京大学出版社,2018.6

ISBN 978-7-301-29524-3

Ⅰ.①仁… Ⅱ.①王… Ⅲ.①外交—研究—中国 Ⅳ.①D82

中国版本图书馆 CIP 数据核字(2018)第 083161 号

书　　　名	仁智大国:"创造性介入"概说 RENZHI DAGUO:"CHUANGZAOXING JIERU" GAISHUO
著作责任者	王逸舟　著
责任编辑	耿协峰　孙莹炜
标准书号	ISBN 978-7-301-29524-3
出版发行	北京大学出版社
地　　　址	北京市海淀区成府路 205 号　100871
网　　　址	http://www.pup.cn　新浪微博:@北京大学出版社
微信公众号	北京大学出版社　北大出版社社科图书
电子邮箱	编辑部 ss@pup.cn　总编室 zpup@pup.cn
电　　　话	邮购部 62752015　发行部 62750672　编辑部 62765016
印　刷　者	北京中科印刷有限公司
经　销　者	新华书店 650 毫米×980 毫米　16 开本　20.5 印张　247 千字 2018 年 6 月第 1 版　2024 年 5 月第 5 次印刷
定　　　价	62.00 元

未经许可,不得以任何方式复制或抄袭本书之部分或全部内容。
版权所有,侵权必究
举报电话:010-62752024　电子邮箱:fd@pup.cn
图书如有印装质量问题,请与出版部联系,电话:010-62756370

目 录

引　语　/ 1

第一部分　基本线索　/ 4

　　一、外交本质　/ 5

　　二、研究线索　/ 7

　　三、创造性介入　/ 11

　　四、场景推演　/ 17

　　五、外交转型　/ 33

　　六、全球趋势　/ 40

　　七、理论支撑　/ 64

第二部分　代际转换　/ 106

　　一、毛泽东时代：屈辱催生的抗争立场　/ 107

　　二、邓小平时代：改革开放和国际合作　/ 117

　　三、新一代外交：世界大国的机遇与考验　/ 130

　　四、外交转型的社会基础　/ 151

第三部分 能力建设 / 164

一、外交公共产品问题：以对非外交为例 / 165

二、欧洲人如何扮演全球角色？——借鉴与反思 / 214

三、中国外交能力：新的方位及议题 / 243

结语 仁的社会，智的外交 / 312

后 记 / 325

引　语

本书的主题，是探讨新时期中国外交的取向，即笔者提出的"创造性介入"，一种仁智大国的定位。

与过去相比，当前的中国外交有哪些独特的机遇，又可能遇到什么样的挑战？为什么"仁"与"智"——而非简单的权术和力量——是中国大国新型外交特别需要的品格？

与此相关需要探讨：这种新外交取向——中国作为行为主体创造性介入全球事务的积极态度——与当代世界复杂多变的格局之间有何内在联系？怎样辨识逆全球化潮流与人类进步演化的总体趋势，使我们国家未来能趋利避害、持续前行？

继续追问：与国内外各方面需求对照，现有外交体制机制还有哪些不适应的地方？创造性介入的过程如何不靠蛮力、不拼体量规模、不过多依赖金钱和物力，而是通过智慧的方案、有效的斡旋、富有想象力的安排，以"仁""智"的格调推进？

它还涉及外交的国内基础和政治条件。中国从相当落后迈入比较先进的阶段，尽管民族国家建设取得世人公认的成就，但并不完备和充分；尤其政治的现代化进程仍然存在诸多缺失和障碍，外交的能力建设很大程度上受制于国内这方面的氛围与条件。因此，社会政治转型问题也应当成为外交研究的重要内容。

简言之，本书提倡的"创造性介入"，不应当只是被视为倡导积极进取、角色活跃的对外态度，同时要求对自身长短有清醒的估计，努力成为有风范的、进步的、被本国人民热爱并受国际社会欢迎的国家。

期待我们的国家朝着仁智大国的方向不断迈进。

第一部分
基本线索

一、外交本质

在分析中国外交之前，先说说一般性的概念：什么是"外交"？

这个看似不成问题的问题，其实需要探讨一下，因为现在我们常常把它和别的东西搞混。

政府的外交、军事、商务三个主要部门，构成国家对外交往的三大支柱。它们互相支持，且有内在联系，但彼此的方向和功能有大的区分。笔者认为，外交最重要的内涵，是努力以和平方式解决国家间争端；外交的主题词应该是"斡旋"（mediation），即通过智慧的方式（通常是非武力的、非强制的形态）化解争端，至少是缓和危局。这使得它与军事（以武力或武力威慑实现安全和大的战略目标）和商务（主要依靠市场、货币和资源获取经济收益）的功能区别开来，后两者对应的主题词分别是"威慑"（deterrence）和"逐利"（profit）。

当然，这仅是比较简单的说法。细究起来，外交工作其实还有许多不同的任务，它们均有其独特而重要的价值。比如，使领馆收集和梳理当事国的各种信息，为国家高层有关决策提供不可或缺的依据；外交部须统筹协调本国参与联合国和其他国际组织的工作，为国内各部门加入多边机构确定总体目标；不管一般人感受如何、成效显著与否，外交人员承担了大量默默无闻的国际谈判和调解工作（通常在官方照会和最终缔约之前），他们的工作代表着一个国家对外沟通的正式而权威的渠道。广义的外交政策，是一个国家处理对外关系、进行外交活动、表达本国诉求的基本原则和行动方针。也可以说，外交是主权国家存在的象征，是各种国际活动的中心部分。

"外交"范畴的讨论有助于加深对问题的理解。一般而言，狭义的"外交"（diplomacy），指的是外交部门代表国家对外行使职责的方式及内容，如建交或断交、照会或派遣特使、宣布领导人的出访来访、安排国家间的谈判和交涉、参加只有主权国家能够参加的国际会议，等等；它表达的是民族国家的整体意志和要求，只有职业外交人员才能执行其使命任务（对其专业外语、法律知识和组织纪律通常都有严格要求），也自然构成所谓"总体外交"或"大外交"的核心部分。"外交"有时也有广义的解释，而且现在各国都有更多使用广义"外交"的趋势；这种解释所讲的"外交"（英语有多种译法，如"foreign affairs""international relations""foreign relations"等），具有"对外关系""涉外事务""国际联系"的含义，在适当加上传统狭义外交的某些职能与性质之后，它们构成了"国家对外关系"的广义范畴。这方面之所以有越来越多应用的势头，是因为广义的外交概念有利于国家在不同层面的对外交往与合作，尤其当核心外交遇到障碍、无法沟通时，典型提法有"体育外交""教育外交""文化外交""商务外交""军事外交""人民外交""公众外交""公共外交""非中央外交""次区域外交"等。笔者比较赞成"大外交"或"总体外交"的做法及提法，研究工作保持开放性与包容性，既有对核心外交层次的透视，主要涉及外交、商务、军事三大部门近年的案例，着眼于外交部门的办案思路与技巧，分析职业外交官主导的"创造性介入"，提示外交的新取向，也有宽泛的讨论，即针对社会政治层面影响外交的因素做出探讨，把国际关系与国内变迁挂钩，把对外的工作与内部的改革相结合。

我们在进行学术研究时会仔细讨论上述所有方面,此处笔者想强调的是,虽然外交职能多种多样,但外交的第一要务是在复杂多变的环境下争取和平,是利用互谅互让、合作共赢的途径最大限度地实现或维护本国的根本利益,是在坚守原则和核心要求的前提下展现充分的灵活性、高度的可塑性。与军人的典型形象(孔武有力、严肃刚毅)和商人的通常追求(看重市场份额和利润回报)不同,"外交脸"应该是微笑式的,"外交人"就意味着有柔软的身段,有严谨却不失魅力的表述方式,有再困难也愿意探究回旋可能性的职业精神。简言之,外交是一种复杂的艺术,能够表现想象力与包容性。成熟的外交是先进民族特性的组成部分,是国内体制机制的一种对外折射。

把握住这一点,有利于我们理解后面对中国新外交的讨论。

二、研究线索

在经历了新世纪的头十年之后,中国外交已跃上一个新高地。"新高地"有两个看似矛盾、实则相关的显著特征:其一,凭借不断增强的综合国力和外交努力,中国已初步具备世界大国的气象,差不多所有区域性和全球性重大事务都越来越离不开中国的参与和表态,在某些领域(如推进世界贸易和投资、大范围推广脱贫减灾经验、拉动全球制造业景气等),更显现出带动国际社会进步、为人类整体文明做出更大贡献的良好前景。这是近代以来世界史上从未有过的局面,也是占当今全球人口五分之一的中华民族罕见的机遇,当然其间包含着中国外交人的辛劳。其二,在骤然增加的机遇、压力和复合型的内外矛盾面前,中国外交受到来自不同方向、对错混杂的大量批评与建议,所谓"高处不胜寒",出现了明显的不适应症,例如各个层次的战略"先手"不够,提供的国际公共物品不多,不善于应对国际上各种非政府组织(NGO)和大众舆论,已出台的某些政策缺乏公信力，外交部门的自我评估与外界评价之间有差异。越来越多的有识之士认为，中国外交急需自我更新和再定位，在既定方向和适度调整之间寻找新的平衡点，即以"一个中心，两个基本点"的基本路线为基础，加大参与国际事务和"有所作为"的力度。

笔者提出的"创造性介入"，是就新时期、新高地的中国外交所提出的建言。它并非某种系统的思想学说或逻辑假设，不是传统意义上的国际关系学说和外交理论①，而是一种介于形而上的理论和具象的政策解释之间层次的引导性说明，也可以说是一种旨在激励更加积极参与国际事务、倡导创造性解决方案的对外关系思想。这种"创造性介入"论说，主要受到近年来中国外交一些成功案例的启示，同时注意到中国传统文化及外交风格的延续性，参照了国际惯例及发展趋势，努力发掘国际外交事务圈的"中国特色"。大体上，"创造性介入"的要旨如下。

(1) 它判定世界总体和平与发展的趋势没有变，我国持续强大和加深对外依存的趋势没有变，以此认知作为鼓

---

① 对于中国外交过去一段时期的实践成效，国内外学界和研究者有大相径庭的评估及结论。下面的作品可作为有代表性的、相对深入和客观公正的读物：Barry Buzan, Rosemary Foot, eds., *Does China Matter? A Reassessment, Essays in Memory of Gerald Segal*, Routledge, 2004；〔加〕江忆恩：《中国外交政策研究：理论趋势及方法辨析》，《世界经济与政治》2006 年第 8 期；朱锋、〔美〕罗伯特·罗斯编：《中国崛起：理论与政策的视角》，上海人民版社 2008 年版；〔美〕金骏远：《中国大战略与国际安全》，社会科学文献出版社 2008 年版。总体而言，笔者的个人感受是，它们各有其观测角度和事实依据，阐述的看法都有值得重视的道理，但同时均有缺失和问题。其中一个最大的不足是，就本书关注的主题来说，多数作者似乎不言自明有一个预设，即中国是一个长期有麻烦、存在巨大不稳定性和挑战威胁的国家，中国外交始终处于被动的、反应型的状态，而"国际社会"（其实主要是欧美发达国家）总是用同情或责备的眼光，居高临下地审视"中国问题"，或对中国外交"下指导棋"。这个预设固然有它的成因和理由，不过不是本书批评的重点。笔者更关心的是，如何把"国际社会"视为一个多样的、变化的、可影响的对象？中国在经历"成长的烦恼"的同时，如何展示自己的活力？中外的互动如何放置在一个更有积极意义和创造性的平台上？对这些问题，似乎缺乏有深度、有说服力的答案。

励中国外交"给力"的大背景。

（2）它特别强调中国外交的引导性、主动性和建设性，把塑造于我有利、多数认可的国际规则和话语观念，力争在和平、合作和共赢的方式下解决纠纷，视为夯实"有所作为"方针的中心点。

（3）它拒绝成为习惯思想和做法的囚徒，相反，"创造性介入"的特点在于，越是在困境和挑战面前，越要重视有想象力的斡旋方式或巧妙想法，避免陷入生硬而简单的对抗解决方式。

（4）它特别强调国内社会政治清明开放的价值，把内部的改革和进步作为外交活跃奏效的基石，提示国家外交转型与社会政治转型之间的正比联系。

发生在新世纪前后的"创造性介入"外交实践，预示着中国外交更大作为与责任的时代的到来，揭示出未来中外关系更加积极和良性互动的力量源泉。"创造性介入"当然需要付出大量智慧与心血，似乎让外交人和政治家增添了成本和辛劳；但它也有好的回报，不只是拓展了于我有利的空间，使中国外交家能够扬长避短、大展身手，为人民、为国家创造更多的物质财富和更好的外部形象，彰显中华民族爱好和平、富有智慧的一面，对内也将产生持续的"倒逼效应"，促使我们的做法、体制和观念不断改进，去粗取精。

本书的写作思路是，在大致厘定"创造性介入"的概念之后，挑选冷战结束以来中国外交实践中有典型意义的事件或人物，梳理呈现其创新之处并解释其普遍意义。案例选取的原则是尽量"厚今薄古"，以便与中国外交的下一阶段对接；素材完全取自可公开查阅的资料，包括网上可查的信息，以表明中国外交研究可以不依赖特殊渠道和内部信息。本书不仅讨论每个个案的成功之处，也要探究它们有待完善的地方、局限性和风险；与其说是赞扬那些优秀的外交官和外交手笔，不如说是更希望鞭策、推动相关的变革及反思。本书第一部分主要讨论一些基本的概念和逻辑，介绍有关"创造性介入"的各种支持性命题、观点和"理论"；第二部分把中国三个不同时期的外交方针和国际角色做出对比，揭示中国从革命者到建设性大国的全球角色转换，厘定转型命题的大致内涵；第三部分聚焦中国外交能力建设问题，研究若干需要改革和完善的领域及问题。囿于笔者有限的信息量和认识力，本书选取的案例，肯定有各式各样的缺失和不同的解说版本。所谓"理论"，也只是笔者个人对中国外交实践过程的一种初步整理，还不是系统和成熟的学说。请读者注意，这种新外交的基本取向不是书里的外交故事细节和精准度，而是"创造性介入"的思路。

这里顺便说一下本书的分析角度。首先，它不属于简单的对策研究，也不算是单纯的描述解释，更不像是有些人热衷的预测分析。在笔者的心目中，研究工作不必把自己束缚在特定框架内，上面提到的三种角度都可以应用，关键在于分析和写作时从实际出发，避免跟风或唯上。其次，国际关系理论和外交学的各家各派，都有各自的长短优劣，我们既不要过分迷信它们，也不要随便否定其功用。就笔者而言，比方说，比较欣赏建构主义对问题的动态捕捉和解析能力，比较看重全球主义，特别是新的全球治理学说的包容性和进步视野，比较不喜欢传统权力政治理论咄咄逼人的争斗特点，比较愿意在国际关系理论与外交政策探索之间建立起某种联系，同时比较注意那些小而有趣、多少有些跨领域和交叉学科的学术讨论（如"主权""人权"的讨论、女性主义国际关系学、非传统安全理论、功能外溢说、复杂性学说等），避免以偏概全，影响学术研究应有的客观严谨。再次，就"创造性介入"这一范畴的探索路径而言，开始时主要考虑的是对中国外交这些年建设性参与世界事务、发挥更大作用之实践的经验做一些梳理，越往后越觉察到内政对外交的推动（制约）作用，所以不光要赞扬成绩，也要思考缺失，本书后面的部分更多的是审视和批评，也是对中国走向更高阶段的期待。

第一部分 基本线索

"内圣外王"的中国古训启迪我们：与其更多算计他人，不如自省自强。这既是笔者研究中国外交的基本出发点，也是"创造性介入"思想的主要线索。

三、创造性介入

在新时期各方面的要求和利益驱动下，在量力而行与统筹兼顾的前提下，中国外交须对国际事务有更大的"创造性介入"。在这里，"介入"一词（involvement 或 intervention①）比较容易理解，指的是"参与""加入""契入""卷入"或"进到内部"的意思。这里需要说明的，是"创造性"这个前缀性术语。

所谓"创造性"（creativity），是指用新颖的方式解决问题，产生新的、有价值的产品或结果的过程。在心理学的分析里，创造性的心理也是复合思维与发散性思维结合生成的一种形态，它具有流畅性、变通性、独特性等特点，并与人的坚持、自信、意志、责任、勤奋、热情、兴趣和联想等能力有关。创造性常常表现为特别具有主动性和进取心的一种思维过程。当我们说某个人具有"创造性思维"（creative thought）时，是指其思维不仅能揭示事物的本质，还能在此基础上提出新的、建设性的设想和意见。创造性思维与一般思维相比，其特点是思维方向的求异性、思维结构的灵活性、思维进程的飞跃性、思维效果的整体性和思维表达的新颖性。创造性思维，是一种具有开创意义的思维活动，即开拓人类认识新领域的思维活动。创造性思维是以感知、记忆、思考、联想、理解等能力为基础，以综合性、探索性和求新性为特征的心理活动，需要人们付出艰辛的脑力劳动。一项创造性思维成果的取得，往往要经过长期的探索、

---

① 加拿大著名东亚问题专家埃文斯（Paul Evans）曾向笔者建议"创造性介入"的英文译法。他建议不使用"intervention"而用"involvement"，理由是在英语中，前者稍带贬义而后者较为中立。经过考虑，笔者采纳了他的建议。在此，也向埃文斯教授表示感谢。

刻苦的钻研，甚至多次的挫折；创造性思维要经过知识的积累、素质的磨砺才能具备。创造性思维的过程，离不开繁多的推理、想象、联想、直觉等思维活动。这种思维方式，遇到问题时，能从多角度、多侧面、多层次、多结构去思考和寻找答案。它既不受现有知识的限制，也不受传统方法的束缚，思维路线是开放的和不断扩散的；解决问题的方法不是单一的，而是在多种方案、多种途径中去比较和选择。

可以看出，"创造性"的核心在于"创新"（innovation）。这里的"创新"是指人的一种特殊活动，它提供了新的思想、新的方式，带来了新的变化或新的源泉。创新在经济、商业、军事、建筑、学术等各个领域，起着极其重要的开辟和先导作用；离开创新的激励和相应的制度安排，各行各业就失去持续的动力，进步也无从谈起。创新不是单纯的"出新"，而是必须在"推陈"的基础上实现；也就是说，要通过改革和调整，付出辛劳、代价或风险，打破惯性、惰性和官僚定律的束缚，才能到达新的彼岸。根据诺贝尔经济学奖得主熊彼特（J. A. Schumpeter）的说法，在商业和经济活动中，"创新"可以有多种表现，如引入一种新产品，创立一种新的生产方法，开辟一个新的市场，或是获得新的原材料或半成品来源。依此类推，在外交和国际关系里，"创新"也可以有多样的形态，如提供新的外交文本和解说，引入新的安全观念或依存思想，开辟新的谈判空间或机制，从其他领域或"工具箱"借用一些手段来突破旧的框框或僵局，等等。可持续的创新，需要艰苦、复杂、细致、长期的劳动和大量积累，需要创新者有好奇心、想象力、质疑和探索的本领，需要制度性保障，乃至环境的认可。真正善于创新的人，也一定是乐于学习的人，勇于自我超越的人，不拘一格、大胆进取的人；在制度性保障比较持久和完备的环境下，创新者会比在其他环境下更乐于发挥和更多地涌现出来。当代人类生活的各个领域，如技术、市场、学术、思维、军事、外交等，概莫能外。

分析至此，我们或许可以借鉴熊彼特提出的"创造性破坏"（creative destruction）思想。① 他提出：当周期性经济景气循环跌到谷底的同时，也是某些企业家不得不考虑退出市场或是另一些企业家必须要"创新"以求生存的时候。只要将多余的竞争者筛除或是有一些成功的"创新"产生，便会使景气回升、生产效率提高，但是当某一产业重新有利可图的时候，它又会吸引新的竞争者投入，然后又是一次利润递减的过程，回到之前的状态。所以说每一次的萧条都包含着一次技术革新的可能，反过来，技术革新的结果便是可预期的下一次萧条。他指出，经济创新过程是改变经济结构的"创造性破坏过程"。经济创新不断地从内部使这个经济结构革命化，不断地破坏旧结构，不断地创造新结构。这个创造性破坏的过程就是资本主义的本质性事实。有价值的竞争不是价格竞争，而是新商品、新技术、新供应来源、新组合形式的竞争，也就是占有成本上或质量上决定性优势的竞争，这种竞争打击的不是现有企业的利润边际和产量，而是它们的基础和它们的生命。熊彼特将企业家视为创新的主体，其作用在于创造性地破坏市场的均衡。动态失衡是健康经济的"常态"（而非古典经济学家所主张的均衡和资源的最佳配置），而企业家正是这一创新过程的组织者和开拓者。通过创造性地打破市场均衡，才会出现企业家获取超额利润的机会。熊彼特突出企业家的创新性，但是他认定企业家是一种很不稳定的状态。一个人由于"实现新的组合"而成为企业家，"而当他一旦建立起企业，并像其他人一样开始经营这个企业时，这一特征就马上消失"。因此，企业家是一种稍纵即逝的状态。按照他的定义，一个人在他几十年的活动生涯中不可能总是企业家，除非他不断地"实现新的组合"，即不断创新。简言之，创新是判断企业家的唯一标准。在他看来，"创造性破坏"是近代资本主义的本质性事实，重要的问题是研究资本

---

① 可以参阅"MBA智库百科"（MBA Lib）的解释条目"熊彼特的创造性破坏理论"。

主义如何创造并进而破坏原有结构,而这种结构的创造和破坏主要不是通过价格竞争而是依靠创新的竞争实现的。每一次大规模的创新都淘汰旧的技术和生产体系,并建立起新的生产体系。因此,创新就是不断地从内部革新经济结构,即不断破坏旧的结构,创造新的结构。把这种理论借鉴到本书所讨论的主题上,可以说,"创造性介入"的过程,就是充分发挥外交家个人("企业家")的能动性和创造性,在看似机械重复的外交公务活动和文本写作过程里,注入个人的创新思想、思路或行动方案。在这一过程中,必须打破陋习、官僚定律或思维定式,以通常被认为是有些冒险或不合常规之做法,推动更高层次的外交进步,即"创造性破坏"。

观察国际关系理论谱系也不难见到,第一次世界大战后在欧美一些国家盛行的"理想主义学说",虽然有许多不足和问题,但它是对以前主宰政治思想史的进化论思维的一种创造性超越,奠定了国际联盟和后来的联合国以及战后国际法主干的思想理论基础;取而代之的现实主义的各种思想流派,尽管内部有各种纷争,但它们把古典政治学中的一些精华(如有关人性恶的假说、均势思想、海权和空权论等),创造性地运用于实际的国际关系和外交斗争中,提出了安全困境论、地缘政治论、国际体系论、跨越式发展论、依附论或"中心/边缘论"等有重大影响的理论命题;20世纪六七十年代兴起的相互依赖理论、全球化理论、可持续发展理论、国际制度理论等分支流派,创造性地继承了早期理想主义的某些内涵,同时批判性地借鉴了传统现实主义的一些核心假设,既为20世纪最后几十年国际关系理论的大发展和大争论开辟了新的领地,也给冷战结束后世界政治的新现实提供了思想指南与启迪线索;世纪转换之际异军突起的建构主义理论,则打破旧的思考藩篱与争论逻辑,从人的认知心理推导国家间的互动方式,把国际政治乃至国家本身当成想象、错觉、塑造和改变的过程,从而创造性地提示了看似简明与铁定的国家行为和国际规范内部存在的千差万别、千变万化。①

本书讨论的外交案例，属于国际关系领域里中国人创造性的表现，是对外交传统的某种超越或丰富，它们打开了外交人想象的新空间，体现了更大施展的可能性，也证明了改革开放给中国外交带来的活力与创新；它们没有提供一劳永逸的方案，结果更不是完美无缺，但它们或打破了国际僵局，或提供了新的外交选择，或创立了中国主导的机制，或扭转了长期的被动局面，或孕育出国家间积极互动的新线索。比如，王毅作为中国政府特使赴缅甸斡旋，他不仅成功地说服缅甸政府接受联合国秘书长代表的到访，而且在最终双方发表的外交公报里用富有想象力的文字表述了中国的新立场；刘贵今大使作为中国政府非洲事务特别代表，在帮助苏丹摆脱国际困境、争取各方理解、实现国内和解与国际承认方面，做了层次细腻丰富的接触和成果持续显著的努力；傅莹在担任驻外使节的生涯中，在危机关头总能挺身而出，直面质疑，用细致说理、耐心对话、善讲故事、与民众真诚沟通等柔性方式打破僵局；中国外交高层近年推动的大国间战略对话，逐渐形成全球重要力量之间克服障碍、缓解矛盾、促进合作的一个新平台，体现了我们国家在对外关系上"和而不同""斗而不破"的新技巧；在与东盟作为一个次区域重要国际组织的交往方面，中国倡导的"新安全观"、亚洲金融危机时的"雪中送炭"，以及新世纪以来大力推动的自贸区进程，折射出中国处理周边区域关系时的一些新"抓手"；党的十七大以来在对台方针上的重大战略谋划与调整，一举扭转了被动反应局面，使两岸关系朝着于我有利、对"台独"势力不利的方向循序渐进；中国在朝鲜半岛无核化问题上建立的六方会谈平台，不仅区别于以往我们的政策和现今其他大国的办法，也提供了东北亚持久和平及"以我为主"的地区安全机制的某种雏形；2011年年初中国政府在撤退北非中东中

---

① 关于国际关系理论谱系的演化及分类，可参见王逸舟：《西方国际政治学：历史与理论》，上海人民出版社1998年版。

国劳工侨民问题上的一系列大手笔，显示出有别于以往的保护我国海外利益的意志、手段和统筹力，为新世纪第二个十年中国外交的"创造性介入"做了有意义的开头。试想一下，中国外交官原本任务繁重，庞大的国内人口、经济规模和海外利益，势必赋予他们不同于任何外国同行的工作量；顺利完成职责内的诸多对外交涉、文案撰写、日常汇报、各种接待和领事保护等任务，已实属不易，遑论所有这些领域的工作都有快速增加的势头；在这种状况下，推出有创造性的设想、文本或行动方案，更难能可贵。

可能有人质疑，提倡"创造性介入"，会不会影响"韬光养晦、有所作为"的既定方针，进而改变邓小平改革开放的基本国策？笔者认为，"韬光养晦"方针是在苏联解体、东欧剧变后的特殊国际国内背景下提出的，进入 21 世纪后我国的内外环境和条件都发生了大的改变，因而这一方针必须适度调整，以适应新的情况与要求。其中关键的一点是，中国业已站在全球高地上，我们国家的利益有越来越大的部分是在外部世界实现，中国人不能不统筹内外两个大局，在对外设点布局的同时提出更多的国际方案与建设性思路。这就是"创造性介入"的主要动因所在。另一方面，笔者深信，邓小平提出"韬光养晦"方针的精神仍有继承的必要，仍将得到广大中国人民的拥护，那就是：中国要保持谦虚谨慎的态度，努力学习、量力而行并不断提高，始终不称霸、不当头、不对抗。它也体现了改革开放以来中国一贯倡导的独立自主、互利共赢、和平合作的外交路线。这一路线不会也不应当有任何改变。所以，本质上，"创造性介入"的新外交，是在新形势下对既往改革开放路线的发展，以体现处在更高阶段、具有更大视野和进取心的中国外交。

总之，"创造性介入"讲的是一种新的积极态度，即在 21 世纪第二个十年到来之际，中国对国际事务要有更多参与的意识和手法。它要求中国的各个涉外部门，增强进取心和"下先手棋"，积极介入地区和全球事务，拿出更多的方案并提供更多的公共产品，以使未来国际格局的演化和人类共同体的进步有中国的印记、操作及贡献；它也提醒我们对外政策的规划人和制定者，中国不能走西方列强称霸世界的老路，不能把我们的意志和方案强加于人，在积极参加国际事务的同时注意建设性斡旋和创造性思路，发掘和坚守东方文化和历史文明里"求同存异""和而不同""斗而不破""中庸大同"等思想，倡导并坚持"新安全观""新发展观""和谐世界观"等理念，谨慎恰当地处理与其他国家和国际社会的关系，审时度势、统筹兼顾地提升中国在世界舞台的形象与话语权。这种新的"创造性介入"的立场，既不是对"韬光养晦"姿态及做法的抛弃，又绝非西式的干涉主义和强权政治，而是符合中国新的大国地位、国情国力和文化传统的新选择。这一立场，将伴随中国和平崛起的整个阶段，逐渐形成国际政治和外交舞台上的中国风格。

四、场景推演

现在试着推出几个场景，演绎未来某个时刻中国外交"创造性介入"的若干线索。这些场景及线索，在老练的外交人士看来可能太过幻想、与实际办案过程相距甚远。但笔者以为，重点不在于它们的仿真度和马上实现的可能，而在于它们预示着有象征意味的"抓手"与"切入点"；如果有更多的人、更多的机构愿意往这个方向思考，中国外交的创新力就会有突破性的增强。

（一）中美日安全对话

众所周知，美国作为后冷战时代唯一的超级大国，拥有任何其他国家难以抗衡的军事打击力、外交软实力和科技创新力。长期以来，美国一直是决定东亚安全状况和中国周边各个方向上安全形势的最重要的因素，是唯一能在所谓"战略机遇期"对中国构成威胁的大国。中美关系也是中国整个对外关系里最重要的双边关系，尤其在军事安全领域，这种关系影响着中国同邻国和国际社会各方面关系的性质与质量。在亚洲，特别是东北亚地区，中日关系是有重大牵动力的双边关系，不仅两国间的贸易量和人员交流首屈一指，而且两国之间存在深刻的历史积怨和现实的主权纠纷，在军事方面实际上互有假想敌的关系，加上美日间安保协定（军事同盟）对日本的保护，中国与日本之间始终存在所谓"安全困境"——构成中国立足亚太、走向全球的一大障碍。从新阶段中国外交"创造性介入"的角度来说，能否降低美日军事同盟对中国的有害性，能否强化中国对东北亚安全态势的引导力，是带有全局性的重大课题，亦是推行创新思路和手法的一个契机。

如何看待美日同盟？如何破解它对中国造成的潜在压力与束缚？毫无疑义，它对外宣称的"防范朝鲜挑衅"的说法，只是一个外交上的幌子，至多算一个次要的目标；它的真正假想敌当然是强势崛起的中国，一个邻近日本的大陆国家，一个政治上有共产党执政、经济总量上已经超过日本、有悠久文明史的"异类"国家。不论美国、日本怎样解释，这是一个不争的事实。对此中国人自己要心中有数，必须采取有效措施，减轻它对中国的安全压力，尤其不能让它阻碍中国的崛起。我们应当懂得，与其让美日安全同盟背后悄悄谋划针对中国（可能还有朝鲜和其他亚洲国家）的军事安排，莫如介入其中，降低它的危害性。俄罗斯最近二十年与北约的周旋，可以提供一个示范的样本。在冷战时代，也即苏联与美国两个超级大国全面对峙的时期，北约是美国防范"苏联威胁"的主要工具，也是一架完全封闭的军事机器。在俄罗斯改变策略、主动与北约展开对话之后，世人见到，二者关系逐渐发生了微妙变化：虽然"人心隔肚皮"，但俄罗斯有了更多的选择余地，比如可以在北约峰会上阐述自己的立场、争取和分化北约一些成员国，它也对北约的决策程序和军事打击目标有了更多学习和掌握，俄罗斯与北约之间有了更多联系与相互制约，比过去更不易发生全面军事对抗。"他山之石，可以攻玉"，俄罗斯和北约的故事,对于中国处理美日安全同盟问题,应有启迪作用。

"创造性介入"便是此处题中应有之义。在此,不妨做如下场景推演。

第一步,五年之内,早期接触。在经过周密的研究之后,我方主动提出,中国与美日安保同盟建立初步的对话机制。这里既有以国防部长、外交部长为主体的、每年定期轮流在三国举办的"东亚政治安全高层对话",也可以建立智库专家及学界参加的二轨定期研讨活动。前者着眼当下重大事态及政策层面的沟通,后者用更少拘束、更加灵活的方式探讨新的方案及可能性。中方要有思想准备,中美日这个三角不是等边的,美国和日本的防范之心和"小动作"肯定不会少,最初阶段达成有实质意义的协议几乎做不到。但是,谈起来总比让对方关门内部说话要好,至少当中方参加的时候会议议题、氛围和对方说话的口吻就不一样。早期阶段可能多在通报立场、各说各话,但至少做到在涉及本地区的重大危机和事态的问题上彼此能够直接接触,减少误判和擦枪走火的可能。

第二步,十年左右,初创规则。经过若干年的探索和彼此磨合,中美日三方建立起一系列议事规则、行动准则,比如海上危机预防、通报和处置的三方协作原则。在整个进程中,专家组已经形成制度化的准备,如文本准备、各方新方案的收集与初步比较、重大建议和关键分歧的提交处理①;在此基础上,每一次高层对话都能够推

---

① 日本早稻田大学教授、著名中国问题专家天儿慧,曾向笔者当面介绍过他对解决中日间主权争议问题的设想。他依照邓小平当年的想法,把这种处理主权纠纷的新思路称为"日中主权特区方案"。大意是,在中日之间敏感而重大的主权争端区域,建立"特区"制度;凡是各自涉及"特区"的重大举动或措施,都应特别谨慎处理,有关部门尤其要保持沟通,当遇到危机或麻烦时及时加以处置,避免这些危机或麻烦发展成危及两国根本利益及周边稳定的事态。据他说这一思路已在日本媒体上发表。我个人以为,天儿慧教授的新想法是值得讨论的,其出发点是积极的,反映了一种有利于双方根本利益的大局观。我方应在广泛研究的基础上回应,争取先在专家学者层面深入交流之后形成若干共识,并提交决策部门参考。

动具体领域的一次前进,如降低误判的机制建设、各自重大军事演习的预先通报、有争议水域和空间的自我约束、本区域单独国家挑衅行动的联合制止、非传统安全领域的多种合作等等。笔者希望,在第二阶段上,譬如有关美国与日本双边军事演习的目标及过程,有关日本国土和周边部署的美军基地的整体情况,有关中国海军走出传统水域进行外海例行训练的部署等,能够有更大的透明性和相互认知理解。

第三步,十五年乃至更长时间,逐步建立东亚安全机制。可以推算,经过战略机遇期,中国整体实力更加强大,国际经验和责任感更加成熟,处理周边事务也更加自信、更有办法。在此考量下,中方应主动倡导建立全方位的东亚安全机制,把诸如朝鲜半岛的防止军事冲突和推进和平统一纳入进来,把东亚各国处理主权纠纷的经验教训充分吸纳,把东北亚各国作为一个次区域整体的对外军事合作(如共同为联合国的集体安全行动做出贡献)提上议事日程,把美国稳健、自愿而逐步撤出其在东亚的军事存在的问题考虑在内。有理由相信,如果中国能成功地消解美日安全同盟的威胁,化压力于无形,甚至化敌为友,我们就有成功带动整个亚洲前行、根除亚洲式分裂状态的机会。

总之,亚洲终归是亚洲人的亚洲,东亚的问题(包括矛盾与分歧)必须由东亚各国协商一致解决。一百多年前孙中山先生曾经提出过"王道"引导下的"大亚洲主义"设想,其核心含义是:中国和日本应当携手为建立亚洲新秩序做出努力,使这个长期遭受西方强权主宰的地区成为一个独立自主、繁荣昌盛的地带。一百年后的今天,我们同样面临中日互不信任的结构性困境。能否突破这一困境,从面临的主要压力中寻找突破口,是中国外交和周边外交的重大机遇和挑战。创造性地在美日安全同盟缝隙中介入,建立起三方的安全对话机制,逐步增大中国的正面影响,将是一个突破性的进展。

(二)运筹南海大势

站在外交与国际关系角度看,南海问题的重要性与复杂性在于:第一,从全球范围观察,南海是世界上争议面积最大的海域,涉及岛礁、水面、大陆架、沿海经济区的多重主权争议以及外大陆架划界问题,卷入争议的有中国与东盟的多个国家。在《联合国海洋法》生效的最近十多年间,全球范围新一轮的"蓝色圈地运动"高潮迭起,其中表现最显著、争夺最激烈的,当属南海区域。第二,历史上看,各国谈论自身主权权利,都有各种各样的理由及证据,而且均能从不同时段的历史上寻找到物证或史料说法,是极为典型的"公说公有理,婆说婆有理"。南海主权争议的各方,近期向联合国海洋法公约相关缔约国提交的各种照会、划界案文或声明,使得国际社会表达公议相当不易,通常国际法庭也很难对此做出迅速而明确的判定。第三,长期存在的南海主权纷争,随着新世纪初期中国综合国力的增强和中国海军开始走出近海,最近一段时期变得险象环生且更加扑朔迷离;一些声称拥有主权权利的东南亚国家,恰恰是华人华侨大量居住的区域,是"文化大革命"期间和之前一段时间与我国产生尖锐政治对立和外交摩擦的地带,如今中国的崛起,引起它们的消极联想和错误判断。"中国强权政治论""中国海上扩张论"等版本的"中国威胁论",在南海地区各国有升温的迹象。第四,在上述背景下,"世界警察"美国当然不会放过插手介入的机会,尤其是基于这样一种考虑,即:中国军力和经济的快速增长,已经使美国在亚太地区长期建立和支配的权力平衡结构发生某种倾斜,威胁到它在东南亚一带的安全和政治利益,因此,美国高调返回亚洲,警告和抵消中国的"扩张",帮助东南亚国家"抗拒外来压力"。第五,在这些不利于我们的态势或复杂性面前,中国自身的思想准备不足,缺乏深入的研讨和科学合理的应对方案。举例来说,国内学界和相关部门对于邓小平当年所说的"搁置争议、共同开发"方针虽然基本赞同，却有大相径庭的理解与诠释；国内各方面对于双边谈判还是多边处置的交涉路径，也有很不一样的看法与建议；尤其是如何综合运用我们国家的军事、经贸、外交、文化实力，统筹设计和经营南海问题，军方和外交部门的意见不完全相同，军队内部也有争论，商贸部门和地方政府之间存在差异，涉及海洋渔业、海权、海监及石油开发的各个领域均有各自的利益和诉求，它们有些重合或近似，有些完全朝着不同方向。在笔者眼中，能否妥善解决南海争端，全方位运筹南海大势，是新阶段检验中国外交"创造性介入"成效的一块试金石。

在这里，笔者试做如下设计和推导，为南海争端的处置提供一个大致的框架。我们不妨把它简称为"两区分、两联动"的思路。

所谓"两区分"是指：

一是要区分在南海问题上传统安全与非传统安全问题的不同类型与性质，实现原则性与灵活性的统一，打破外界流传的中国立场"僵硬"论、"不愿对话"论。传统安全问题包括主权纠纷和军事冲突这类涉及国家核心利益和重大安全的问题，具体指我国在南海的"九段线"划分不能轻易言变，中国对南海有关岛屿及周边水域的所有权不能让，在这些重大主权权益面前绝不能屈服于美国的压力和东南亚相关国家的无理要求，同时要做好最坏情况下以武力阻击美国军事强权和消除局部威胁的准备（包括研发国产航母在内的各种军事"撒手锏"）；但是，对于例如南海各类资源开发、海洋渔业纠纷、国际航道安全和自由通行权的保障、打击海盗和各种海上犯罪活动、引发灾害的海洋洋流的监测和海啸预警等方面的非传统安全领域的新问题新挑战，我们要抱有更加积极、开放、务实的态度，主动加强与东南亚各国的合作，适当与美国等域外大国沟通和协调，设法提出解决问题的办法和思路。不要单向度地思考复杂的问题，简单地用敌我关系判断与其他各国的纠纷性质，也不要把所有鸡蛋放在一个篮子里，更不能让有关国家觉得中国在所有问题上一味强硬和难以妥协。通过有理、有利、有节的原则立场和意见交换，尽力使东盟国家觉得中国既是一个有尊严、有坚强意志和决心捍卫主权的强大国家，又是一个善于解决问题、信守"与邻为善"和"以邻为伴"理念的好伙伴和解决问题的能手。

二是区分双边谈判与多边协商的不同领域和问题，破除对多边机制的担忧心理和不必要的自我束缚。双边谈判的对象，主要还是中国与有关国家在南海水域和岛屿的争端问题；鉴于情况各异，不同国家与我争执的地盘不同，涉及的历史证据和现实要求差别甚大，因而很难用统一的模式与办法，在多边的场合讲清楚问题的原委与解决矛盾的路径，双边谈判和达成妥协，是仅有的选项。但在非核心主权的其他范围及领域，尤其是涉及国际公共水域和集体安排的各个方向上，如第三国关注的国际航行自由问题、《国际海洋法公约》规定的国际海洋资源的共同利用问题、马六甲海峡通行规则的遵守及相关国家的安全保障问题、多国联合搜救演习、各国海军对于国际渔业争端介入（或不介入）的规则商定问题、大国武装力量在这一地区遵守东盟国家集体约定和安定周边的相关问题等等，更多属于可用多边方式协商对话、缓解矛盾、推进合作的议题，我们尽可能地姿态高一点、态度缓和一些。利用多边机制和国际制度解决国家间纷争，是冷战结束后国际政治和外交领域的总体趋势，在这方面中国过去理解不深、运作得也有欠缺。今后，我们应大力熟悉、学习和改进对待多边制度的观念与手段，逐渐掌握国际议事规则和解决区域问题的话语权。

所谓"两联动"是指：

一是各部门、各领域的联动。通过专门的全国性会议及协调机制的建立，努力做到我海军空军单位、渔业渔政部门、海监及海上交通执法单位、海上石油及天然气开发企业和主管部门、外交外贸外宣部门、中央和地方政府等各个方面、各个层次的协调与联动，避免单打独斗和孤军深入的情况发生。在这方面，我们的现有协调机制不力，需要有所更新和加强，应考虑建立有更大统筹能力的高层主管部门（比如中央领导挂帅的"海洋问题领导小组"或"国务院海洋办公室"之类）。建立这类有更大决策权的机构的思想前提是，举国上下都认识到，海洋关乎全局，新时期海洋经济必然在整个国民经济中占有更大比重，海洋安全必然在整体的国防和军事现代化进程中扮演更重要角色，海洋方面的主权纠纷和问题处置直接影响到新阶段中国的亚太总体战略之成败。

二是南海、东海、黄海的联动。南海问题的解决，势必给东海、黄海方向上的各种类似纠纷的解决，提供可资借鉴的样本。统筹南海大势的过程，同时是处理东海黄海问题的模型版本；不管具体存在哪些差别，统筹考虑的思路是一样的。比如，中国海军未来在东海必须有突破传统岛链封锁的策划，它同时应当与人民解放军在新时期的和平发展、合作共赢、维护世界稳定的外宣攻势结合起来，与中国在东亚地区构建安全合作框架的主导性设想结合起来；既有建造更大吨位、更先进装备、能与美日抗衡的海军舰队的设计，又有巧妙介入美日安全同盟的策略，而且包含了经贸和能源领域对东海油气资源的开发利用。毫无疑问，中国在三海的联动统筹不是要不要的问题，而是主动推进还是"撞击反射"的问题。现在的缺失和问题是关于新阶段中国军事力量海上应用和中国外交的更大作用，外界的讨论比国内更加积极、全面和深入，我们自己反倒显得沉寂、单调和缺乏前瞻性；我们有关方面（包括军队）往往是做得多且做在前，说得少且解释不力。应当想清楚，对南海大势的统筹和宣示，关系到与我大陆毗邻三海的未来，涉及中国在东亚的获益与主导权。

简言之，我们的目标，是尽最大可能和用最大诚意争取通过和平谈判解决南海主权争端问题、推动海洋资源的合作协商与开发利用，学会和掌握双边谈判和多边周旋等多种应对方式，在扎实推进中国渔业捕捞舰队、矿业运输船队、海军护航编队走向深海大洋的同时，使南海成为有利于中国崛起和惠及周边地区各国的和平之海、繁荣之海，并为东海、黄海等中国毗邻海区的类似前景提供经验和创造条件。

(三) 中非新型合作

从"创造性介入"的角度讲，非洲可能是未来一段时期特别需要中国外交发展新思路的一个外部大陆。原因之一是，中国与非洲作为两个巨大的国际行为体，彼此间有很强的互补性，这方面既有很大潜力和发展空间，也存在一些困难和麻烦。如何在前一阶段的基础上提升这种关系的层次和水平，调整、充实、完善我国对非方略，是一个有挑战性、需要创新思路的大题目。另外一个原因在于，处理新阶段的中非关系，也是对中国全球角色及战略能力的一种测试、一块试金石。对于中国的长远国际目标和实现目标的手段，外部世界存在各种猜疑和不解。中国在非洲的存在、中国与非洲的关系，往往成为攻击的口实、指责的对象。破解"新殖民主义论"和"中国威胁论"的其他版本造成的负面形象，是我国外交部门和研究界一项无法回避的重大任务。

依笔者看，大而论之，过去半个多世纪间的中非关系，可以划分两大阶段：前一阶段从中华人民共和国成立到改革开放前三十年，这一时期比较注重政治价值和意识形态作用，个别时候甚至"只算政治账、不算经济账"；著名的坦赞铁路是当时中国援非的标志性工程。这种关系的一个好处是在全球两极格局的特殊环境下拓展了中国的国际地位和影响。例如，用毛泽东的话来讲，"是非洲兄弟把我们抬进联合国的"。中国之所以能以不算强大和活跃的经济实力抗衡美国和苏联，与那一时期和非洲在政治上的共同命运（争取国家独立和抗拒两霸支配）以及大量对非援助密不可分。改革开放之后，我国改变了原先意识形态主导的对非援助方针，改善了与美国及整个西方世界的关系，中国成为经济全球化、市场化大浪潮中的领先者之一，中非关系相应地从经贸的、能源的、市场的角度重新构造，"算经济账"自然成了国内各方面考量的主要尺度之一。这种关系的主要优点是极大地增强了中国企业和各部门，乃至私人投资者走进非洲大陆的热情，让中国成为21世纪头一个十年在非洲投资最多、获益最大的国家，使非洲许多国家和区域的自然资源得到更多利用，使非洲一些地方的基础设施建设和矿产资源利用得以提速，中非贸易关系得到前所未有的扩展。但从缺点和问题的方面来看，两个阶段的策略都有弊端与麻烦：前一阶段的中国对非政策没有给中国带来什么经济上的实惠，它在今天的中国很难受到经济界和企业家的追捧；后一阶段的中国对非战略，在给双方创造大量国家财富的同时，也给一些别有用心的批评者留下了"能源掠夺、市场占领"，甚至"殖民主义"的把柄。

草拟中非关系的新蓝图，必须着眼于上述优点与不足，寻求新的突破口与切入点，进而实现更高层次的跃进。第三阶段的中非关系，应扬长避短、提升质量，力求有如下新的突破。

——强化新时期的中非政治关系，切实保证中非战略协调的到位。中国作为东道国承办金砖国家第三次首脑会议时主动邀请南非加入，可算是一个漂亮的手笔。虽然国内外有不少议论，认为南非综合实力与原有金砖国家差距甚大，不够格加入新兴大国的这个俱乐部，中国高层还是力排众议，扩大了非西方大国的这个团队。这一举措使国际政治的非传统力量的崛起分布更加均衡，也更有代表性，一定意义上显示出中国领导人的深远战略考虑。今后，可以有更多类似的谋划，比如分别建立中国与非洲国家联盟、七十七国集团、南部非洲集团、北非及阿拉伯国家联盟的峰会或高层定期对话机制，在中国承办有关非洲发展与应对全球挑战的高级别论坛，设立专项资金研讨非洲大陆的动力机制和成长路径，加强对中国与非洲发展不同路径的比较与相互借鉴。尤其在全球层次，凡涉及重大领域的改革或谈判，如新贸易规则、新气候制度、新不扩散条约、新反恐措施、新债权债务安排、新的联合国安理会改革办法等，都尽可能地征求非洲大陆的意见，争取更广泛的共识与协调。应当想清楚，只有当非洲真正在国际政治舞台上愿意与中国携手时，我们改造不合理不公正的国际机制的倡议才能向前推进一大步。

——提升经贸合作的水平，协助非洲大陆可持续发展能力的建设。如果说前一段中方的着力点主要在能源贸易和市场份额上，那么本阶段的重点应当转向与非洲国家共同策划不同的开发方式，大力加强非洲人力资本方面的培养力度，真正落实我国政府承诺的帮助非洲国家的各项重大措施（如干部到中国的培训以及我方专家到非洲的技术指导）。中国自身目前正在经历经济结构转换、产业升级、科技带动、减少能耗、环境友好的进程，我们也应当将它推广运用到中非经济关系的提升上去，尤其是把中国特有的技术（如太阳能技术、机电制造技术、道路或建筑技术、石油冶炼技术、维和军人选拔及培养办法等）传递给更多的非洲国家，帮助它们逐步摆脱单纯能源出口或来料加工的低级粗放模式。我们要让世界看到，中国与非洲的经贸关系绝不是中国人拿钱买走非洲自然资源或占领后者市场的旧式"依附型关系"，而是真心实现互利共赢、同时发展提升的新型合作关系。要充分认识到，这是一种有内生动力的过程，是中国国内新阶段新要求的积极外化。

——重视人文领域的开发利用，把有关目标从相对软性指标变成比较硬的任务。坦言之，前一段我们一些部门把人文领域的对非援助与交流，尤其是对非洲干部和其他人力资本的培养投入，看成可有可无，甚至是不太划算的软指标，经常是上面说得好、要求高，下面办得慢、做不到。商务和财政部门对于团中央推出的"赴非青年志愿者"倡议拨付的经费金额较低算是一例，国内一些大学和教育主管部门在落实"20+20计划"（即中非各选择20所大学对口开展教育领域的援助交流）方面的拖拉缓慢可为另一个事例；20世纪70年代在非洲大陆广为传颂的中国医生的口碑，有着国内高度的重视和民众的认同为基础①，而如今这方面的任务虽在，各大三甲医院领导们的重视程度和落实要求却今非昔比。对此现象，领导同志和相关主管部门应认真反思和努力改进。依笔者观点，中国"赴非青年志愿者"计划大范围定期推动、中非教育人文合作深入人心且落实到位、中国医疗队源源不断开赴非洲大陆之日，中国新国际形象的这些亮丽名片充分展示给世人之时，也是中国对非洲"创造性介入"最有成效的一刻，是中国在全球外交和国际关系高地上扎实立足的伊始。

（四）稀土/高铁外交

过去的几十年中，中国的"乒乓外交"和"熊猫外交"曾屡建奇功：20世纪60年代后期中美乒乓球运动员的交流，促成了中美双方政治上的接触与最终外交关系的建立；改革开放以来中国特有珍稀动物大熊猫的多次出国展示及定居，帮助我们国家化解了无数敌意、结交了更多朋友。它们从不同侧面代表着中国的优势或特性，构成中国软实力的重要而积极的内涵。像中国古代的孔子和"功夫"等概念广为世人所知并得到尊重一样，"乒乓外交/熊猫外交"也在中华人民共和国成立以来的大半个世纪里，为中华民族创造出难以估量的重要国际影响。受此启迪，笔者以为，在新的阶段，中国人应该充分发掘祖先留下的丰富遗产，充分利用几十年建设与发展的宝贵成就，把它们融入我们的外交战略和实践过程，以更大力度、在更高层次上促进国际合作、实现中国目标。所谓"稀土/高铁外交"，便具备这一性质与功用。

我国的稀土蕴藏量和产量在世界上都排第一，是公认的稀土资源大国。稀土具有丰富而优异的光、电、磁、超导、催化等性能，

---

① 有关中国医疗队在非洲的贡献，可参见李安山：《中国援外医疗队的历史、规模及影响》，《外交评论》2009年第1期。

广泛应用于尖端科技领域,有"工业味精"和"新材料之母"之称。由于过度开采和严重的盲目竞争,我国的稀土资源始终没有得到有效保护和开发,资源效益也没有显现出来。我国稀土资源向海外市场低价流失现象十分严重。因在我国购买稀土原料初级产品不受配额限制,一些发达国家的企业近年来又大规模在我国稀土资源区投资设厂。这些企业在当地大量买入稀土原料和金属,简单加工后便运到国外进行深加工或储备,成功地规避了我国出口配额限制。国外企业拿到初级产品,提纯后产品增值10倍。2009年以前,国外90%以上的稀土原料和初级加工品都是从我国进口。一些发达国家甚至封存自己的矿,靠购买中国稀土满足其各行业及尖端科技领域对稀土资源的需求。我国所实施的稀土产品配额制一定程度上已被架空。海外市场的刺激致使国内稀土乱采滥挖。多年下来,中国的稀土可开采储量在全球占比已大大下降。鉴于此,目前政府主管部门正在考虑制定相关政策,加强稀土资源开发的宏观调控工作,同时加快制定与稀土相关高新技术产业发展战略,使这一产业的未来更好地服从和服务于国家下一阶段可持续发展的总体目标。① 从新阶段外交角度讲,如果能够在国内统一协调稀土政策,并且在对外经贸和国际政治方面巧妙借用我国这一独特而丰富的战略物产,那将极大地加强我国创造性介入国际事务和平衡大国关系的能力。比如说,利用这一战略性矿产资源,中国可以增加国内稀土产品的高端提炼和开发储备,通过这些附加值高的稀土产品出口和背后的庞大储备,对冲日本等发达国家的精炼稀土储存及出口优势,降低少数国家凭据技术优势勒索中国的可能,逐步推动中国公司及其特许技术占据相关国际市场的更高位置和定价权。

今后,如果美国单方面违背中美三个"联合公报"的精神、向台

---

① 这一段提到的有关稀土的各种数据及政策导向,引自辛阳:《中国欲破稀土困局:占世界可采储量从80%降至52%》,人民网,2010年3月19日。

湾地区出售进攻性武器和装备，我国将考虑"打稀土牌"的各种选项，在尚无法对美国政府加以制裁的前提下，对美方参与军售的大公司的产业及技术链条进行审核，以"限购稀土令"等组合拳，对它们进行适时适度的惩罚。

同理，在解除对华武器销售禁令、给予中国市场经济地位、减少针对中方的反倾销诉讼等重大问题上，如果欧盟一些重要国家继续实施无理的歧视性、排他性政策，且中国方面的交涉与谈判陷入僵局，我们可以动用限制稀土出口这个特别的"撒手锏"，有理、有利、有节地予以回击。

增加对广大发展中国家和发达地区与我国友好国家的稀土原料或加工品的出口，有选择地开展与它们在相关技术方面的合作和转让，譬如把这一原料的出口与我方所需能源原材料的进口结合起来，实现互通有无、互利共赢。况且，有效利用这一资源也是对子孙后代和整个人类更加负责的态度。

中国另一个独创而重大的优势，就是高铁的建造和运营。在这一领域，经过十多年的研发和应用，我国现已拥有举世公认的最先进技术设备和运营管理经验。2008年中国第一条高速铁路京津城际铁路正式投入运营，开启了中国铁路新纪元。随着中国国内高铁的发展，具有低成本高技术优势的中国高铁已经处于世界高铁技术的前列。中国庞大的高速铁路网络不仅未止于中国边界，还开始向世界其他地区延伸。不仅中国国内高铁网是目前世界全程最长的高铁网，中国面向国际的高铁网建设也将得到推进。中国高铁技术研发的成就显著，反映出中国在技术上和经济上的强大。这一国产技术即将向中国境外出口，迄今为止已有近二十个国家与中国接洽商谈合作建造高铁的事宜。目前讨论最多的中国欧亚高铁建设计划，主要包括三条路线：经过俄罗斯通往南欧的高铁，经过中亚通往英国的高铁，以及经过东南亚大陆通往新加坡的高铁。中国高铁网络的扩展折射出中国在国际社会的影响不断增强。如果一切顺利，时速超过300公里的高铁系统最快在未来十年内建成，贯穿东南亚、中亚、俄罗斯和欧洲国家，通过8.1万公里铁路把28个国家连接起来。① 对中国来说，如果一切顺利，未来高铁网络还可能延伸到亚欧以外的地区。近代国际关系的历史告诉世人，交通运输工具的发展和对外应用，不仅为创新国本身带来巨大的经济社会效益，而且可以促进它与其他国家间关系的发展，改造旧的国际政治和外交版图。例如，1825年世界第一条铁路在英国诞生，开创了近代交通的新纪元，为人类的社会进步和经济发展起了重要的支撑作用。作为国际关系史之重要分水岭的工业革命，若没有铁路建设和蒸汽机车的发明，不会如此之快地发生。再如，俄罗斯帝国崛起后也通过修筑跨里海铁路和跨咸海铁路来巩固自己的地位。在蒸汽动力车发明后的两百多年，多种多样的列车通过运营把世界各地联系起来。

作为目前世界上运营速度最快、科技含量最高且自主研发的动车组，中国高铁具有不可限量的外交与国际关系含义。

中国和14个国家接壤，陆地边界线全长约2.2万多公里，是世界上边界线最长、邻国最多、边界情况最复杂的国家之一。交通运输对边境和国家安全起着关键作用，铁路就是效率高的一种运输方式。作为交通方式的铁路，其本身具有运量大、运距远、速度快、成本低、受天候影响小等特点。在战略、战役上铁路是实施军事运输的主要手段，即铁路军事运输。铁路军事运输是指军队利用铁路列车输送人员和物资的运输，是军事运输的重要方式之一。随着中国高铁技术的迅速发展，高铁将在战略战术上增强铁路军事运输实力。一方面有利于中国国防，另一方面可以形成抗衡美国和传统西方国家在这一地区军事存在的保障能力，更好地推动中国与有关国家形成事实上的相互依存关系，直到帮助建设有助于多方的地区安

---

① Roman Muzalevsky, "The Implications of China's High-Speed Eurasian Railway Strategy for Central Asia," *Eurasia Daily Monitor*, Vol. 7, issue 64, April 2010.

全共同结构。

中国与东南亚国家的高铁合作，具有广泛的示范效应：它不仅会大大加速中国-东盟自贸区的建设步伐，推动各国间的技术交流与合作，实现区域内部各类资源的合理配置，还将带动安全和外交乃至文化社会领域的"外溢"（spill-over）过程，例如用高铁带动贸易量和旅游业的增长，增强各国间的利益互惠，增进人民间的理解与好感，提高中国-东盟关系的政治质量等。中国过去很少有大规模技术转让和输出的先例，尤其像高铁这种实用高效、日常可见的领域。中国与东南亚国家在这一领域的成功实践，必定为中国下一步在其他大陆和区域推行高铁外交奠定坚实基础。因此它具有同时展示并增强中国硬实力和软实力的宽广意涵。

中国的高铁外交，如果顺利推进的话，也会给中国制造业和企业，乃至个人未来"走出去"提供新的思路与启示。也就是说，逐步改变过去那种低价占市场、拼命抢能源的低端外向型战略，转向输出技术、输出管理、输出中高端产品的对外合作新模式；在这个过程中与中国国内日益显著的结构升级改造、绿色发展与可持续建设的总体方针对接，真正实现以新型经贸外交促国内结构转型，以国内产业升级促经贸外交扩展的"两个大局"之间的良性互动。在此意义上，高铁外交也成为新时期科学发展观的某种外化。

总而言之，当新阶段的中国外交全面而仔细地考虑并纳入稀土和高铁等优势要素，统筹协调地将它们对外布局设点，"创造性介入"不同国家和领域，我们就能发挥像"乒乓外交""熊猫外交"那样的优势及影响，甚至做得更加有声有色。

上述各个场景均可列入介于近期和远期之间的时段，既有实现的可能，又不是马上的事情。这里勾勒的仅仅是大体轮廓，重点不在其逼真度，扩大想象的空间才是关键所在。

五、外交转型

中国自身的历史性转型与"创造性介入"的外交新态势之间，有深刻的内在联系。

从 21 世纪初的时间维度观察，不仅世界在变化、中国在变化，而且在这些变化里，有着过去任何时期未曾具备的一个特点，那就是：不管自我意识如何，也无论愿意与否，中国正在成为全球舞台上的主角之一；中国与外部世界的关系，正在从过去很长一段时期那种单纯跟进和被动适应的状态，朝着大力参与、主动发声、积极引导的方向改变。考虑到中国的体量规模、发展速度、历史积淀、文化品格、政治特性和社会现状，上述新的态势在带动当代国际关系和全球格局重大改观的同时，必然推动包括外交转型在内的中国自身的深刻变化。

古代中国虽然有着丰富的交往实践和思想，如"百家"学说和"天下"思想，但它从地域上不是全球性的，现实层面也不是主权体系的对等物，文化整合的难度亦无法与今日的种族、民族、身份认同上的多样性相提并论。占统治地位的哲学和古代文化符号下的想象是，我们的"中央王国"是上位，其他周边地区及远方是"蛮夷"、进贡者。1840 年之后的中国近现代史，更无法产生有世界普遍意义的外交学说与实践；受制于强权的屈辱遭遇和落后的现代化水平，使中国虽然能够创造带动广大亚非拉民族解放的革命思想与实践（以孙中山和毛泽东为杰出代表），但不可能提供解决世界一般问题和全人类进步的思考维度与解决方案。与前一图景不同，近代以来很长时间里，潜在的共识是，中国处在"下位"，要么被压迫受凌辱，要么被迫适应。最近这四十年的中国改革开放以来的伟大进程，使得这个古老民族焕发活力，贡献出了一种较有说服力和广泛意义的"成长路径"（或者说"发展模式"）。然而，邓小平时代的政治家和思想者，囿于中国自身特有的优势与短板，把更多精力用于埋头苦干和解决广大人民群众的温饱问题，同样无暇也不可能深究并提供当代全球治理的一般价值和公共产品。自2008年北京成功举办奥运会以来，中国的全球地位和影响，不知不觉发生了从量变到质变的改观：单从器物层面衡量，中国俨然已是世界第二大经济体和第二大军费开支国，中国的海外利益迅速而显著地扩展至地球的各个角落，中国正在成为国际关系的新主角——我们左右全球气候和生态谈判的能力、影响全球贸易与金融革新的手段、改善全球贫困与难民问题的效果、供应联合国会费及出兵维和行动的意愿，均陆续达到或接近全球大国的层级。中国正以越来越大的步伐接近国际舞台的中心位置。

但是，也要清醒地认识到，中国仍是一个不完备的全球角色，在内部社会经济政治方面存在诸多发展瓶颈，在对外关系和全球政治上与老牌强国有不小差距。将强未强、爬坡往上的中国，也可能出现突发性危机，形成不进反退的局面。中国新的国际身份与战略定位，是现在的领导人、外交家和学术界必须认真探讨的大问题。中外交往不可能回归历史上的朝贡体系，如前所说，那不是一个平等国家交往的系统，缺乏主权国家的当代意义与普遍价值；中国领导层若采纳此类建言，势必遭遇周边和国际上的广泛抵制。反过来讲，逐步强大起来的中国，肯定也不会重复晚清和民国时期那种忍气吞声、割让主权的"弱者弱势"外交谋略；不仅新一代中国领导层断然没有服软的道理，快速成长时期日益高涨的民族情绪更是要求决策层强硬果敢。今天的中国，亦无法照搬孙中山的"联俄"、联合其他一切平等待我之民族抗御强权的对外方略，或是毛泽东的"一边倒""一片红"的世界革命理论；不管是国际环境还是国内条件，都不适合中国把自身束缚在第三世界盟主的位置上，更别说去充当世界无产阶级革命的策源地。至于邓小平的"韬光养晦"方针，它未来的延续性需要两分论：一方面由于其谦虚低调和合作互利的取向，必然在未来一段时期继续为现行体制与领导层采用；另一方面它又不完全符合中国实力壮大、利益扩展的现状，因而将得到修补和改造。怎样当主角，什么时候、哪些场合担当，是壮大起来、受到广泛关注的中国面临的一个难题。改革开放之初，邓小平明确承认，中国在现代化进程中处于落后位置，必须改革开放，且有明确的对象与指标。现在看上去势不可挡的中国，承认不足和继续学习的必要，好像反而不易。

新时期中国外交的取向，首先要基于继续发展壮大自身的内在要求，努力营造有利于中国发展战略机遇期的周边与国际环境，避免大的涉华对抗与外部动荡；其次是着眼于不断增多的海外利益，扩大国际合作深度和自我保护能力，争取塑造、完善各种外部规则。这中间，需要在国内需求与国际利益之间、全球收益与国际责任之间，建立起看似简单实则复杂的动态均衡。特别要指出的是，同为世界大国，中国同美国、俄罗斯这样的老牌国家很不一样。中国既不应学美国人那种以强凌弱、动辄干涉他国内政、强行推进自身立场的"坏脾气"，也没有必要采取另起炉灶、与多数国家和现行国际体系格格不入的强硬态势。改革开放以来中国得以壮大和民生大幅改善的事实证明，我们是现有国际体系的受益者、维护者、建设者与负责任者，没有理由从根本上废弃和颠覆它，那样不符合中国的长远利益，也不利于团结更多的国家和国际组织。当然，中国与美国及周边一些国家的摩擦也表明，现行国际体系仍有不少严重缺陷，某些"既得利益者"没有做好接纳中国崛起的准备。正因如此，中国需要发出更有力的国际声音，需要建立更合理的国际规则，需要提供更均衡的公共产品，包括必要时解决问题的各种手段。从本质上讲，中国不是挑战者，而是改革者。我们期待的国际改造过程，是长期的、渐进的、多半协商式的，需要的是实力、智慧和耐心。历史将证明，这种取向不仅保持了自身壮大进程的可持续性，还保证了中国与国际体系的积极互动、磨合进步。所谓"创造性介入"，正是基于上述基本考虑。

中国是新的国际关系的主要动能和变量之一,中国的前景更多取决于中国自己的选择与国内发展状态。改革开放之前,中国不仅处于现今国际体系的边缘,而且选择了"挑战者"的基本方针和态度。尽管中国也先后加入了联合国等一些重大国际组织,但总体而言是一个新加入的"实习生"。改革开放之后,中国与国际制度之间的互动变得更加活跃,内涵也更加具有互利共赢的建设性。如世人见证的那样,中国人参加了越来越多的国际组织,把参与的过程与本国的建设和发展事业挂钩,国际化进程本身在中国日益成为衡量各级政府和社会公众自我提升的重要标尺。总之,到20世纪末期,中国在世界范围内成为推进经济全球化和扩大国际制度影响的重要动力之一;看看中国与世界贸易组织的关系,分析上海合作组织或亚太经合组织等区域性国际机制的扩展,就不难察觉上述态势。进入新世纪以来,中国的发展愈发引人注目,综合国力等硬实力大幅提升,外交与国际战略方面也更加得心应手。北京奥运会和上海世博会的成功举办等,象征着中国与国际体系的关系达到一个新的阶段,即中国被公认为世界范围内新兴国家快速崛起和力量体现的主要代表;各种国际机制和规范的作用发挥越来越离不开中国的参与和贡献;中国不仅早已撕掉"东亚病夫"的标签,而且彻底摆脱了国际制度缺席者或可有可无的角色,甚至被广泛认定为从"主要受援国"的角色转向"重大资助方"或"决策者"。客观地分析,虽然多数中国人并未承认这种所谓"全球定价人""主要责任方"或"供货商"的新定位,外部世界,特别是主要国际制度决策圈内对此却有着相当广泛的共识与议事安排。可以列举的典型事例有:逐步机制化的二十国集团峰会、全球气候公约制定过程(所谓"哥本哈根/后哥本哈根进程")、全球贸易谈判进程(所谓"后多哈回合")、全球核裁军和防扩散进程。在所有这些关乎世界各国和全人类的重大国际制度的修改与推进过程中,中国的地位与角色得到前所未有的重视。今天，毫不夸张地讲，没有占全球人口五分之一的中国人的参与，没有世界第二大经济体的赞同，没有这个新兴大国的政治意愿和安全保证，相关的国际制度和规范便失去了意义，其最终决议与安排的合法性和公信力都会大打折扣。从中长期预测，在不发生主要大国全面对抗的前提下，只要中国国内的改革、发展、稳定保持可持续性，将没有任何外部力量或突发事件能阻挡上述趋势；在世界政治经济、社会文化、环境保护、军事安全等各个领域，中国将成为各种主要国际组织实现变革、发挥更好作用的主要动因之一。

在看到中国崛起、推动国际格局变革之愿景的同时，须认知中国发展的不确定性和中国现有模式的不足。"生于忧患、死于安乐"，古代先贤的这句遗训继续适用于取得巨大进展、同时存在严重问题的今日中国。没有深刻的认知与反省，就不会有恰当改进的方向与动力。从全球发展角度看，国际上流行的"中国模式"的各种说法，更多不是像国内某些媒体所说的那样在热情赞美中国，而是描述一种可畏不可敬、令外国公众害怕的低层次发展及笨拙"体态"，它主要指庞大中国经济的快速粗放扩张，尤其对各种化石能源和自然资源的全球占有率、低技术含量的大宗商品的全球市场份额、碳排放总量的急剧上升和对全球生态的消极影响，多半是对精致严格、创意奇妙、高水准和前沿性等"好词"的反向解释。的确，离开中国古代哲人和工匠留下的令人赞叹的各种遗产，离开中国当代经济不断扩大的规模和令人咋舌的发展速度（里面又有相当部分是以中国人民长时间辛勤劳作、低收入和简单消费为代价获得的），我们在国际事务中能拿出手的、比较像样的品牌数量真的很少，由中国人在全球重大事务中直接推出和建制的东西确实无多——试列举全球政治外交上的大量倡议，全球军事国防领域的无数"撒手锏"，全球科技方面层出不穷的尖端产品，全球文学艺术创造中的一批批领军人物和新潮流，全球性组织和国际法范围的近期各种新规制，全球性学术和思想领域的各种新术语、新学派、新方法，尤其是那些预示人类未来前景、让年轻一代更加喜爱和乐意追求、建造更均衡与稳定的国际社会的重大制度性创新中，有多大比例来自当代中国人的贡献，又有多少可以贴上"中国力量"或"中国模式"的标签？几乎可以肯定的是，要实现对这种粗放低端结构的彻底转型，是一个十分艰巨而漫长的过程，目前还远不是自我满足止步不前的时候。

从外交和国际政治角度讲，尽管按中国官方的尺度（实际情况也确有根据），中国国内进步早已今非昔比，中国公众的开放意识和进步需求在不断提升，但为何一些第三世界国家不断地把我们的国际战略与"资源争夺型"，甚至"资源掠夺型"的西方传统列强对照？为何国际社会有相当多的朋友总觉得中国与那些麻烦国家、失败政权或不讨民众喜欢的独裁者走得太近？为何一些国际组织和机构总在批评中国在提供发展援助和安全援助方面"小气"，显得与国力不符？对此，我们需要认真想一想，仔细梳理归纳一番，看看这些误解有多少是一些敌对势力刻意捏造和歪曲造成的，有多少是因官方外宣苍白乏力所致，有多少是实际政策和决策思路的不当引发的，有多少是缘于国人的国际意识薄弱，哪些属于毫无道理的指责，哪些算是误解与偏见，哪些是值得反思和改进的。这些错综复杂、充满变数的事情（及问题），都不是情绪化的反应、简单化的方式所能解决。今天的中国人，既不可陶醉于新近萌生的"盛世情结"和大国沙文主义的梦呓里，也不应囿于旧时狭隘的"弱国悲情"和"受害者心态"的禁锢，而应仔细审视和定位新时代的战略取向，朝着新兴大国、进取大国、责任大国的方向迈进。现存国际秩序中仍存在诸多结构性缺陷，少数大国的霸权主义、强权政治仍对中国的崛起构成一定威胁，我们的海上通道安全、能源安全、粮食安全和主权安全等领域仍存在各种风险；对此中国不能不有所防范和准备，既要发展军事和国防方面的硬力量，也要建立建设性斡旋、创造性介入国际热点和利害冲突的安排（与机制）。另一方面，"打铁还需自身硬"。若要改造世界，先要改造自身。适应时代要求和进步标准的国内转型改制，是中国在国际事务中发挥更大作用的前提。必须牢记：当我们反复强调"发展中国家"的属性时，并非是对外宣传上的托词，或是为推卸国际责任寻找借口，而是坦承中国目前发展所处的较低水平，包括器物层面的相对粗放、体制层面的相对落后和观念层面的相对自闭，是为了防止虚骄之气阻碍高水平的内部革新和外交审慎；不管外界怎么解读"发展中"的宣示，中国媒体和公众要有清醒、准确的自我估计。保持忧患意识、谦虚态度和奋发图强的精神，再有几代人的艰苦跋涉，中华民族重回世界伟大民族之林、为人类进步再做重大贡献的图景才可清晰显现。顺便说一下，以往多数国际政治的教材或研究类著作聚焦在国际政治的阴暗面，讲了太多的冲突与算计；笔者想做些不太一样的工作，把分析重心放在那些容易被忽略的积极因素与线索上。我们国家若要成为真正意义上的世界大国，展现大国风范不光要有硬实力的强大，还需要宽广的全球视野，有面向未来、从善如流的勇气和精神追求。

中共十八大以来中国各项事业的重大进展及一些积极信号的发出，展示了新一届中央领导人的政治决心和远大抱负，得到了人民的拥护和赞许。政治上的反腐倡廉，经济领域的种种改革尝试，都属于艰苦卓绝的攻关。转型升级的口号与行动正在国内各个方向延伸。内政有如此可喜的迹象，外交同样出现了新的气势。"一带一路"建设的重大倡议，发展"命运共同体"及中国式义利观的新思路，建立丝路基金和亚洲基础设施投资银行等措施，建设中美"新型大国关系"的通盘设计，中国在亚信峰会、APEC峰会和杭州二十国集团峰会上提出的新观念、新路线图，中国在联合国和多边场合的更加活跃与努力，都显示出与内政同步的奋发有为、强势变革取向。

作为中国外交的研究者，欣喜见到中国外交的新取向，笔者也在思考：介于中国内部变革和外交活跃之间，我们的外交转型应该有怎样的方式？如何做才能更好地适应内外需求？这方面的所谓

"顶层设计"应当包括哪些内容？在新的全球场景内，适应新的环境与要求，中国外交会发生什么样的转型？外交转型与"创造性介入"的对外取向有何关系？笔者认为，做好这一工作，首先需要研究一般性的规律或趋势，既包括发生在国际范围的重大变化和事件，它们构成中国外交实现"创造性介入"的约束条件，也包括国际范围内各国外交转型的一般规律与经验教训，把它们作为中国外交变革与转型的借鉴对象。其次，需要探讨中国的独有进程，即当下改革开放的新趋势、新举措、新难题，不难理解，这些正是推进外交转型的社会基础和政治前提。此外，还需要观察有关外交转型的具体难题，分析外交的政治地位、外交投入及其增长机制、外交官的筛选与培养机制等。必须明白，外交的活力释放和中国外交在全球的更大影响，与内部的体制机制变革和中国政治社会的整体进步，是有内在联系、成正比关系的。放眼世界就会发现，中国外交的这一变化，有全球性、历史性的意义。观察全球外交进步的方向，不论在什么地方，无论程度如何，社会因素（包括国际国内两个层面）对外交转型都有基础性的引导和推动作用。绝对主权思想与实践正在式微，国家逐渐"变小"、社会逐渐"变大"，全球性相互依存已成潮流。最终历史将证明，人、公民、社会代表着本体、上位、主导和根本，而国家、权力、军事、外交等上层建筑的形塑与推进，须朝着服务于前者的方向。国际关系不是重复循环的，而是演化进步的，这一趋势是人类社会结构由简单到复杂、由野蛮争斗到文明开化发展的映照，顺之者昌，逆之者亡。这将经历几百年，甚至更长的历史进程，外交转型和中国社会政治自身的进步属于其中的一部分。

六、全球趋势

中国的发展，包括外交的作为，离不开对当今世界大势的观察与把握。21世纪初叶的世界政治，呈现出扑朔迷离、复杂多变的局面，不管看上去多么混乱无序，它里面依然包含一些规律性的东西，呈现出预示未来的某些重大线索。

总体而言，当下和今后一段时期的世界政治，有如下几个显著的特点与趋势。第一，政治一元时代符号的式微。冷战时代的两极格局终结之后，美国的单极世界霸权也在缓慢而持续地衰落。与20世纪90年代一种普遍的预想不同，长达近半个世纪的美苏间冷战的结束，绝不只是"一种主义挑战另一种主义之历史的终结"（福山的说法），它同样揭示出一个更加长远而意义重大的历史进程的到来，即依靠政治一元论和绝对真理形态（体制和观念）统治人类物质和精神生活的时代，逐渐被一种更加复杂精细、层化多维的新取向——我们今天甚至还来不及对它加以定义——所挑战、冲击、解构和取而代之。人们模糊感受到的，仅仅是权力流散与多样、决策分权和透明化压力、更多力量中心和挑战者的出现、公民个体自由权的增加，以及媒体摆脱控制的努力等日常现象。第二，国际社会的快速成长。现在得到广泛讨论的政治力量多极化和经济相互依存的大趋势，不光在器物层面创造出令人眼花缭乱的新技术、新产品、新行业和新服务，它们也促使越来越多的公司企业、跨国性组织、知识分子和公众传媒参与全球事务，让这些新的行为体加入到塑造国际规范和行动方式的行列中来。对全球政治光谱进行分析，不难发现一个意义重大的形态转移，即"国家在变小"而"社会在变大"。上述趋势很大程度上也来自全球性问题的推动，即威胁各国和人类整体的国际危机不断加深，如气候变化、生态危机、恐怖主义、区域矛盾等，但解决这些危机和威胁的政府间合作却远不令人满意，尤其是某些重要国家的互疑和战略枢纽地区的争端持续不断。对政府和国家机构的失望，也令非国家的行为体及其选择方案变得更有吸引力。国际社会的崛起，越来越成为一个不争的事实。第三，全球外交转型与进步。国际强权及其精神意志的衰减过程，国家间百舸竞发的局面，也激发了各国外交及国际社会交往方式的创新升级。被贴上"外交民主化"标签的新进程，其实远不止传统民主理论所指的"权力制衡"这一项内容。它首先是对传统大国权力垄断的一种再平衡,是更多新兴大国的生成、话语权争夺及更多中小国家的活跃与联手。其次,在现代传媒和信息手段面前,各国内部旧时相对封闭的和少数人暗箱操作的外交决策方式面临更多困难。在我看来,外交好似一个不断被剥开、层层展示的竹笋。此外,民意、公众情绪、民族主义之类的东西,成为国务活动家无法忽略的社会存在,公共外交不仅时髦而且必需,成为新外交不可或缺的部分。无论在哪里,不管什么形态,"小外交"都在向"大外交"转变,哪怕始终存在"核心圈"与外围,以及各种轨道、层级的区分。最后,各种国际法和国际组织的规章制度,成为各国外交决策的风向标和参照系之一;国际机制像一张铺展伸向世界各个地域角落、各个功能领域的大网,而且越来越密、越来越有力。

然而,人类进步绝非一帆风顺,国际关系仍然充满争斗乱象。新时期的世界政治,尤其包含了更大的不确定性,表现为变革期的痛苦与错乱、新旧力量交替过程的无序与所谓"真空态"。例如,现代化进程在全球不同国家的推进,既带来 GDP 的提升和人均福利的改善,也形成新的社会精英、利益集团和流动过程,把原先相对简单的结构打碎或分化,创造出更多的机会与分裂。人口的国际性流动、难民问题的大量扩散、国际的产业分工与转移,加上文化宗教和历史背景方面的差异,不仅带来了技术、体制和观念的学习互鉴,也增加了种族矛盾或"文明间冲突"的危险。工业产能前所未有的效能,现代技术的各种变异与突破,互联网和各种新媒体的大量涌现,不光贡献积极的、便利的东西,同时也带来气候的异常、生态的恶化、电脑技术病毒的扩散、金融体系的巨大风险、网络恐怖主义的蔓延,这些消极后果是过去的体制与战略无法应对的,使得由国家组成的现代国际体系漏洞百出、疲于应对。特别要指出,面对新的挑战与难题,国家的管理方式与交往规则并没有很好地适应,旧的丛林法则与零和博弈方式仍大行其道,妨碍解决问题所需的合作推进，使得很多麻烦变得难以收拾。不夸张地说，转型期的国际社会，面对的既是现代化进程技术性和器物层面的困难，又是西方发达世界的乏力、传统国际权力结构的危机，以及旧思维（包括线性思维和冷战思维）的危机。另外，当人们在谈论人权、平等和参与机会方面的进展时，在观察各国民主化进步的各种指标时，也不能无视一个事实，即西方现代民主模式仍然具有强烈的扩张性和强加倾向，带来了复杂的后果和持续的不确定性，它们在落后的发展中国家造成大量政治水土不服现象的同时，迫使非西方的新兴大国加入解决各种难题行列。就中国人而言，虽无法简单判断其后果的好坏优劣，却能清晰感受承担更大国际责任和提供更多公共产品的压力。不管喜欢与否，在当代国际关系的转型期，中国这样的新兴国家正在走向全球政治的高地。

以下从不同侧面，略为细致地做些探讨。

（一）"碎片化"进程

现今的国际关系和全球政治，表现为一种不断裂变、碎片化的进程；它不仅预示着更多的冲突与矛盾，也在不知不觉中孕育着新的特质、更多行为体和进步的因素。

联合国自成立至今已有70多年，从一个侧面提示了世界政治地图的改变趋势。这个全球性国际组织建立之初，只有51个主权国家成员；到中国在20世纪70年代初恢复在联合国的合法席位时，它不过百十个会员；苏联解体、东欧剧变的20世纪90年代初期，联合国的会员数目在150个左右；如今，联合国的正式成员与正在申请加入它的主权国家总数近200个。联合国成员数量的快速增长，不过是当代全球化进程催生下国际体系"层化"的表现，是由主权国家组成的世界格局在世纪之交受到民族关系"元素化"冲击的一种结果。

众所周知，近代民族国家体系自形成以来，先后出现了几次民族独立和解放运动的高潮。第一次是19世纪中叶前后，在资本主义逐渐兴盛的欧洲，曾长期受教廷摆布和少数大国强权支配的一批欧洲国家脱颖而出，建立了自己的民族国家（如德国）；第二次同样发生在欧洲，是在传统的边缘区域——巴尔干和东南欧地区，随着第一次世界大战的硝烟散尽而产生了一批中小独立国家；第三次是在第二次世界大战结束之后的20世纪五六十年代，一大批亚非拉国家摆脱殖民主义、帝国主义的奴役宣布独立；20世纪90年代冷战格局终结，导致又一批非主体民族（尤其在中东欧地区），朝着建立主权国家的方向努力——最近的这次进程尚未结束，裂变的潜流还在涌动（如前南地区的科索沃等），典型的事例是乌克兰的转向与独联体内部的更大争斗。造成这种不断裂变、国家数目增多的深层次原因，不只是某些国家旧时的压制性政策造成离心倾向和西方集团的大力推动，更在于全球范围民族问题风向标的变化。20世纪的相当长一段时间里，多民族组成的联邦政体是受到大力推崇的，多民族国家被认为具有更大的发展优势和潜力（美利坚民族的"熔炉"示范效应便是典型）。

上述曾经广泛持有的认知，包括大量主权国家的政治实践，在20世纪中后期开始受到质疑，在苏联解体后更直接受到抨击和挑战。反其道而行之的，是民族关系及实践中的某些原教旨主义滋生、坐大和泛滥，这些原教旨主义形形色色，但共同点是强调本民族、部族，甚至教派、血缘、语言、文化传统的纯洁性和高尚性，并且在对比中贬损其他民族、部族、教派、血缘、语言和文化传统。这类比较褊狭、极端的民族主义思潮，在行动纲领层面表现为反对联邦政体或任何多元一体式的政治安排，质疑多民族国家体制的优点，力主在更加单一（它们所谓"纯洁"）的民族、部族、教派、血缘、语言、文化传统基础上，建立更加独立或自治的政治体制和管理方式。不用说，很多国家在综合治理上的失败，包括压制性的、不公平的内部民族方针，是这种思潮和政治纲领的催化剂；而当今世界各种民族与各个国家的不重合，则是孕育民族国家裂变种子的"天然土壤"。

在我们现有的国际体系里，只有不到 200 个主权国家的正式席位，而它们名义上代表和容纳的各种大小民族、部族，数量达到上千个；例如，单是俄罗斯就有 120 多个大相径庭的民族，南斯拉夫联邦内部也有近 30 个源头各异的民族，非洲第一人口大国尼日利亚内部有数百个历史传统不一、相互关系复杂的部族。全世界近 200 个国家中，有三分之一是单一民族构成的国家（如波兰、日本、韩国、以色列等），绝大多数国家都是多民族组成的政治国家。当世界政治的基本结构、重大潮流和基本符号有利于多民族国家的体系安排时，如 20 世纪 90 年代之前，民族分离主义和各种极端主义诉求长期处于不活跃状态；一旦国际局势发生变化，譬如说大的霸权体系分崩离析，那些弱小的或受压制的民族（部族）及其政治代理人就开始争取自主和独立的身份。世人如今见证的，是对多元民族国家体系及思想基石带来重大挑战的新时期，是一个可能持续较长时间的地缘政治过程。

"碎片化"的国际进程，不断削弱国家的控制，给新的国际行为体更大空间。伴随国家权威性和掌控能力的下降，形形色色的多元主义、民粹主义、新社会运动、反国家的教派纷纷崛起。如果说过去的国家在争取民族独立和解放、打碎帝国主义锁链和建立世界新秩序的潮流中一直扮演主角，那么，现在的主角、配角经常是互换的或模糊的，新的目标和实现手段逐渐分解到不同的行为体及其行动那里。相对简单的国际旧秩序趋于瓦解，而新的国际结构形态复杂多变。这种"新常态"，是国际社会壮大的一个前提。

（二）国际规范网络化

当今全球政治的另一特点是，各种国际法、规则和公约组成的国际制度，如大网一般密集而有力地覆盖至全球各个角落及领域，让所有国家受到国际制度的更多引导和约束。

自第二次世界大战结束之初联合国诞生以来，国际制度一改过去几百年间那种可有可无、若隐若现的状态，其存在变得比较明显，其功能变得更加有效。尤其是冷战结束、两极对抗消失之后的近几十年，传统的冷战思维和集团对抗方式受到广泛批评，而有助于代表多数国家和地区意愿的各种国际制度和规范逐渐活跃起来。例如，在国际贸易领域，人们见证了世界贸易组织的诞生及其日益明显的作用，尤其是"后多哈回合"进程中国家间经贸诉讼判决的冲击力；在国际军控领域，有全面禁止核武器试验的公约的出台，有国际原子能机构之不可忽视的调查取证、咨商建言角色；在气候变化与环境保护领域，先有《京都议定书》，后有"哥本哈根进程"，再有巴黎气候大会和《联合国气候变化框架公约》；在海洋国际关系领域，世人见证了被称作"海洋大宪章"的《联合国海洋法公约》的生效，看到它对新一轮"蓝色圈地运动"的激发或制衡；在国际政治和人权领域，产生了《公民权利和政治权利国际公约》，潜移默化地约束着世界多数国家的立法和司法进程；在解决各种地区热点和局部冲突的集体安全领域，联合国安理会越来越像是几个世界大国不敢轻视的协商伙伴和决策角色。

未来的十几年乃至几十年间，这一趋势将持续加强，更加细密、更加有力地渗透到世界各个角落和国际关系的各个方面。比如，在食品安全领域，联合国食品法典委员会越来越多地介入，提出了有关食品安全的指导性意见（被广泛称作全球食品安全"新指南"）；在打击跨国有组织犯罪的问题上，联合国"毒品与犯罪办公室"已经开始定期发表报告，协助或施压各国政府的相关工作；位于荷兰海牙的国际法院，已经而且可能更多地对于主权国家政府的领导人开展调查和提出指控，假使后者被认为实施严重的犯罪行为的话；在国际水域，类似《1954年国际防止海洋油污公约》《国际防止船舶造成污染公约》的国际法，对于规范全球船舶业的环保态度和措施，正在发挥日益增大的约束力;已经生效的《禁止地雷公约》(即《渥太华禁雷公约》),势必对目前尚未签约的少数国家造成强大压力,令后者不得不朝着减少地雷使用的方向运作。虽然少数大国一直力图干扰或操纵国际制度,包括中小国家在内的各种国际利益集团的博弈也从未中止,各种国际制度和组织内部的惰性继续制约其效能,然而从总体上判断,国际制度的网络化进程不可阻挡,覆盖面将不断加大(比如从传统的高阶政治扩展至低阶政治),履约强度将逐步提高,对主权国家的权力、各国民众的生活和新时期的国际交往产生持续影响。

(三) 多元协调共治

21世纪初期的国际关系,正在由过去的冷战格局,朝着新的多元协调共治的方向,缓慢而有力地实现过渡转换。

它首先是基于西方的乏力这样一个重大现实,其次受到新兴的非西方力量不断崛起的推动。国际力量发展不平衡的局面,在资本主义列强统治世界的几百年间一直存在,表现为主要西方大国之间争夺市场和资源、控制资本流动和收益、掠夺殖民地和落后国家的彼此实力消长与斗争。然而,在新的时期,"新老竞争"和权势转换的命题,具备了更加积极的内涵。非西方世界的一批大国(典型的如"金砖五国"),凭借自身综合国力的稳步提升,力图向国际政治舞台的中心逼近,逐步改变传统西方国家长期主宰各种重大国际制度的局面。这是一个全球力量和思想再平衡的进程,是少数国家主宰而多数民族沉默受压抑之时代的校正。在此意义上,新兴国家崛起的历史作用怎么讲都不为过。

我们应当清醒地认识到,传统西方霸权国家(欧美日等国居于核心位置)并不会坐视主导权的旁落,而是将千方百计维持旧的格局并打压竞争者。器物和数量层面的大小及竞赛,与制度层面的强弱优劣并不能等同。新兴的非西方大国目前充其量只是在诸如制造业产能、GDP 总量、公路和高铁里程这样一些领域有超越和领先势头，但在生活质量、价值观的吸引力、生态与人权保护、国际话语权和公共产品供应等方面，仍相当落后。这里还没有提及新兴国家之间的战略猜忌和利害冲突，没有细究这些发展中大国自身存在的制度弊端和社会政治危机。考虑到新兴国家崛起过程的诸多不确定因素，新旧势力此消彼长的摩擦会不断加剧，取代过程肯定漫长曲折。中期观察，不能排除一些新兴大国中途受挫、停滞不前的可能，也不排除传统西方强国重振强势、引领下一轮世界潮流的情景。

从主要领域观察，在全球层次上，将会缓慢出现"多极多元、协调共治"的局面。它包括了中国人常说的"中美新型大国关系"或"一超多强的新力量格局"，但有着比它们更加复杂的样式。比如，从新旧交替方式看，一种可能是形成各种新的区域性力量中心，这些同时包含西方强国和新兴大国的力量中心，在某些区域性强国（中东欧的波兰、西亚的土耳其、南部非洲的南非、中南美洲的巴西和墨西哥）的强力引导下，将依托本区域的经贸一体化和文化向心力，建立和发展一批区域性国际标准和制度框架（如新欧洲法律框架、东盟安全共同体、西非国家货币同盟、拉美能源合作机制等），对原先国际制度规范加以修正或形成挑战；另一种方式，是在全球范围调整原有国际制度的结构，重新分配投票权、资金存留比例、领导人国别来源或其他决策份额，经过长期而艰难的斗争较量，包括各种结盟与分化的手段，逐步使各种全球性国际组织和规范适应新的力量格局。在政治和安全领域，联合国机制的变化，特别是安理会结构的改革，以及安理会所决定的集体解决国际冲突与维持和平的方式，将成为未来十年不同声音和力量较量的一大平台。在经贸和环境领域，以八国集团和二十国集团为主要象征的传统西方大国和新老国家并存的两类国际机制，包括受到它们左右的国际货币基金组织、世界银行和世界贸易组织等国际机制的调整过程，将以互补、合作与竞争、超越的博弈，通过复杂的磨合进程，在长期的此消彼长中，共同制约全球的可持续发展进程。在文化与社会领域，以《联合国宪章》和《世界人权宣言》、联合国经社理事会与教科文组织为主要体现的国际文明制度、规范与组织，在被各国越来越多地利用来解释本国的政治制度、文化战略、外交方针合法性的同时，自身也将不断地获得充实、修正和完善，成为更加显著的全球性伦理价值与国际法来源，有形无形地制约着世界范围内新生态政治和重大社会思潮的起落。

（四）军事权重递减

在当代国际政治里，只有长时段才可观测到的一个趋势是：在国际制度的生成演进中，乃至整个国际体系的变迁过程中，经贸、外交、法律等各种制度与约定方式的作用逐渐增强，军事制度在保持强势地位的同时，其权重和优先性逐渐下降。

刚刚过去的20世纪是主要国际制度诞生和发生作用的世纪。它的特点之一是，针对两次世界大战和若干重大局部战争的严重后果，战争与和平问题始终是各国决策者和民众关注的首要事项，与此相应，军事关系保持了在国际制度创造过程中强大而首要的位置。在几百年国际体系的变迁中，在国家间关系的处理上，在重大争端的解决方面，军方一直是决策圈子的核心成员，军费开支始终占据国家预算的最重要部分，国防和对外军事干预的开支从来都是大国（尤其是老牌西方大国和俄罗斯）优先安排的内容，尚武风习直到二战结束之前在很多国家的对外事务里都是主导性的；可以说，与外交手段、商务手段和其他对外交往工具相比，军事手段具有明显的支配性。第一次世界大战后建立的国际联盟和第二次世界大战后诞生的联合国，作为全球最大最重要的国际组织，目标旨在防止两次世界大战的悲剧再度发生；联合国系统中的多数国际制度与规章，比如国际原子能机构、安全理事会、人权委员会和难民署以及维持和平行动（PKO），占据了大多数国际资源和排在各国政府议事日程的最优先位置，成了国际社会关注和国际组织活动的绝对重心。从各方面因素综合分析，今天和未来一段时间，在上述逻辑继续有效的同时，有不少新的线索出现和新的要素介入，令国际制度的生成与变迁过程呈现多元、非线性的特点，也令传统的军事、外交、商务等交往手段的重要性顺序及使用频率发生复杂而显著的改变，出现日益增多的变化与改观。

首先，外交民主化浪潮正在席卷世界各个地区，政府不得不适应社会公众扩大知情权的要求并做出一定改变，非政府组织（NGO）在国际组织和各种论坛上的发言权得到强化，信息的迅速传播和新媒介的层出不穷削弱了国家权力在某些方面的垄断。因此，可以说，新的社会运动和思潮融入国际制度制定和修改的有力参与者之中。典型事例如 NGO 在国际禁雷公约和对中小武器的管制加强过程中的角色。其次，经济全球化和地区经贸一体化的势头日益强劲，世界各国经济贸易和生活方式的紧密联系（包括生产过程、消费偏好、融资流动之相似性的增强），从积极意义讲，无形中加大了各国之间，尤其是主要国家之间发动战争、以武力解决问题的代价，"外溢"出政治对话、军事缓和、军备控制的效果。联合国秘书长在解决地区热点事务中调解作用的增强，安理会决议的特定威慑力和道义影响力的提升，各个地区联盟的安全对话与协调的密集化，一定程度上反映出世界经济政治化、世界政治经济化的更大互动。再次，由于各种因素的综合作用，第二次世界大战结束以来，尤其是冷战终结之后，国际制度乃至总体国际关系的一个进步趋势是，各种武力霸权、政治威权、外交强权虽然没有消失，某些时候甚至强势显现，但它们受到的有形无形的约束在增多，战争使用的禁忌在增多，约束来自更多方向，相对过去而言其权重和便利程度均有所下降。这方面，美国给出了最好的教训：这个超级大国在军事上依然是超群的，它干涉世界各地事务的愿望和能力依然强烈而有力，但美国在军事战场之外的失败到处可见,支撑美军战斗力的财政资源受到更多约束,来自联合国和其他大国的制衡越来越明显,最近半世纪里几乎每隔一二十年美国介入全球大型冲突的能力就要降低一个层次(从宣称"同时在两个半战场作战"到"同时在两个战场作战",直至近年所说的"同时在一个半战场作战")。"软实力"得到更多重视与使用,军事手段只有在外交竭尽其能之后才予考虑。

军事优先性受到更多约束的预测,可能引起一些质疑,特别是考虑到现今军备竞争依然无休止,某些地区(如东亚和中东)依然存在的军事对峙局面。这里并非否定军事的重要性以及它在未来很长时期仍将占据国际事务决策过程的巨大权重。笔者只是说,从全球社会与国际关系在几个世纪的演化来看,军事的主导权呈现缓慢下降的趋势,炮舰政策受到多方约束,军费开支总量尽管上升,但在各国GDP中的比重保持了相对下降的态势;从另一方面观察,国际法的重要性正在获得更大重视(如遵约程度的提高、国际法的效力和覆盖面的加强与扩大),社会与国家关系中前者的声音相对而逐步提高,公民个体的权利和整体的社会力量在国际和平与发展(包括制度演进)中的作用在上升。

哲学家康德曾经论证过人类向善及国际进步的必然性。在他看来,人作为类的进化,是一部复杂的历史大书,一个从动物性的低级阶段开始,逐渐引导到人类的较高阶段的进程,其间充满了混乱、野蛮、争斗、蹂躏和反思、克制、摸索、改进;表面上的无目的性、偶然性和频发的灾难合到一起,迫使人类探索保全自我、不被毁灭的各种路径;国家就像微小的物质尘埃一样,通过它们相互之间的偶然触碰来尝试着各种各样的形态,这些形态又由于新的碰撞而重新解体,直到有一天,最终偶然地形成了一个能够保持住自己的形态。"野蛮人的无目的状态所造成的结果是:这种状态抑制了我们人类的全部自然禀赋,但是,最终又通过这种状态给我们的类所带来的灾难,迫使我们的类超越这种状态,进入公民制度。在公民制度中，所有那些自然禀赋的胚芽都将得到发展。已经形成了的国家的野蛮自由也造成了同样的结果。由于把共同体的全部力量都运用在相互之间的扩充军备之上，由于战争所造成的蹂躏，更多的是由于随时准备扩充军备、进行战争的必然性，虽然完全地发展自然禀赋的进程受到了阻碍，但是，由此产生的灾难却迫使我们的类，为许多国家之间的、产生自这些国家的自由的、本身有益的对抗寻求一种平衡的法律，建立起一种联合起来的、强调平衡的力量，建立起一种国家公共安全的世界公民状态。"①

（五）国际社会壮大

上面的分析，引出了另一个结论：不断增多的国际行为体，虽然不能撼动民族国家和由各国政府组成的国际组织的主导地位，却加快了国际结构的分化与再造，使其呈现分层化和自组织化动向。

例如，在世界经济和贸易领域，各种各样的跨国公司正在改变全球经济版图，甚至有意无形中支配、"绑架"一些政府的外交和军事政策；它们中有的庞大无比、富可敌国，有的控制能源阀门或核心技术，有的改变着各国年轻人的品位偏好，有的塑造着多个国家的产业集群。在世界社会和生态领域，相当多的非政府、非营利的组织和团体，加入到以联合国为中心的各种重大论坛，在政府间峰会外召开各种"会边会"，不仅以"打擂台"方式冲击传统的国际议事日程，更试图用行动证明它们的目标并非虚言；哥本哈根联合国气候大会业已表明，国际NGO的崛起已是任何国家和正式国际组织不可轻视的挑战。在世界军事和安全领域，尽管各国政府尤其是大国政府仍然垄断着尖端技术和主要军备力量，但显而易见它们不得不面对越来越多的非政府的挑战者和竞争者——国际恐怖主义势力

---

① 〔德〕康德：《关于一种出自世界公民意图的普遍历史的观念》，载李秋零编译：《康德书信百封》，上海人民出版社1992年版，第264—265页。

和跨国犯罪势力试图掌握更多的财政资金和攻击手段，改变某些国家和地区的政治生态与安全庇护；一些反核、反大坝、反地雷的国际 NGO 正在全力推进它们的目标；一些国家的公民社会运动与和平主义抗议力量，对所在国家政府预算的军事部分提出有力质疑和各种约束要求。在全球宗教和文化领域，形形色色的原教旨主义回归、反原教旨主义努力相互激烈争夺，血缘、民族、部落、教派、"文明"的各种认同都在抢占自己的地盘，这些争斗中有相当部分跨越了主权国家国界和政府控制范围，构成未来一段时期国际格局下各国政府不得不顺势而谋的强大潜流。

如果传统国际体系的行为体是数量有限、行为模式可预期的话，人们现在再也无法对于新的国际体系中的行为体做同样的判断：因为它们的此消彼长速度太快，它们的互动方式太难预测，它们对国际格局的冲击也变得更加诡异和难于应对。进入新纪元的国际体系，越来越像一个三维的立体结构：它不光有显著、粗大的国际政治、外交、军事、安全的传统架构（第一层面，也叫"高阶政治"），还有日益强劲有力的国际经济、贸易、能源、资源、金融和物流的新型架构（第二层面，通常被称作"低阶政治"），更有不断崛起、更加活跃的国际社会、文化、宗教、媒体、出版、艺术、教育的新型架构（第三层面，不妨称之为"新社会力量"）。"分层化""碎片化"和自组织化，多半发生在第三层面上。"国际社会"不再是一个抽象空洞的概念，而是任何国家（包括最强大的国家）必须应对的给定环境。

作为一个历史进程，国际社会的崛起给世人提出了许多值得深思的问题，也向传统的国际政治结构发出了前所未有的挑战。它至少提出这样一些问题：国际社会到底用什么样的机制发挥作用？它的演进规律如何？国际社会的物质基础有哪些，它的文化载体是什么、共同价值观又如何？实践中观察，首先，不同于以往的形态，现在的国际政治提出了复合性的、全方位的治理需求，它要求传统的主权国家及其政府更加重视国际社会的存在与声音。其次，国际社会的壮大，导致大量非正式的、非国家的多边安排与规范，加入到全球治理的议事日程。与此相关，私人行为，公民的自组织活动，形形色色非政府团体的作用机制，全球市场与技术的某些标准，有形无形地渗透至国际政治、安全和外交的领地，主权国家的特权受到各种冲击。再次，原本只是国内政治和社会意义上的人权改进、民主化过程和公民权利问题，在信息化条件下和跨国进程的带动下，越来越多地成为国际性议题和国际政治的博弈内容，"内政与外交不可分割"的命题更多地充实了社会性内涵。国家仍然处于国际权力中心，但权重逐渐下降，特权逐步减少，国家变成诸多行为体之一（哪怕是最显著的存在）。

事实上，国际关系的民主化，不光来自于多极力量对少数大国垄断格局的再平衡，而且源于国际社会的生长、层化与再造进程；前述战争方式作用的降低，军事优先性的下降，以及国际和平与发展势头的难以阻挡，同样主要不光来自技术或器物层面因素的驱使，还始于国际社会风向的压力和公民团体的压力。借用建构主义的术语，这是当代国际关系的"社会化转向"。

（六）民主化的推进

由此可见，新时代世界政治进展的一个内涵，即全球范围各大洲的民主化进程广泛推开，尽管曲折复杂、表现不一，但这个进程难以阻挡，民主的话语与实践成为各国政治合法性的重要标志。

我们先观察一下国家层面的事实。先是20世纪80年代之后拉美的民主化进程。1982年马尔维纳斯群岛战争之后，阿根廷国内政治经济困难引发社会抗议，最终迫使军政府还政于民。这一事态拉开了拉美民主化的大幕，军政权逐一退出，民主化潮流席卷整个南美大陆。到21世纪初，拉美国家全部实现通过选举推选国家领导人的制度。苏联的解体和东欧剧变也给原苏东地区带来政治变革。在南欧与东欧的民主化进程中,美国和欧盟起着重要的推动作用。为了自身经济利益,也由于苏联政治上的约束过久,东南欧国家在政治自由化、民主化、选举方式和政府运作机制诸领域迅速向西欧转向。非洲的情况有所不同。20世纪90年代,民主化浪潮伸展至非洲,许多国家开始实行民主化的尝试,但这一进程相当脆弱艰难,结果很像是一种不完备的选举政治与落后的非洲政治模式的混合体。政治动荡、社会分化、经济停滞和部族持续争斗,加上表面上的程序民主和非盟的约束,让人难以判别进步与否及程度大小。在非洲相当多的地方,外国干预下强制植入了民主的制度与构架,却出现了严重的水土不服症状。中东地区自2011年剧变和政治转型以来,民主化步履艰难,一些国家实现政权更迭后开启了民主转型,实现多党选举、三权分立和大众参政,但实践上多半陷于政治动荡和经济恶化的不利局面,迄今为止很难预测"阿拉伯之春"的未来。东亚是20世纪后期全球民主化取得重大进展的一个正面却复杂的样本。对比三四十年前的这一区域,基本上是一个政治上高度集权、民众与社会缺乏最基本的权利的地区,现在绝大多数国家不仅在经济上快速改善和充满活力,中产阶级大量增加、城市面貌日新月异,而且政治参与多样且富有成效,哪怕方式大相径庭,现代选举程序不同程度得到落实,民意得到更多表达与重视。

究竟什么是现代民主?民主化进程是否有固定的路径或模式?从国内外的情况看,虽然不存在简单的定义和共识,但大的方向和基本线索还是能观察到的。按笔者对现代政治制度的各种经验教训、理论学说的各种探索和归纳,给出的一个结论是:现代政治的成长,尤其是"民主化"进程,主要看如下五方面的相关联的制度化建设。一是能否对绝对的政治权力实施有效约束和制衡;二是能否对政府决策过程尤其是重大事项建立有章可循、可预期的纠错机制;三是能否使国家政治的议程较好地反映社会公众的意愿和要求;四是能否建立广泛的政治参与方式和沟通渠道,让政治体制具有充分的吸纳能力；五是能否让上述制衡的制度在建立的过程中切合自身国情、发掘继承好的政治传统。

根据这几项指标衡量就可以发现，不仅全球多数地区内部在最近的二三十年出现静悄悄的民主化转型，而且国际关系和外交领域乃至全球政治层面也有类似的变化。例如，最强大国家和国家集团，如美国和西方发达国家阵营，曾经长期垄断国际经济、金融和贸易规则的制定与决策过程，导致少数国家大量获益，与此同时多数国家和民众的利益受到损害；而随着新兴经济体的崛起和国际经贸格局的改变，上述不良态势不仅遭到抨击而且被逐渐朝着正确的方向修正，八国集团与二十国集团的此消彼长就是一例。又如，在难民救助、弱势人群保护等全球安全与冲突问题的解决上，最近二十多年，联合国系统及多数国家对"卢旺达悲剧"的反思与改进提议，导致从"保护的责任"到"负责任的保护"等事后追责与惩戒行动的逐渐推广，使得即便是最不发达地区最野蛮的政权也不得不有所忌惮和收敛，使得更多的国家和政府开始认真对待国际人权和政治权利公约所要求的履约责任。再如，通过对近些年联合国多轮气候大会的跟踪观察，不难看到，有越来越多的国际非政府组织、小岛国和易受气候变化损害的国家代表、民间人士和科学家，进入到对话和文本拟制进程，传统的外交官和政府代表团的专属领地有了大量的新面孔，其间的各种争议、妥协和最终方案类似多种"力的平行四边形"，最终形成一种总的合力。当代世界政治的最新变化，呈现出明显的碎片化、分层化和多元化趋势，它们以自己的方式强化了全球民主化进程的不可逆转势头。世人可以发现，凡是比较成功实现民主转型的地方，既不是简单模仿照搬单一现成模式，也不是按照外部制定的时间表强行推进，而是有意识地拓展民主的本土化实践，发展适合自身的改革理论与路径。就是说，民主的普遍意涵、指向与本土特色、尝试，恰似一个硬币不可或缺的两面。

（七）内政外交交叉渗透

在当今世界，国家内部治理的好坏、政府的责任与能力，越来越直接关系到各国的国际形象和权益。国际政治与国内政治的多重博弈，展示了磨合中演进的国际社会构造。

在传统教科书里，国际政治和国内政治被认为是分立的、多半不相干的。信息技术和传播手段的不发达，国内法与国际法的不衔接，以及某些政府和独裁者的刻意闭关锁国，强化了这种两分局面。按照旧时的理解和实践，一个政府及其权力精英在国内干得再好，那也仅仅是内政的范畴，未必获得高的国际评价与影响力；反过来，一个政府哪怕在国内胡作非为，施暴者也能毫无困难地保留联合国的席位、各种国际组织的投票权和主权国家的国际权利。也就是说，传统主权观与国内治理水平无涉。

时代在变化，国际关系也在进步。现在的世界局面逐渐让人感受到上述两分法的失效。放长眼量，不难得出结论：随着多数国家和整体国际社会的进步，国际政治和国内政治岂止是不可分割，前者简直就是后者的放大与延续。一个国家不论采用什么样的体制，重要的是国家当局能否保持经济和福利的可持续增长，保证政治与社会的建设性稳定，保证人财物的公平合理分配；借用眼下中国人常说的一句话，要以"老百姓满意不满意"作为最直接、最重要的评价标准。凡是达标的政府，在国际上说话就硬气，国家主权和安全就更有保障；而那些鱼肉百姓且胡搅蛮缠的政权，哪怕天然资源丰饶、地理位置优越，它们的信用也会被国际社会打折扣，有时甚至被暂时剥夺国际组织席位和其他主权权利。主权不是静止不动的，而是强弱有变的。国家的内在进步与国家的外部影响成正比关系。

众所周知，当年美国和少数西方国家在制裁伊拉克问题上做了手脚，以谋取自身的战略利益。但"苍蝇不叮无缝的蛋"，没有萨达姆政权的专制残忍，就不会有西方强权霸道介入的机会。伊拉克的悲惨遭遇，是这个国家内部恶政与外部强权双重作用的结果。我们不要只看到美国在国际上使用蛮力，在某种程度上那是以美国国内体制对其百姓的善道为前提的；如果美国国内民主、民生、民权的任何一方面出了大麻烦，如果美国公众不高兴、不支持，哪怕五角大楼再添几个航母编队，美国政府恐怕也不会有现在这种全球干涉的底气。还必须指出，国际政治并非简单复制国内政治，前者的复杂博弈和反向作用也在塑造后者，信息传播和全球化的其他手段使这种过去不那么凸显的双重博弈变得更加有力。还是以美国为例："9·11"事件后的布什主义，造成了美国的国际公信力大幅下降，也严重挫伤了美国的国际干预意愿，制约了美国的软硬实力；之后的"奥巴马新政"算是一种拨乱反正，不论成败，其重点是以国内重大变革重振美国主宰世界的能力；今天的美国"特朗普新政"，不论有什么争议，它是近年美国全球战略收缩态势的延续。

纵观当今世界，各国国家体制满足社会需求的效能及其适应时代变化的能力，决定着各国在全球社会的安身立命，决定着它们话语权和影响力的大小。这也是国际关系向更高层次演变的基石。尤其对于大国强国来说，输赢不在外部而在内部。

在关注未来国际格局与世界政治演化趋势的同时，必须看到国际关系和全球发展中存在的重大不确定性。它超出通常的思维逻辑，完全颠覆传统的演进画面，产生完全不同于一般预测（"规律性"）的后果。这中间，既包括人们常说的全球政治和安全领域的"战略意外"，如20世纪80年代末期90年代初期的东欧剧变和苏联解体，21世纪初期发生的"9·11"事件及美国布什主义的战略失败；也有世界经济和全球贸易发展方面的重大挫败，如2008年之后的全球经济严重衰退；还包括综合国力较量中出现的"非常规"崛起与下降，如20世纪70年代石油价格的暴涨及沙特等产油国的暴发；乃至科学技术领域的某些始料不及的"突变"，如20世纪后期金融互联网的凸显及芯片技术造成的突破等,还有近一段时期人们经常提到的英国"脱欧"和美国"特朗普现象"等。事实上,恰恰是这些非常规、不对称、无法确定的因素,经常构成当今国际政治和外交实践中受人关注、影响广泛而深远的主题,变成了新世纪国际关系的"新常态"。

国际进步不是直线的而是曲折的,新的复杂性和不确定局面同样值得关注。下面,笔者将接续前面的讨论,用三个"变量"提示全球政治的复杂演进画面。

(八)西方与伊斯兰的裂痕

所谓"文明间的冲突",是国际关系进步的主要约束因素之一。自20世纪90年代以来,特别是进入新世纪以来,在东欧剧变、苏联解体、美国赢得冷战对抗之后,全球冲突与矛盾的主要来源发生了重大改变:拥有强大综合实力和技术优势、主导当代世界政治格局的欧美各国,与占据重要地理和资源区位的伊斯兰世界之间,在涉及国际安全、宗教文化、社会发展的各种重大问题上,产生或加剧了分歧,激发出新的对抗与极端思想。如果说以巴以矛盾为核心的中东和平问题好似全球冲突局势的晴雨表,那么,美国及其盟友同"伊斯兰反美势力"(包括伊朗这样的国家政权、哈马斯这样的游击队或"伊斯兰国"这样的新崛起势力)的较量,则决定着国际热点冲突的走向。当今的国际冲突和热点问题多数发生在这两大体系之间,主要范围是从北非到西亚中东,再到中亚乃至东南亚连为一体的"伊斯兰弧带"。布什主义所折射的"新十字军东征"指向,是西方强硬势力在21世纪初期的主要攻略之一,即通过对伊斯兰反西方挑战者的打压,巩固欧美政治和安全体制的主导地位。当然,这种努力还包含了输出民主与自由价值的"软改造",如在伊拉克和阿富汗的治理方式。总之,是用欧美现代体系为坐标,采取软硬兼施的方法，力促十字路口的伊斯兰体系转向西化。反过来，伊斯兰反西方阵营用同样强硬甚至更加极端的方式（如恐怖主义），对抗外部的改造企图和打压政策，对内部的温和声音进行反制，并在世界其他地方努力结成反美的统一战线。这些努力与传统的西方左派反抗思潮、国际上传统的反资本主义力量之间有着复杂的默契，在西方国家内部阶级分化和社会问题凸显的背景下，构成今日国际关系的主要抗衡面。

然而，在断定其重要性的同时，确实难以对西方与伊斯兰世界的关系的演化做出精确预测。这种关系在未来一段时间是日益紧张、麻烦和冲突事件层出不穷，还是逐渐缓和、有所妥协、极端主义受到抑制？人们很难判别西方与伊斯兰这样两种关系悠久却又恩怨不断的文明形态会在新时期生出何种矛盾。无论如何，对于全球社会和国际制度而言，这种关系极其重大紧要，带有全局性的引导意味，决定着诸如国际原子能机构或联合国安理会的偏好、北约的战略调整等，影响着国际制度建构的整体趋势和国际力量斗争的大格局。

2014年法国巴黎发生的《查理周刊》遇袭事件，从一个侧面验证了上述判断。它在震惊世界的同时，也不禁让人深思，为什么在这座欧洲古老、优雅的城市，会发生如此残忍的种族杀戮事件？众所周知，法国是欧洲穆斯林人口最多的国家，伊斯兰极端势力正在那里迅速扩展自己的影响，反对西方统治世界、反对犹太人和"十字军"的极端态度日益嚣张。伴随着更多穆斯林移民的到来，更多清真寺和宣礼塔的建立，更多反基督教思想的传播以及更多来自沙特和其他一些阿拉伯国家资助的宗教文化行为，使曾经舒适静谧的西欧城市被越来越多的紧张对立和社会撕裂充斥着，令反伊斯兰教的情绪及厌恶穆斯林的心理不断加深，排外主义、民粹思潮和右翼力量日益高涨。认同的差异、价值的对立和文化的误解，成了欧洲走向衰落的又一个下行台阶。《查理周刊》遇袭事件不是个案，不是偶然的。没有哪个欧洲国家能避开"西方 vs 伊斯兰"这对尖锐矛盾。其他西方发达国家也不同程度地感受到类似的压力。它是 21 世纪前期全球治理的主要难题之一,也是制约国际关系和谐进步的重要因素。

(九)全球化与民族主义的对冲

全球化与民族主义二者间的此消彼长,也是 21 世纪世界政治的重大变量之一。20 世纪后期以降,经济全球化的进程以不可阻挡的态势冲向世界各个角落。简单地说,它首先表现为经济的全球化和国际经济规则的推广,尤其在东欧剧变、苏联解体、旧的中央指令性计划经济体制受到抛弃之后,以市场化和投资贸易自由化为核心的这一进程显得更加强劲。其次,它体现为各国政府在经济贸易自由化浪潮下的对外开放与积极跟进,包括传统产业的调整和新兴行业的激发、企业和个人自主性的扩大,以及民营部门的地位上升。最后,它还呈现在各国大众消费口味,尤其是年轻人时尚追求的相似上,广告媒体和建筑风格的雷同上,企业管理、市场营销及都市运作的统一化上。所有这些产生了"政治外溢"效应,弱化了传统的民族自豪感和国家意识形态,缩小了主权政府权力行使的空间,从不同方向约束了民族主义、民粹思潮及其政策偏好。可以说,科学与技术的日新月异,会助长经济全球化的上述作用。

然而,现实表明,世界的发展与人类的进步,并非沿着线性方向前行,而是呈现复式的路径。在很多地区,多数主权国家不仅没有朝着消亡的方向演进,反而增强了干预的力度与方式,比如说它们更多地利用集团化或区域化的方式,补充单个国家能力的不足;国家政权赖以生存的政治学说和民族主义(多冠以"爱国主义"),不断被有意识地更新,以适应新的社会需求与偏好。"民族视角"的各种要求,越来越多地出现在那些成长最快、对全球化应该最有好感的新兴工业化国家和区域。在这些地区,人们日益感受到,西方的制度霸权和文化主宰，对本国本地区进入核心技术和主导体制，具有公开或隐性的遏制作用。各国的保守势力和传统思想，在对全球化的消极作用大加鞭挞的同时，成了滋生民族主义和排外思潮的社会基础。在世界范围，不难发现，愈是经济发达和开放的地区，各种反主流的NGO和社会运动愈是活跃。它们针对全球自由贸易造成的分化、市场逐利引发的恶性竞争、自然生态环境遭受的破坏、少数族裔的边缘化、主要大国和跨国公司垄断权力等现象，提出各种批判指责。这些抵制声音削弱了经济全球化的力度。

不妨说，在现时代，人们见证的是一种双向、双轨的运动，即跨国主义的经济全球化与民族主义为核心的反全球化。现在很难确定，它们之间的复杂较量，对于当下研讨的国际进步有何影响。结局可能大相径庭：如果全球化持续发展甚至走强，现有的国际组织与规范将继续扩展；假使反全球化运动和极端民族主义思潮通过某些事件占据上风，哪怕是暂时的和局部的，也可能使国际进程发生异动。20世纪60年代后期一系列重大事件（如美国越战失败、西方左派抗议等），曾使二战后西方顺水满帆推进的科技革命和经贸自由化受到冲击；近期发生的美国两场战争失败以及世界金融危机，也是美国模式的式微和全球化进程的停滞。它们也使得各国政府的战略选择和公众对于前景的看法变得更加不确定，全球化浪潮与各式民族主义、民粹主义声音四处对冲。

（十）不同政治发展模式的竞争

前面指出，近几十年间全球范围的民主化进程一直在推进。然而，不同政治体制与政治发展模式间的竞赛始终没有停止。这些年来，世人见到了所谓"传统民主体制"与"新威权体制"的争锋和变奏：一方面，在东欧、非洲、亚洲、拉美、中东等地区，出现了新一波民主化浪潮，旧的专制方式被抛弃，多党制、议会民主、投票选举等西式民主受到推崇，媒体的开放、公众的参与、社会的活跃达到前所未有的水平。在"国家与社会"关系结构方面，社会的声音和影响处于升势，政府及其决策受到了更多约束，民主化作为全球经济自由化和市场开放的伴随物得到扩展，其政治合法性和目标取向有了更多提升。另一方面，各种紊乱与失序现象的激增，却是民主的推动者始料不及。被民主化浪潮席卷的各国、各地区生发转型的"阵痛"，有的甚至严重到让一些人怀念专制时代"稳态"的地步。反思变得普遍，民主的实现方式出现更多选项，适合国情区情的做法受到推崇；这中间，以某种集权的形态、在特定的时期与领域推进民生与民主的尝试，被认为是有吸引力的选项——例如早期有以新加坡为代表的所谓威权主义政体，新近有以俄罗斯、土耳其等为突出体现的转型方式。

而在老牌西方民主国家和地区，如美国、欧洲、日本，由于金融危机导致的经济停滞、政客欺骗或软弱导致的政治混乱和低效等所谓"民主赤字"现象的增多，不仅带来这些国家民众和媒体的不满，也助长了非西方世界对欧美民主模式的疑虑和对各种威权主义方式的好奇。理论新发现和实践新尝试都在证明，多党制和议会民主也可能停摆甚至掉头向下，一党制政体也可以发展出有效的权力制衡和社会进步；衡量政治发展的指标应当是复合的、多重的，单一的模式与思维定式是误导的、有害的。也因此，对于民主的目标价值与当下作用，实现民主的路径与手段，民主衰退与进步的变奏，"民主赤字"的形成与解决，国家机器的"有为"与"无为"，权力集中与分散的利弊等，有了更多的探讨与分歧。对于这些问题的激烈争辩，不仅是学术理论和媒体大众的兴趣，更是折射出当今世界政治现实的曲折。它表明，民主范畴的世界性进步，在新时代条件下，正在从单一模式走向多重路径。从全球范围观察，推进政治变革和民主化是否具备稳定的政治社会环境，经济社会是否具备有利于民主化生长的土壤（比如中产阶级的出现和工商界影响力的扩大），政治强权人物是否带来"第一次推动"（例如韩国等的样式），是十分关键的条件。

总体而言，世界多数国家的民主化进程在未来一段时期仍将持续，而民主的实现方式、各种体制对民主的特色塑造、过渡方式间的竞赛，是一个充满变数的进程。在整体的国际进步画面里，民主的基本价值以及联合国宪章所包含的准则，正在被多数国家和民众所接受，成为新时期国际制度和规范的价值基础；与此同时，本土知识与创造性试验以及政治文化的话语权争夺，也让当代世界政治前景变得更加扑朔迷离。

好的外交，既能从善如流，也会趋利避害。上面提到的这十个因素，或许是中国在塑造自身新的全球角色时不可忽略的。

七、理论支撑

下面再来看看，当前的国内外学术界和理论界，存在哪些比较合理、适用、有针对性的学说或观点，有助于中国外交的新取向，支持"创造性介入"概念。

（一）全球治理说

中国人口占了世界人口的五分之一，中国同时是联合国安理会常任理事国中唯一的发展中国家，和长期奉行独立自主外交政策、承诺走和平发展道路的社会主义大国。我们必须深刻认识一个道理，即中国发展起来之后，不论是否自觉，都将承担与中国实力相匹配的国际责任，中国的一举一动都会受到越来越大的重视；即便就狭义的安全与发展角度观察，中国国内持续的建设与变革，无法离开外部环境的相对稳定与和谐，"自家的安全与邻居的安全是不可分的"。

从全球形势看，进入 21 世纪后，所谓的全球化进程并不顺利，问题与麻烦日益增多，而传统的治理方式和一些西方大国也发生了严重的战略失误和制度乏力,需要适时加以调整、改革和完善,相当部分的变革重任不可避免地将落到以中国为代表的一批新兴大国的肩上。人们可以列举无数的事例证明上述论点:不管是全球贸易谈判,还是全球气候谈判,无论是裁军军控、核不扩散领域的挑战或是局部冲突及非传统安全的预防处置,还是联合国的改革、国际金融制度的改革和不同文明、宗教、发展模式之间的沟通。当中国刚刚走出"文化大革命"阴影、处于较低发展水平时,例如改革开放初期的20世纪80年代,中国人没有太多的能力与可信度向世界提供解决方案,更多地采取了"搭便车"的方式,追随国际社会的多数选择并利用已有的各种制度安排。那时的多数国家,在给予中国这样那样的帮助和建议的同时,也很少要求中国人做出有实质意义的国际决定。事实上,二三十年前,世界上绝大多数地方还很少见到中国游客、劳工、留学生、大型企业或私人投资者的身影,很少见到带有中国印记的产品、货柜、订单或建筑物,而今这一切恰恰构成世界上多数国家和多数人进入新纪元时能够感受的最显著标识。中国仅仅用了短短二三十年时间,从一个十分封闭的大国,变成了人财物对外发散迅猛的庞大经济体。存在便是力量,存在即有影响;日益增大的利益存在,要求并且促使中国人对新的利益存在及与他者的互动关系提供自己的明确看法。这是一个清晰而有力的逻辑,不论用什么方式和语言表述,都能折射出我们越来越没有理由忽略和排斥的简单道理。横向比较也不难察觉,其他新兴大国存在同样的动因和动作,只不过程度不同、表达方式不尽一样而已:印度在21世纪头十年在军事、技术和经济领域取得的成效,俨然一副赶超世界大国的派头,完全不似此前只在南亚争锋、一味纠缠于同巴基斯坦恩恩怨怨的态势;俄罗斯从苏联高位跌落,历经一代人的磨难,现在虽没有当年与美国争霸的实力,却始终保持抗衡西方、强势运作的外交风格与战略意识,在国际关系中常有独到见解和惊人之举;巴西、南非、土耳其等非西方的地区强国,从各自所在区域及国情出发，都有参与全球治理新阶段的强烈欲望和大手笔。它们共同体现出全球国际关系在世纪之交的一个深刻转型，即在经历了几百年的西方主导阶段之后，代表更大地域和世界人口的一批非西方新兴大国，开始逐步加入创造全球文明、影响人类进步的行列。这是一种新的民族自觉与国家自信，是一种更加积极的进取论和世界观，也是我所指的中国外交在新阶段实施"创造性介入"的历史要求。

谈到全球治理，这里有一个深层次的问题需要探讨，即如何认识当今全球体系的基本性质，如何选取中国参与全球治理的切入点。国内有些人的批评意见是，当今国际体系是由西方国家主宰的，反映了资本主义制度下少数权贵阶层的利益，中国参与治理弊大于利、失多于得。根据该推论，不管是地区层次还是全球层次的国际制度、规则与安排，多半是由欧美等西方大国建立的。执行国际决议和办案时，这些有实际支配权的国家总是实行双重标准，凡是有利于它们的就大力推进，不论其他国家是否愿意或满意；凡是不利于它们的就全力阻挠，哪怕国际社会多数成员提出相反的意见与建议。以这种批评为出发点看待全球治理过程，批评者不只质疑中国参与的必要性与可能性，而且特别强调，中国作为共产党执政的社会主义国家，必须明确表达自己作为有别于西方资本主义国家的第三世界一员态度；让中国混迹于少数西方资本主义国家的"全球治理"阵营，无异于为虎作伥、自我作贱，最终损害中国及广大弱小国家的根本利益。这类听上去振振有词的说法，实际上无法实行且于事无补。笔者认为，迄今为止全球体系确实一直受到西方强国的支配，其中确实包含大量不公正、不合理的成分，但这不是中国拒绝参加全球治理进程的充分理由，而恰恰应当是中国人提出符合多数国家利益和要求的全球治理目标步骤的机会。中国期待的和更多参加的全球治理，应当充分吸收过去很少发声但代表实际占人口多数的国际社会大多数成员的提议，应当纳入新兴的非西方大国的集体表达，应当有中国自身的改造措施。例如,在国际贸易体制新一轮谈判中,拟定中的规则必须考虑广大发展中国家适当保护自身新兴产业的诉求;在国际气候制度的多轮博弈中,我们要求的减排规定必须贯彻"共同但有区别的责任"这一原则;在联合国安理会下一阶段重大结构性改组的方案里,中国代表特别强调了"最大限度尊重多数国家意见"和"增加不同区域的代表性"的两条建议等。所谓中国"积极介入"的立场,并不是否定过去在这些问题上的已有原则与说法,而是促使我们涉外部门和人员更加广泛地征求各方面意见,更加仔细地权衡不同方案的利害关系,在国际谈判中更加主动地提出动议和修改意见。从哲学高度讲,由西方主导的全球体系和全球治理过程,转向一种更加均衡、合理和公平的样式,可能有快速质变的路径,即摧毁性、破坏性、革命的措施(如毛泽东时代中国人的选择),和另一种以量变带动质变的思路,即比较温和、渐进、改良的方法(这正是邓小平时代的核心路线)。综合各方面因素分析,大概现今的中国很难回到"文化大革命"那种激进极端的时代,只有继续遵循改革开放以来选定的路线;也就是说,除了创造性介入全球治理之外别无他途。

(二)海外利益说

中国海外利益的增长日益强劲、势不可挡,是 21 世纪第二个十年启程之际最显著的国际关系现象之一。在此,笔者想特别指出一点,给定中国国内产业结构粗放沉重,尤其是对海外化石能源的强烈依赖,那么中国向外扩展市场、寻找能源、投放劳力的强大惯性冲动在短时期内很难降低。比如说,在现有主要化石能源序列表上,有近三分之二的重要能源不能充分自给,不得不从海外进口,而且进口比例越来越大,进口量都是天文数字。而今天的时代,早已不由过去那种帝国主义时代的逻辑主导,不是单靠强大军事力量便能护航海上通道或保护海外投资;军事仅仅是必要条件之一,并且是一个越来越不充分的条件。相比之下，海外利益增长对外交的需求更加强烈而多样，外交的各种抓手、平台、调解、斡旋和介入也更加便利有效，它们在极大程度上决定着中国海外利益保护的水平和程度。从各方面因素综合衡量，军事力量、商务力量、外交力量的统筹运用是必然的，其中外交的主导性和协调作用恐怕也是不能推却的。纵观冷战结束以来近三十年的中国海外利益大拓展，每次遇到海外利益遇险事件，中国总是表现出与西方大国对比非常不一样的地方，即对经济杠杆和外交力量的使用，明显多于对军事强制力和威慑力的应用。它既从一个侧面反映出中国人崇尚和平、慎用武力的历史传统与文化特性，也确实是中国国情现状和对外关系偏好的一种体现。一定意义上讲，正是由于中国外交对经济发展的大力支持，培育和强化了当代中国外交一个特别显著的特征，即以和平的、谈判的、调解的各种国际交往方式，而不是用近代西方列强那种带有武力的、强制的、以大欺小、以强凌弱的对外交往形态，保障中国自身的经济利益和发展过程，推动国际关系和全球政治的持续向前。展望未来，在相当长一段时期，中国发展的这一特点仍将延续，并且得到新一代中国决策层和各界人士的理解和支持。它最终将证明，中国的崛起与西方传统强国的崛起有本质的区别。

笔者想强调，"海外利益保护论"与前面提到的"国际责任承担论"，属于中国外交"创造性介入"的不同推动因素，但它们不应当是矛盾的、冲突的，而应当是协调的、互助的。前者是内生的动因，后者来自外部的压力，它们共同塑造和平发展新阶段的中国角色与形象，表达改革开放新气象下的中国利益与追求。没有海外利益的上升，中国人对于外部世界稳定发展的需求不会如此强烈，也不大可能主动承担更多的国际义务；反过来，没有积极参与国际治理的实践，中国保护海外利益的举措也就很难与国际接轨，很难得到各方的认同与接纳。中国的大国意识既包括对自身上升着的外部利益的认知，也包含对不可回避的国际角色与担当的深刻理解。当中国领导人一再宣示"中国坚持走和平发展道路"，这绝非只是一种宣传策略，而是经过几十年改革开放实践获得的认识，是亿万中国普通人实际的感受和主动的选择。它不仅意味着中国的成长不走帝国主义扩张的老路，还表现出中国不要再依靠斗争、革命、战争等激烈冲击和你死我活的方式争得未来，中国人民真心实意地期待用对话的、合作的、互利的、共赢的方式，实现中国国内的发展进步，加强对中国海外利益的保障以及中国与外部世界的良性再造。这样一种态度，是中国对外战略之"创造性介入"的思想基础，是实现外交更大作为的出发点。它尤其是对"囚徒困境论"的抵制和超越，而在持有这类"囚徒困境论"看法的人士眼里，中国的崛起和壮大，包括中国外交和军事力量对海外利益的保护，会重蹈二战前日本或德国军国主义扩张的老路，即用不顾及他国意愿、不尊重国际法的野蛮手段，把保护本国海外利益、扩展新的生存空间，视为单向度的、排他式的、对抗性和征服性的强权崛起过程。只要仔细查阅自改革开放以来至今的中国高层有关对外关系的思想观点，深入观察中国外交对中国海外利益实施的各种保障与促进手段，如果认真分析中国军事现代化的防御性特点和国防白皮书阐述的"多重使命说"，全面研究中国思想理论界对世界格局中长期走势的分析结论，就不会认可"囚徒困境论"在中国与世界关系上的重现。

（三）慎用武力说

中国外交风格柔软低调细腻，很少勾连贯通武力，向来不同于老牌西方强国，后者强硬刚性、崇尚实力和武力速决。众所周知，近代以来的国际关系史书中，充满弱肉强食、暴力血腥的欧美主宰故事。对比一下，在我们的传统文化精神里，有一种强大的主流倾向，即注重以理服人、道义至上，在对外交往上更是讲求耐心和慎用武力。即便是兵书讲兵法，中国古代多数军事家亦注重心战而不喜蛮力，《孙子兵法》有言："圣人之用兵，戢而时动，不得已而用之"，亦曰"不战而屈人之兵，善之善者也"，有"上兵伐谋，其次伐交，其下攻城"的排序。这种精神渐已渗透积淀在中华民族的血液骨髓里，成为上至政治人物、下到平民百姓的认知。① 抛开内战、革命和极"左"年代的特殊时期，中国当代外交，特别是改革开放以来的对外关系态势，一直遵守了邓小平确立的国际大局观，始终遵循了和平、合作、协商、对话的精神，包括商务、军事、外交和民间的具体内容无不如此，重现了历史传统中"非攻""慎战""求势""中庸"的脉络。拿中国军队来讲，冷战结束以来的近三十年间，凡是涉及对外行动，都表现为辅佐性的、援助性的、后勤性的和非战场交火性的"借用"，很少直接用于制暴、交火、弹压、正面战场之类的武装冲突，而且非常注重师出有名，努力符合国际规范。中国海军出征东非及索马里外海，强调的是防范海盗、护航商船；中国派出的维和军人和警察，更是联合国维持和平部队里多半执行后勤保障使命、纪律严明、功效卓著的一支；利比亚动乱导致中国空军和海军派遣战机和战舰进入地中海，目标仅仅是护送撤离本国劳工的邮轮商船，而非如法英美等国那样对利比亚大肆轰炸和炫耀武力；

---

① 国内外有一些研究者指出，中国历史上不乏军事争夺与野蛮残杀的事件，中国对外军事扩张的证据并不缺乏，中国战略文化传统也含有强烈的现实主义气质，即使在当代世界大国里中国动用军队解决争议的数量与比率也绝非最低的一个，因而"中华民族是世界上最爱好和平的民族"的说法并不具有说服力（可参见 Alastair Iain Johnston, "Thinking about Strategic Culture", *International Security*, Vol. 19, No. 4, Spring 1995, pp. 32-64）。笔者认为，或者由于不够了解，或者出于偏见，这些批评夸大了中国历史上军事暴力的作用，尤其是过分渲染了所谓"战略文化"对于民族精神与个性的塑造力。实事求是地评估，不管哪一种"最"（最爱好和平或最崇尚武力），都显得结论太简单、思维太线性，无法解读中国波澜壮阔、复杂多样的历史，包括其间发生的各种内战、起义、镇压、外患、受辱、抵抗或自卫、进击、突破、停火、妥协、和平等事态，也无法揭示这个历史悠久、文化丰富的民族的性格符号，包括战争与和平观、抗暴与镇压观、正义与非法观，以及蕴含各种学术、文化、思想、哲学气质的诸子百家学说。

在多次公布的中国国防白皮书里，每每指出的都是中国国防和军事现代化与世界和平发展主题的一致性和贡献度，强调的都是中国军队不威胁他国、不首先使用核武器、不妨碍公域、不勉强扩军的品质及要求。尽管在外界看来这中间仍有不少地方缺乏说服力和透明度，笔者也认为中国军事现代化的短期和中长期目标之间的逻辑联系有待系统解说，但总体而言，中国军队对政治大局和政治决策的服从是有目共睹的，中国军队在国际交往中与外交部门的配合协调大体是令人满意的，中国军队被借用于中国外交的"创造性介入"的前景是可以预期的。

不过，也需要强调，中国人民解放军刚刚"走出去"，中国军人的国际法知识、外语能力仍需要大大提高，中国军队适合于不同国际水域、空域和领地执行非战争军事行动的准备远未完成，对政治大局的理解、对国际新形势的理解、对外交战略和布局的理解，仍存在这样那样的缺失与问题。举例来说，前些年中国军队有关方面反卫星装置的试验，并没有与相关政府部门事先事后有充分的沟通，多少造成了有关对外宣示上的被动与无措；这两年中国海军在东海突破美日传统势力范围的演习训练，给人的感觉总是与相关政府部门的说法与策略之间存在一些不协调之处。再如，中国海军在东非国际水域的护航，看上去基本顺利，为中国和其他国家的大量航运船只提供了保障，但是，设想如果真的遭遇海盗且发生交火时，如何识别和处置非军队俘虏，如何与其他国家的海军相互沟通和协调，如何利用不同地带和国家的设施，仍然存在大量不确定性。韩国海军护航部队的遭遇战以及事后面临的安置和审判事宜，带来了数不清的麻烦，就是一个好的证明。在军事配合外交参与"创造性介入"行动方面，需要指出两个值得重视和改进的地方。首先，军事不只是武器和战略方面的内容，更有准确研判对手、掌握宏观大局的要求。避免误判，防止"囚徒困境"（即对安全形势和对手的不了解），反对仅凭借旧习惯对付新情况的狭隘经验主义，是我军参与国际行动时特别应当注意之处。其次，适应国际范围非传统安全威胁突起的新形势，培养应对非战争性的多种军事行动的能力，是中国人民解放军创造性介入国际事务的一项重要任务。① 从最近几十年的国际安全与冲突局面分析，国家间的战争虽然仍在继续，但这类战事在总的冲突数目里所占比重呈现不断下降的态势；另一方面，由内战诱发的国际紧张与对峙，由国家武装力量对国际恐怖势力之类的非国家行为体的较量，表现出增多的趋势。对此，我们的军事规划部门（特别是涉外部队）应当有充分的认知。另外一点需要注意的是，以往中国人民解放军的高昂士气，从来与我军将士对祖国的忠诚和对人民的热爱密切联系在一起，而在新的时期，在走出国门的国际空间、土地和水域，在执行联合国的使命中间，或者在履行多国协调、配合行动的过程中，还应增加新国际主义和大国责任义务方面的教育，把爱国主义精神与国际主义道义感结合起来，把捍卫祖国神圣利益的任务与维护世界和平的光荣使命结合起来。总之，推动海外练兵，发展和改进远投装备，利用国际组织尤其是联合国的合法性，加上对我国海外重大利益的保护，这几方面需要统筹考虑、有机结合。这里，笔者提醒注意可能存在的障碍（盲区），期待我们国家对外主要部门之间的配合做得更好，让各方面对在国外遇到的各种意外有足够准备，为新阶段中国在国际事务中的"创造性介入"开辟机会。总之，在国际关系和安全的"深水区"，中国军队要摸索前行，慎用、巧用武力威慑，注重外交指南，避免孤立行事。

---

① 笔者曾有专文详细分析新时期中国人民解放军面临的多重使命，主要包括：应对大国摩擦，使之保持低强度与可控制；制止台湾地区"独立"及任何威胁国家安全与主权的分裂举动；软硬兼备，争取主权争端"软着陆"；保障日益扩大的海外利益；承担联合国维和任务等国际责任，加强军事领域的国际合作。参见王逸舟：《中国外交新高地》，中国社会科学出版社 2008 年版，第七章"传统安全新议程"。

（四）王霸互鉴说

分析至此，涉及一个重大问题，即如何认识当代国际关系里面的"王道"和"霸道"？如何看待它们之间的交错关系？如何从中国古代的"王道霸道"思想论说中借鉴吸收它的合理成分？如何在新形势下铭记孙中山、毛泽东、邓小平的相关遗训？先秦诸子百家对于何为"王"与"王道"、"霸"与"霸道"（"霸权"），有丰富、复杂的论述，很难一一分析。依笔者极为粗浅的看法，有几个值得注意之处。

其一，先贤强调"内圣"而"外王"，即仁义者才能真正成为服众、有向心力的领导，好的王权乃是实行道义的结果。

> 彼王者不然，仁眇天下，义眇天下，威眇天下。仁眇天下，故天下莫不亲也；义眇天下，故天下莫不贵也；威眇天下，故天下莫敢敌也。以不战之威，辅服人之道，故不战而胜，不攻而得，甲兵不劳而天下服。是知王道者也。①

对比起来，"霸"是指道义水准不够，只好靠蛮力和谋略获得支配地位，"霸道"主要依赖善于用兵、合适的政令及奖惩手段实现称霸天下的目的。

> 德虽未至也，义虽未济也，然而天下之理略奏矣，刑赏已诺，信乎天下矣，臣下晓然皆知其可要也……如是，则兵劲城固，敌国畏之，国一綦明，与国信之，虽在僻陋之国，威动天下，五伯是也……是所谓信立而霸也……故道王者之法与王者之人为之，则亦王；道霸者之法与霸者之人为之，则亦霸。②

---

① 《荀子·王制篇第九》。
② 《荀子·王霸篇第十一》。

其二，古人讲王霸，不仅重道义、名分、礼仪，也重手法、策略、才智，二者不可或缺。一方面，"先王之治，顺天之道，设地之宜，官民之德，而正名治物。立国辨职，以爵分禄，诸侯悦怀，海外来服，狱弭兵寝，圣德之治也"；另一方面，"王霸之所以治诸侯者六：以土地列诸侯；以政令平诸侯；以礼信亲诸侯；以材力悦诸侯；以谋人维诸侯；以兵革服诸侯。同患同利以合诸侯，比小事大以和诸侯"。①

其三，中国古代思想里的"王道""霸道"，运用到国家间矛盾与争端的解决上，不只有"上兵伐谋，其次伐交，其下攻城"的轻重（王权与霸权在这方面的运用是相同的），更有另一种显著区别：王道主张"师出有名""遵天道"，有最高的、适天下的制度规定，所谓"礼乐征伐自天子出"而非"自诸侯出"。在王者那里，政治实力和观念居首，经济与礼仪次之，军事及征伐最下，而这一切须听从于道义和仁爱的感召，所谓"远人不服，则修文德以来之"；即使用兵，也必须是正义驱动，所谓"圣人用兵也，以禁残止暴于天下也"，而非"刈百姓，危国家也"。② 相形之下，霸道则没有这样的讲究与要求，它仅仅注重权、术、势的运用，单纯追求好处与地位。从今天国际关系和外交的角度说，中国古人先贤的这些思想有重要的现实意义，可以帮助我们认识什么是霸道的崛起、什么是王道的兴盛；经过创造性转化，亦可以成为中国新外交实践的思想资源。

近现代中国伟人从孙中山到毛泽东直至邓小平，都有坚持王道、反对霸道的论述。辛亥革命时期，孙中山特别注意到日本明治维新的经验和它在亚洲的崛起，一度对之寄予大的期望。他在《大亚洲主义》等演讲和文章里，希望强盛后的日本以"王道"而非"霸道"

---

① 司马穰苴：《司马法·仁本第一》。
② 分别见《论语·季氏第十六》和《大戴礼记·用兵第七十五》。

的方式，带动邻国（包括中国）和整个亚洲的进步。① 毛泽东和邓小平既反对外来干涉和强权，也经常教导国人要防止沙文主义，努力做出更多的国际贡献。1956年，毛泽东在为纪念孙中山诞辰九十周年撰写的专文里有这样一段话："一九一一年的革命，即辛亥革命，到今年，不过四十五年，中国的面目完全变了。再过四十五年，就是二千零一年，也就是进到二十一世纪的时候，中国的面目更要大变。中国将变为一个强大的社会主义工业国。中国应当这样。因为中国是一个具有九百六十万平方公里土地和六万万人口的国家，中国应当对人类有较大的贡献。而这种贡献，在过去一个长时期内，则是太少了。这使我们感到惭愧。但是要谦虚。不但现在应当这样，四十五年之后也应当这样，永远应当这样。中国人在国际交往方面，应当坚决、彻底、干净、全部地消灭大国主义。"②邓小平则反复强调，"谁搞霸权就反对谁，谁搞战争就反对谁"，"如果十亿人的中国不坚持和平政策，不反对霸权主义，或者是随着经济的发展自己搞霸权主义，那对世界也是一个灾难，也是历史的倒退"。③

笔者深以为，在中国贫困弱小、发展刚起步的阶段，特别要抵制外部压力、拒绝列强霸权；而在中国崛起、强大的过程中，则要防止自己的言行不自觉染上西方的强权恶习。21世纪第一个十年中，中国综合国力有了跨越式增长，现在的国内生产总值已经跃居世界第二，军费开支也仅次于美国，加上北京奥运会、上海世博会、广州亚运会一系列里程碑般的耀眼光芒，还有面对全球金融危机的沉着应对和经济率先回暖，似乎都预示着中国成为另外一个超级大国的前景。在这种背景下，记取古人先哲的有益思想，记住当代中国

---

① 参见《孙中山全集》第9卷，中华书局1986年版；《孙中山集外集》，上海人民出版社1990年版。

② 《纪念孙中山先生》，载《建国以来毛泽东文稿》第6册，中央文献出版社1992年版，第241—242页。

③ 《邓小平文选》第3卷，人民出版社1993年版，第128、158页。

政治舵手的宝贵指示，具有重要的意义。有的时候，大众媒体和网络上的一些不负责任的言论，显示出狭隘民族主义和大国沙文主义在新局面下滋生的可能，暴露出悠久辉煌的大国古代历史和屈辱悲愤的近代遭遇带来的某种负面效应，即在某些人心目中，我中华泱泱大国，岂能位居他国之下，更别提"胯下之辱"；天下事体再大，也终归须是东方以我为中心的朝贡体系的再现，是中国强而他国弱局面的复兴；处于困局的涉我主权纠纷，或者某些谈判中已划归他国的土地，迟早还得根据中国的需求退还给我；美国等西方在各个方向对我的不公正、不合理施压，最终会受到报复或惩罚。持这种观点的人，在表达上述看法时，并没有顾及国际公意和国际制度，没有考虑国际法和外交常规的解决途径，没有思考中国与世界在新时代建构新关系的可能性，没有认真想想打倒一种霸权的同时自身也变成另一种霸权的后果。由古人反复论证过的霸道王道观里不难发现，真正的王道必须首先把自己的体制、政治、社会和内部管理理顺，然后才有可能抗拒乃至消除各种霸道行径；在对外交往中，王者应当重道义和仁义，防止师出无名、狭隘自私。不必说，距离这样的标准，我们还有大的差距和艰难漫长的路要走。在另一头，美国提供了现成的反面教训：它虽然强大无比，却广为世人讨厌、诟病，很多国家、很多民众不喜欢它，又拿它没办法。原因是，霸道一面经常在其对外政策中占上风，而它的王道成分（如对联合国和各种国际规范的缔造和支持，国内政治体制的制衡原理和民本主义等）往往被其霸道一面所遮蔽，或显得软弱无力。中国不要成为另一个美国。"创造性介入"的过程，应认真检视、吸收这方面的经验教训。

（五）抑制惰性说

组织社会学的研究早已揭示出一个规律：任何一种社会安排、经济体制或政治制度，当它事实上或被想象成越来越重要时，也可能变得更加庞大、封闭和"自恋",产生更多的既得利益、官僚主义和制度惯性;它们的狭隘性、惰性和其他局限性的大小,会随不同领域、不同国情、不同意识形态、不同掌门人的眼界及管理办法的差别而有所不同,但事物的性质不会改变,即所谓"权力导致腐败,绝对的权力导致绝对的腐败"。① 比较"好"与比较"不好"的制度的差别,在于前者能够保持不断变革、有效监督和生机勃勃的创造性,而后者则听任既得利益和惯性思维的存在甚至蔓延,扼杀有个性、有思想、有创造性的言行。这个规律适用于每个国家、单位和行为体,古今中外皆然,外交部门也不例外。应当指出,与我们整个国家的改革开放进程和活力迸发相一致,中国外交的进取性在最近的几十年中也不断增强,在国际和平与稳定、周边地区的合作与缓和的进程中发挥了积极影响,对中国国内经济发展与建设更是起到了某种"保驾护航"的重要作用。但不能否认的是,在我们的外交体制内部,同样可以见到上述定律的效用。比如,一些留学生和海外华人反映,有些使领馆工作效率低下,存在类似国内某些官僚机构的"脸难看事难办""重领导轻百姓"的现象;有的外交官习惯和喜欢官场式的交际,而疏于同各种民间人士和非政府团体的沟通;一些人在工作地点和国别的选择上挑肥拣瘦,在条件艰苦和需要创造性开拓局面的时候打"退堂鼓"。这些似乎都不算什么大问题,而且中国的情况并不一定比其他大国更严重,然而从高标准要求,特别是依照"创造性介入"的尺度衡量,这些官僚主义惰性现象,确实不利于增加沟通渠道和介入危机事端,不利于化解矛盾和打破僵局,对那些有创新精神和敢于提出不同意见的个人,也不是一种公平的气氛。

笔者在收集、归纳当代中国外交"创造性介入"的各种故事及人

---

① 可参阅〔法〕埃哈尔·费埃德伯格:《权力与规则——组织行动的动力》,张月等译,上海人民出版社 2005 年版。

物时，经常私下揣摩：那些苦口婆心与国外一些难缠的非政府组织和媒体打交道的中国优秀外交官，究竟是否受到有效的制度性的激励？是什么原因让国内不少民众和国外一些分析人士觉得，中国外交过于守成、缺乏想象力和关键时刻出手的能力？尤其就后一点批评而言，这里的问题是：到底是外行人不了解实情因而批评得没道理，还是我们的公共外交做得不够，或是由于中国外交风格本身柔软低调因而给人的印象偏保守，抑或因为外交体制里确实存在一些不鼓励个性化言行及"创造性介入"的惰性氛围？自然，不存在唯一的和绝对主导的原因，各方面的因素可能都或多或少地有自己的影响，但还是有必要辨认它们到底如何存在、有多少影响，有必要对某些议题进行思考、改进和提升。我们的决策者（包括政治领导和外交高层）须认识到，中国在新的时期一定需要更有创造性和更大力度的外交介入，这种"创造性介入"可能带来对官僚体制的某些冲击甚至破坏（"创造性破坏"），可能需要加大对有个性、有不同于传统风格的行为及个人的激励，可能导致一些小的争议和复杂的说服过程。但是朝此方向的努力是有回报的，得大于失的，有利于中国海外利益扩展和新国际形象塑造的。与美国、俄罗斯等老牌世界大国有所不同，中国作为一个后起的大国，对外关系上的"创造性介入"并不是我们的传统，并不代表中国优势的一面，恰恰相反，它是一个需要不断学习、自我强化和激励彰显的大国品质，是一个把迄今为止仍是少数先行者的探索，逐步变为更大范围共同努力的新阶段主题。在各种"创造性介入"案例里，在王毅、刘贵今、傅莹等优秀的中国外交官身上，我们不难察觉对惰性的自觉抵制，对各种可能性的执着探究，对习惯说法做法的反思、质疑与改造。

假使王毅特使在完成缅甸之旅后，世界各国见到的外交公报未出现中国政府"希望缅甸通过协商妥善解决当前面临的问题，加快国内民主进程"的字样，人们不会惊奇；如果刘贵今大使不去拜会苏丹冲突各方的部族长老、县级长官，只是在这个国家的都城奔忙的话，上司也不可能责备；位居副部长级的驻英大使高位，傅莹原本可以优雅地穿梭于唐宁街和各个部委官厅及大企业做工作，而不必费力劳神地亲自用英文给英国主流媒体撰写可能受到抨击的个性文章。依照惯性思维和官僚定律，更不必说依照极"左"思维或极端民族主义的考量，上述深具"创造性介入"特质的外交言行，很有可能被认为是"外交有可能引起议论""在非洲自讨苦吃"或"斗争性不够、立场偏软"。在中国的语境和体制下，这些东西尤其可能被认定是城府不深，或是"政治上不成熟"，甚至影响个人仕途。但依笔者的了解，这些优秀的外交官在不同情景实行"创造性介入"时，丝毫没有考虑个人的荣辱或成败，他们只有尽快打破外交僵局或国际困境的迫切愿望，只有防止更大危机蔓延的责任意识，只有替国家、民族和普通中国人排忧解难的赤子之心。

在学术、科研、艺术、理论、建筑等领域，创造性自然是受到推崇的，可以说是须臾不可分离的一种品格；而在科层管理、精细运作的庞大政府体系内，创造性的发挥和创新思想（政策）的推行，则不是一件容易的事情——它仅仅靠聪慧、敏锐和想象力还远远不够，更需要政治上的胆识以及真诚而勇敢的心。

（六）战略疆域说

从地缘政治角度观测，中国对外关系未来一段时期的"创造性介入"，可以有两个重点层次：先是对邻国和周边地区的规划投入，再是对全球层面的作用统筹。安定邻居，搞好周边，解决各种地区性难题，逐步构筑适合且有利于我方的战略疆域，是中国推进新阶段大国外交的重要先行步骤，也是成为名副其实的世界强国的必由之路。战略疆域与主权边疆既有联系，又有区别：主权边疆是法律的边界，是相对固定的范围；战略疆域则是沿主权边疆向外延伸的特定范围，其大小视主权者的能力和影响而伸缩。国际关系历史一再证明，一个大国在崛起强盛的过程中，不仅要牢牢捍卫主权边疆，而且应当建立一定的战略疆域，把它作为地区大国的战略依托；世界大国首先要成为解决本地区问题的"能手"和提供区域整体发展方向的"灯塔"。想象一下，如果地区内部争执不断甚至冲突不停，而地区内最重要的大国缺乏有力介入调停的手段与意愿，被各种麻烦拖住自己的手脚，那么这个大国在世界舞台上的积极作用和受人尊敬的地位便无从谈起。美国崛起之前的19世纪，以所谓"门罗主义"向南美洲提供了大量的援助和制度性安排，从而确立了"后院"势力范围；俄罗斯及苏联向来看重"战略近邻"概念，不管经互会、华约或独联体各有什么缺失及矛盾，它们在不同时期还是构成了俄罗斯与西方对峙和缓冲的战略地带与战略依托。仔细观察就会发现，甚至连土耳其、南非、巴西、埃及这样的地区大国，都有各自建立小范围战略疆域的筹划与推手，不同程度地从中获取利益。当然，我们的国情与理念，决定了中国建立战略疆域的目标及推进过程，不同于传统列强霸道式推行势力范围的模式。比如，中国将努力摒弃霸权主义和强权政治的方式，避免在邻国和周边地区不接受或勉为其难的前提下实施我们的整合方案。如前所述，中国更多的是利用自己的经贸优势和市场潜力以及提供公共产品和解决方案的形式，而不是通过武力或武力威胁（包括中国军事力量参与多边机制的协调运用），吸引周边国家加入中国倡导、牵头的自贸区倡议、技术产业链条、"东方文化社区"或安全共同体建设。中国将用既往实践中行之有效的各种方式，如"增长三角"、小区域安排、次国家的岛屿间合作等灵活多样的形态，充分发掘中国的比较优势及与周边地区的优势互补潜能。即使是处理主权纠纷这样敏感棘手的难题，中国也要努力避免触怒邻国，而让它们感受到中国的真诚善意，了解中国所提出的"搁置争议""共同开发""求同存异""互利共赢"等倡议的可行性。总之，通过类似的思路及办法，加大中国的亲和力，让周边邻国在遇到问题时更愿意请教和求助中国，形成以中国为内核所发散的亚太"磁力场",使亚洲更加符合亚洲人的意愿与特点,使新亚洲的建设打上明显的中国印记,也使亚洲在世界的新位置增加更多的中国推力。

在周边层次之上,中国的作用将逐步推展至全球高地,体现为中国对全球性议题尤其是难题的认真对待与积极处理。关于它的重要性,前面已有分析,此处不再赘述。笔者想在此指出中国参与全球治理时要特别重视两个问题:一是深刻认识参与全球性治理对我国的正负效应;二是有意借助商务合同、战略外援和公共产品等多个"抓手"。

正如全球化本身具有"双刃剑"的效果一样,参与全球治理的过程,对于任何加入其中的国家,都会带来有利和不利的双重影响:一方面,主动承担国际责任,承诺更多的国际义务,可以使中国的国际形象与地位得到改善,便于我们国家获得更大的国际话语权和引导力,使国际制度的改革和国际关系的走向朝着中国人希望的和平与发展的方向迈进;另一方面,全球治理对主导性国家有更高的要求,受到更广泛的监督和压力,而且往往是以多边对话和大国协调的方式解决问题,这多少让习惯于"韬光养晦"的中国人在开始阶段有各式各样的不适应,尤其可能还需要国内一些体制和安排做出相应调整,恰似加入世贸组织之后一样不得不面对大量针对中国的投诉和反倾销案,不得不将传统主权管辖的某些数据文本更透明化,不得不以负责任大国的姿态消除国内涉及知识产权或市场准入的某些旧习与壁垒。可以肯定,当中国站在全球高地上时,将面对传统意义上的封闭国家和地区性国家无法想象的各种重大难题,它们关乎全人类的安稳和国际社会的运作,属于考验大国智慧与能力的艰巨任务——典型者如眼下世人谈论的新一轮多哈回合的世界贸易谈判和规则制定,从《京都议定书》到哥本哈根进程,再到坎昆会议的全球气候制度谈判,还有打打停停、艰难曲折、拖延了半个多世纪的中东和平进程，到目前仍然没有眉目的北极协定和外空安排，等等。所有这些都是中国过去很少涉足或者只是以观察员身份低度参与的领域，都会给加入到全球治理进程中的新兴大国带来压力与考验，若处理不好，也可能时不时给国内媒体和公众以"得不偿失""何必如此"的感受和评论。对此我们必须有清醒的估计和思想准备。这是作为世界大国必须付出的代价，或者说是一种着眼中长期世界大局的战略投资，不可在小处斤斤计较。

从参与治理的战略策略方面考虑，中国在今后一段时期，不仅应当继续扩大与世界各国各地的商务合同的签署（这是市场化中国的优势，是过去这些年中国在世界的影响力和外部批评声音上升的主要原因），而且应当大力加强对外援助和公共产品的提供，把它们作为取得国际动议权和决策份额的交换筹码。按照联合国的标准，工业化国家和新兴大国应当努力把相当于国内生产总值 0.7% 的份额用于国际援助与发展。虽然我们国家的对外援助这些年一直处于上升的状态①，但离国际标准还是相距甚远；从我们自己的战略目标和影响力考虑，也应当加大投入，把外援作为扩大中国影响力的有力工具。它要求适当调整目前这种延续了三十年左右的以商务部门主导、以市场交换原则为标准的援外体制，改为经济、政治、外交、安全各领域统一考虑，商务、外交、军事各部门统筹协调，层级更高更有权威性的新体制（类似一些国家的援外总署）。② 在援外加强的整体布局里，战略援外和公共产品是两个有别于传统援外的范畴：

---

① 参见新华网 2011 年 4 月 21 日刊登、国务院新闻办授权公布的《中国的对外援助》白皮书。它第一次以政府公文的形式，对外公布了中国的对外援助政策、资金投向、管理方式等等。尽管有一些不足之处，比如没有说明它在政府预算和整个国民经济收入中的比重，也没有与其他新兴大国或世界主要国家的对比，但毕竟在中国援外政策的宣示上迈出了一大步，也彰显了中国作为积极的、负责任的大国形象。

② 2018 年两会后，根据中共中央印发的《深化党和国家机构改革方案》，中国政府将商务部对外援助工作有关职责、外交部对外援助协调等职责整合，组建国家国际发展合作署，作为国务院直属机构，正是推进此项工作的最新步骤。

前者指符合中国重大安全利益和军事目标的对外援助,将主要用于中国的全球利益和战略布局,如过去这些年对周边一些国家的民用和军用援助,对非洲和中东一些能源资源产地的投入,在世界主要战略要津及周围投资建设的基础设施、通信设施和产业链的某些环节;后者指用于国际社会集体使用的产品或项目及公约,它们更多提供给联合国之类的有公信力的国际组织和机构,如维和部队的提供和培训基地的建设,团中央组织的赴外中国青年志愿者计划,中国提交联合国的会费,保护公海和极地的各种倡议,等等。战略援外与公共产品不是截然分开的,而是既相互区别又互相增强的一对范畴,它们的关系及在中国对外关系中的新作用需要系统全面地研讨。在笔者看来,过去二三十年的对外援助里,商务合同份额过大(虽然有其成因和道理),而战略外援,尤其是公共产品的比例太小,今后应当逐步调整、改变这种局面。我们不妨把商务合同、战略援外和公共产品看成是中国在全球范围实施更大"创造性介入"的几个重要抓手,在财政预算安排和国家大政方针中设置相应的部分。如果我们有精心设计和实施的商务合同、战略援外和公共产品,中国在新时期国际事务里的"创造性介入"会有更大成效。

(七) 社会民意说

古代兵法讲究"知己知彼,百战不殆",这亦适用于现今的国际博弈。本书讨论的"创造性介入",也是对中国外交决策是否善察和顺应国内民意、是否熟悉并巧妙应对国际舆论的考验。从内部看,适合中国公众愿望和要求,首先要求能有效服务于人民群众日益增长的海外利益,如对大量留学生和在外旅游者的领事保护,对大量海外经商和务工人员所属国家和区域的安全提醒,对地方政府和企业在海外投资的全面规划。这方面应当说我外交部门已经做了大量卓有成效的工作,但同样存在可改进之处。比如,笔者注意到,迄今为止，除中国出口信用保险公司做过几次对世界各国商务投资的风险评估之外（而且内容相对简单、更新频率较慢），我国政府涉外部门（外交部、财政部、商务部、军方等），始终缺乏一份定期、公开、全面和权威的中国海外风险评估（年度或季度）报告，它显然与中国日益明显的大国地位和国际需求不相称。其次，适应民意，还表现为对中国民情公意的深入研判和心中有数。以朝核问题为例：到底现在的中国公众对半岛两个国家的情感如何？历史传统的影响多大？国家做出战略取舍的民意基础是什么？多数中国人到底把朝鲜（或韩国）看成是中国的友好邻邦或重要贸易伙伴，还是战略资产甚至战略包袱？笔者有时担心，决策层不一定在所有问题和各个时间点上，都能掌握和反映复杂多样的公众意见。一些大的国内民间网站和国外调查机构，倒是经常安排这类调研，发布一些似是而非、令人生疑的结论报告；网络上曝光度最高但未必代表多数公众的，往往是一些"愤青"或所谓的"专家"。对比之下，权威的涉外政策制定和分析部门在一些重大的、需要表达社会意见的涉外议题上，反而显得不够主动和没有声音。

　　水能载舟，亦可覆舟。百姓与政府，就是水与舟的关系。毋庸讳言，现在某些地方政府和官员常常有自认为代表民意，其实违背民意的言行和政策。比如，国内媒体大量曝光的一种类型是，相当多的地方政府野蛮拆迁、损害民众尤其是底层民众的利益，一些官员却无视民怨，美其名曰"为官一任、造福一方"，或"使本城乡面貌一新"。众多的政府办公场所气派豪华，一些官员过于强调（或内心看重）"发展"，尤其是 GDP 指数，对老百姓的困苦或重视不够，或置若罔闻，颐指气使的做派和屡禁不止的贪腐使人不禁怀疑究竟"公仆"何在。此类现象暴露出现有体制的某些深刻弊端和缺失，让人痛感政治现代化进程在中国的迟缓。逻辑上，人们很难推导，对外政策的制定能完全避免内政方面的上述扭曲，不会出现决策过程不反映民意的现象。现实里，据笔者的观察，中央和地方的各种涉外部门，如对外宣传、对外文化、对外贸易、对外军事、党际关系、国际教育合作、对非政府组织（NGO）的管理、工青妇等社团的对外交流、各省、自治区、直辖市各部委的外事办或国际司等，可以说极其庞杂且人数众多，里面也不同程度存在着官僚主义、文牍作风和各种不良习气。例如，对外宣传上有很多不着调的"排比句"，向外国听众、观众灌输简单过时的说教；对外文化教育交流方面，兴师动众搞各式剪彩仪式，实际效果却并不如意；青年志愿者对外服务项目始终得不到足够的财政支持来安排踊跃报名的众多学子；一些冠以"民间""社会""非官方"的对外访问和交换活动，普通人很少能参与，大小官员充斥其间，浪费了公共资金；在涉足外贸、外交、外军、外党等领域的强力部门中，具有"长官相""官僚腔"的更不乏其人，下级和公众办事难、求人难的事例比比皆是。不要以为这些只是个人行为和少数现象，不致影响政策制定和观念偏好；事实上，在很多场合，官气十足的架势与氛围，已经拉开了政府与公众的距离，令出台的政策和措施远离了百姓的切身需要与实际想法。说到底，"民意"并不像很多官员想象和表述的那样，"公众"也绝非政府自然而然能够代表的。体制内外沟通的顺畅程度，官员任免和奖惩的激励方式，乃至大众媒体的监督自由和知识界的批评态度，影响着特定局面下政府方针和出台措施的"优""良""及格"还是"不及格"，制约着总体进步的合理性与涉外保密的必要性之间、对外决策的公共监督与对外决策的专业水准之间、战略意志与公共意愿之间的界限及其判别。在我们的社会条件下，由于缺乏经常化、制度化的公众投票方式，内政外交方针到底能否代表社会，代表的程度如何、水平如何，确实存在严重的问题。对此要有清醒的认识，有改进的勇气与办法。笔者深信，新时期中国外交的更大作为，包括各种"创造性介入"的新手段，根本上讲，离不开这样一个思考方向。

（八）国际公关说

上面的分析，牵扯到另一层意思，即如何做好对外解释发布的工作，让外界更好理解中国未来积极主动的"创造性介入"。笔者因工作需要，经常到不同地区和国家考察访问，发现西方一些主流媒体，只是凭借个别中国发行量大的报纸或转载率高的网页，歪曲中国在所谓"麻烦国家"和"问题区域"的立场（想当然地贴上"只为掠夺资源、占领市场和占据战略要津"等标签），误读背后的中国国内公众看法（硬性打上"狭隘民族主义""沙文主义心态"和"政治意识束缚下的大众偏见"等印记）。也就是说，实际存在的、复杂多样的、丰富多彩的、越来越自信和自主的中国公众思想，可能既没有被那些外国媒体所认知，也未必被我们涉外部门的各种新闻发言人所充分了解。这也许是未来需要特别注意和改善的一个盲区。

为了说明问题，我再列举一些事例：是否真如外界一些舆论所说的那样，中国多数百姓对于发生在世界不同地点的残杀、暴虐等非人道或专制的行为无动于衷，只顾自身发展、埋头赚钱？是否我们一些外交干部也认为，国内公众、知识界和青年人，对于政府在一些国际事件发生的重大时刻和场合公示的"不干涉内政"或"战略伙伴关系"等说法，抑或中国在安理会的某些弃权票，没有激烈的分歧、争论和批评？我相信这里面存在相当多的误判和过分简化的因素。因此，说到底，"外交为民、以人为本"，并不是一个对外宣传的口号，而是一个很高的标尺，是一个需要经过细致调研才能了解、需要认真统筹才能对接的指针。人民不是铁板一块，而是由不同价值、利益和需求的群体组成的；了解人民乃至代表人民，不是一件容易的事情。有了这样的思想认识，我们的决策部门在思考任何一项涉外"创造性介入"办法的社会基础时，就会有不太一样、可能更充分的准备工作。由此来看，适合不同时境的国际公关工作，是实施"创造性介入"不可或缺的重要环节。

笔者想指出一个事实，即随着更多的中国公民走出国门，有越来越多的国人意识到，国内宣传手册上常常自我炫耀的中国外部形象，与人们的实际感受有相当多的出入；政府高层和外交决策层近年来也做了大量努力，通过诸如新闻发布会、记者招待会、形象展示会及政府各部门的"白皮书"等形式解说中国的立场，通过增加外援、推广孔子学院、派遣专家游说、在国外重要媒体刊登广告等形式增加国外对中国的好感。应当说，这种意识是正确的，相关的努力也有一定效果。但是，实事求是地说，我们的国际公关水平不高，"外宣"效果有限，国际上的接受度离内部的期待存在落差，体制上和观念上更存在需要改进的地方。试举一例。中华人民共和国成立六十周年大庆前后，中央有关宣传部门与国内媒体公司和市场策划方面协作，精心制作了中国国家形象宣传片，用类似付费广告的方式，在美国纽约时报广场等国际知名场所反复播放，国内舆论照例对此高度重视，做了大量追踪报道。我们不妨简单做些分析：它是中国政府推动的新鲜国际公关手法；它参照借鉴了一些国家宣传自我形象的做法；它精心挑选了改革开放以来中国人的优秀代表（如中国公众熟悉的科学家和航天员，中国舆论喜欢追踪报道的专家学者和媒体主持人，以及国际知名的中国影星和球星等）。这些是值得给予肯定的努力。然而，它仍然反映出我们的"举国体制"的另一面，即比较笨拙简单，不善于讲故事，呈现的形象高出百姓生活太多，反而让国外普通人无法真正读懂、接受和喜爱我们展示的人物。中国"外宣"喜爱显示中国整体的国家力量，如最新的科技进展、令人炫目无比的都市建筑、世界最好的体育场馆和高速铁路，却不知它们恰恰可能成为某些别有用心的外部势力宣扬"中国威胁论"的口实，有关策划者也不太去想为何它们在外国不会产生国人心底的那份自豪骄傲。在宣传中国的"国家形象"时，我们的国际公关人员和部门首先想到的是国家力量、国家受辱的历史、对任何潜在对手的压倒性优势，其次才可能是受众的感受。这样做给人的感觉是，他们记不起北京奥运会的主题口号"同一个世界,同一个梦想",而是情不自禁地想到《亚洲雄风》那首歌曲宣扬的独特地理、人种与优越性。仔细想想,这种"外宣"的确不易让其他地域的人民和国家欣赏和理解,自然达不到对外公关原初的目标。这种宣传放在国内背景下,百姓可能早已习惯,但我们的初衷是想增强中国形象的亲和力,抵消各式"中国威胁论"的消极影响,向外国的公众解释,中国的崛起将带来互利共赢与和平繁荣。前面讲过的"傅莹方式"之所以打动人心,让外国人放心释怀,关键在于这位优秀的中国外交官把握了"各美其美、美人之美、美美与共、天下大同"的道理,用国外公众听得懂和愿意接受的语言与逻辑,讲了中国的成就与弱点、中国的进步之处与复杂性、中国与外国的各种利益矛盾和中国多数人对妥善处理这种分歧的渴望,把中共中央的大政方针与中国百姓的真实情感精细地糅为一体。另外,国际公关不仅要求有针对性,适合不同文化和历史的国家特点,还要注重时效性,在国际舆论不利于中国的看法形成气候之前及时介入、有效反制,或者当某些消极声音有蔓延扩展之势时主动出击、予以纠偏。北京奥运会前夕发生在欧美一些国家首都的抵制奥运圣火传递的事件,以及傅莹大使出色的危机公关,提示了时效性介入的重要性。当然,从她身上也不难看到,优秀的外交官不会就事论事、脚疼医脚,而是深谙"风起于青萍之末""冰冻三尺,非一日之寒"的道理,回应质疑时要从源头分析,摸透外国人的疑惑与盲区,直陈西方媒体的歪曲,坦承中国自身的不足。国际公关不像谈判博弈,更不是战场搏杀,主要不靠强力和高压,而应察言观色,讲究"和风细雨"。在适当的时间、适当的地点,以适当的言行,化冲突于无形,或使矛盾化大为小,用交朋友、讲道理的办法,解决军事战场和外交博弈无法解决的问题,这是国际公关的使命之一。从实践中观察,它也是中国外交官须具备的工具之一;未来的"创造性介入"越多,形象塑造、增信释疑和危机公关的任务可能越重。

（九）利益分层说

区分国家利益的层次与特性，不仅是国家制定大战略的出发点，同样还是外交领域推动"创造性介入"的重要原则之一。现在有一种让人困惑的势头，即各个声音大的或代表性强的部门或人士，都把自己本部门本领域的特殊关注和局部利益，冠以"重大利益""国家利益"的说法，甚至与"国家核心利益"联系起来，以此期待更大重视和获得更多投入。不断增多的提法中间，有些名副其实，有些似是而非，有些未必恰当。比如，人口管理部门把计划生育称为"国策"，指出世界第一人口大国人口方针的极端重要；农业部门强调十八亿亩耕地是不可逾越的"红线"，把粮食安全视为国家生存、国家安全的重要内容之一；环保部门提出，在新的全球格局下，国内能否实现节能减排、低碳发展，已成为中国能否实现高质量、可持续发展，中国与国际社会的关系能否和谐向上的新焦点；中宣部强调，与西方在意识形态领域的重大斗争，"关系中国社会主义政权的生死存亡"，各方面都不可掉以轻心；国台办及西藏和新疆等地方政府，当然认同"台湾、西藏、新疆问题涉及中国的核心利益"的提法；海洋、渔业、海事部门肯定不反对某些媒体和一些学者所说的"南海纠纷关乎中国的核心权益"的意见，它们各自都能拿出听上去难以反驳的理由和证据；海军、空军有分析人士认为，东海一带与日本发生主权摩擦的地点（如钓鱼岛），构成了阻碍中国军队走出去的"第一岛链"，"直接威胁到中国的核心利益"；有越来越多的文章指出，鉴于中国进口化石能源的规模与比重接近危险的临界点，因而对海上通道安全和能源供应链的保障，将成为新阶段中国的国家利益与国家战略的重要组成部分；还有的专家学者指出，随着中国与世界关系的变化，国家形象与国际话语权也日益成为中国新的国家重大利益。诸如此类，不一而足。总之，站在不同角度和有不同的利害关系，人们对于中国"国家利益"的内涵就有不同的界定与建议。这种局面不仅不足为怪，在日益多元和活跃的中国社会背景下，它也可看成不可阻挡而且值得鼓励的一种态势。无论在哪个国家、哪种制度下面，现代社会的一个发展规律就是不断分层化、多元化，其结构和需求日益复杂化、差异化。好的管理者，其理性的应对方式是，摸清这种规律，适应其特点、扬长避短、统筹兼顾各种关系，妥善处理不同层次、不同利益的不同诉求。要防止僵硬的思维方式和固定不变的轻重考虑，即把过去年代形成的国家利益定义和先后次序，不管环境和条件发生什么改变，始终不变地沿袭下去；更不能谁的声音大，谁的关系多，谁的后台硬，就按照谁的愿望和要求，确定重要性的大小、议事日程的先后和资源配置的多寡。

笔者提出的建议是，给定外交部门可以支配或协调的有限资源（人、财、物），我们国家对国际事务的"创造性介入"必然有一个轻重缓急的次序，只能根据主要的需求和利害关系确定介入的深度广度。因此，权威部门和专家学者及公众不妨展开广泛的讨论，认真研究什么是优先处理的国家议程，哪些问题必须投入（更多）资源并且反复研讨，中国外交介入的成功标准是什么，何种情况下非介入不可、何种情况下必须脱身退出或置身事外，包括介入对象的哪些方面与我核心利益、重大利益、次要利益、一般利益、可有可无的利益挂钩，因时制宜、因地制宜地把握介入时机和力度。这里，试以中国在利比亚危机时的进退为例略作分析：中国政府在第一时间做出重大决定，不惜代价地撤出中国在利比亚工作的数万劳工，把"安全、快速、全部撤回"作为优先考虑、优先投入的任务，折射出中国对日益增长的海外利益和安危的更大重视。与此同时，中国外交官主要出于人道主义考虑，对西方若干大国推动表决的在利比亚设立"禁飞区"的安理会决议案未投反对票，但这次中国的表态与十多年前科索沃危机时站在南斯拉夫一边，对西方议案说"不"的立场有差距，表明中国不希望由于一个相对遥远的非西方国家而与欧美重要国家唱对台戏。然而，众所周知，利比亚拥有丰富的石油资源，中国在这个国家有大量的合同，在经贸和基建等领域比西方老牌殖民主义国家有某些优势，部分基于此原因，中国在制裁案上投了弃权票，并且公开反对法英美等国越权打击卡扎菲政权、造成这个国家更大混乱的严厉手段。中国当时的策略是，一方面与俄罗斯、德国、巴西等安理会成员中不同于强硬阵线的国家保持密切沟通和协调，一方面以同情及认可的眼光注视追踪非洲国家联盟和阿拉伯国家联盟的整体表态，一方面也与利比亚国内交战双方保持接触（及合作的可能性），"不把鸡蛋放在一个篮子里"，为未来的政局变化做好两手准备。细细解析中国外交部门的有关表态，认真研读有关决策，不难发现其中对涉我利益的各种考量，对重大利益、次要利益、一般利益的权衡与排序。对此应给予好评。

要说不足的话，笔者想指出三点：一是"大撤退"决定的做出，多少有些匆忙，论证得不够；二是比较关注大国（欧、美、俄等）的态度，而不太注重非盟和阿盟的立场（至少给人印象如此）；三是下"先手棋"、积极介入和影响北非走向的意识不够。笔者一再强调，介入（包括强力、积极地介入）可以有多种形式，中国的"创造性介入"不等于强行干涉他国内政，而是说要巧妙引导局势的演化，为符合各方利益的事态到来做出贡献。对于中国这样的世界级大国，这一天是迟早要到来的。利益组合并非一成不变，重大利益、次要利益与一般利益在特定的时空与条件下是可以转换的，"创造性介入"的作用，是未雨绸缪、先行布局，细察利益的变动和掌握转换的枢纽，避免最后关头陷入尴尬境地；它的另一个可能的功用，是在自身国家利益和国际社会共同需要之间，建立起动态的、多层次的、有时微妙和复杂的平衡关系。它体现大国外交的某种"艺术"。

（十）复杂现象说

当我们仔细地思考外交与国际关系的各种现象时，经常会感到常规知识、传统学科及其分析工具的乏力。例如，欧美日发达国家曾经有相当雄厚的"苏联学"基础和大量看似有理的研究成果，但没有一个人、一份报告预测到苏联在20世纪后期会以世人见到的方式解体；美国中央情报局和军方的情报机构拥有遍布全球的情报网和无数个"007"，但它们未能阻止甚至无法预知"9·11"事件的发生；经济学被认为是当代社会科学中最科学完备的一个门类，但每一个经济学家都承认自己无法预测股市为何急剧波动、何时还会"非理性"起落；达尔文的进化论被认为是有与牛顿力学相同地位的近代伟大学说，但自然选择说显然无法解说"非典"（SARS）2003年春夏之际在北京、香港、新加坡三个城市的同时出现，更不能有说服力地告诉我们这三个城市的上述疫情为何带来深远的社会、心理、经济、政治、军事和国际后果；国际关系理论各流派自有其专长，但它们似乎对所有实际发生的国际关系现象和过程，都只能"局部拍照"和"颗粒显像"，给不出真正"立体""动态"的画面。针对上述困惑与质疑，20世纪的最后二十年以降，一门新的、被称为"复杂性"（complexity）的思想学说开始出现，在不同场合它也被称为"复杂性理论""复杂性学说"或"复杂性科学"。虽远未成熟、取得共识和大量应用，但这门新学问引起了越来越多的重视，并不断融会和整合（譬如）神经网络、系统秩序、混沌理论、人工智能、科学发展的新探讨和前沿发现。①

对复杂性思想的要旨，试做以下归纳：在众多仿佛无规律、无

---

① 有一本通俗而又深刻的作品描述了"复杂性"学说的起源和主要精神，其作者是美国《科学》（Science）杂志的特约撰稿人。读者若对这个新的学说有深入了解的兴趣，不妨把这本书找来看看。参见〔美〕米歇尔·沃尔德罗普：《复杂——诞生于秩序与混沌边缘的科学》，陈玲译，生活·读书·新知三联书店1997年版。

人知晓、无理论可解的现象（问题）背后，实际上存在共同之处和可追寻的线索。它们都属于所谓的"复杂系统"，有许多相对独立的因素进行着极其繁多的相互作用——亿万个神经细胞组成了大脑，成千上万相互依存的人组成了人类社会。在每一种情况下，这些无穷无尽的因素相互作用，使每个系统作为一个整体产生了自发性的自组织，一组组单个的动因在寻求相互适应与自我延续的过程中，以不同方式超越了自身原有的形态，获得了例如生命、思想、目标等作为单个的动因永远不可能具有的集成特征。更进一步，这些复杂的、具有自组织的系统，可以自我调整和运作。它们并不像地震中的滚石那样，仅仅是被动地对所发生的震动冲击做出反应，而是积极试图将所发生的一切都转化至对自己有利的方向（从物种到企业直至国家的各种复杂系统莫不如此）。最关键之处在于，每个这样自我组织的、自我调节和演化的复杂系统，都具有特别的动力，一种本质上高于计算机集成电路板的动力构造。通过混沌理论的帮助，人们还发现，上述动力的运动，能使极其简单的结构产生极其复杂的行为和表现。正如《复杂》一书的作者沃尔德罗普形象生动而又无比深刻地描述的那样：复杂性系统具有将秩序和混沌融入某种特殊平衡的能力。"混沌的边缘，是生命有足够的稳定性来支撑自己的存在、又有足够的创造性使自己名副其实为生命的那个地方；混沌的边缘，就是新思想和发明性遗传基因始终蚕食现状边缘的地方"；"混沌的边缘，是几个世纪的奴隶制和农奴制突然被20世纪50年代和60年代的人权运动所取代的时刻；是长达七十年的苏维埃突然被政治动乱所取代的时刻；是进化过程中万古不变的稳定性突然被整个物种的演变所取代的时刻"。① 正是受到复杂性学说的启迪，有更多的人意识到并承认：大洋此岸一只蝴蝶翅膀的轻微扇动，最终可能造成大洋彼岸汹涌澎湃的海啸；某个小人物的悲惨遭遇，最终可

---

① 〔美〕米歇尔·沃尔德罗普：《复杂——诞生于秩序与混沌边缘的科学》，第5页。

能带来民族国家的剧烈动荡和外部强权的可怕干预；市场、商业、贸易、政治、战争、学界的各种所谓"不确定""不可预见"的危机或突发现象，原来是可以想象和追寻的，尽管新的工具手段尚未建立，新的理论尚不成熟，新的思考发现尚难展现。复杂性学说是对牛顿时代以来一直统治科学的那种线性的、还原论的思维方式的突破，也是新世纪到来之际人类思想和创造的新地平线。

复杂性思想为中国外交在新阶段"创造性介入"全球事务，提供了重要的启示。首先，它告诉我们，外交工作所面对的当今世界，是一个大的复杂性系统，对之不能以传统教科书或意识形态的尺度裁量，而应当有新的理解和把握。看到人们说"某某事态存在不确定性""某某结果超出预料"时，我们不应当以此给消极惰性的态度和政策提供借口，而要把它们看作是对复杂性常态的一种直观、简单、平面的反应。大到国际格局的历史转换，再到战争与和平的起因，直至偶然、个别、短促的事件，无不印证混沌学说的逻辑，无不需要以复杂性思维建议的发散性观念、在相互联系中辩证地看待。因此，优秀的外交官、出色的外交工作者，必须以经常性学习和"补课"为基石，把外交对象看成复杂性系统，把外交学习（既有实践中的改进，也有理论方面的充实）看成职业生涯的必要部分。在国际关系理论的当代发展中，有一支叫作"学习理论"。它讲的恰好是如何在复杂现象面前保持学习和跟进，积极适应新情况和不确定性，通过各式制度创新提高人（及组织）的敏锐性与感受力。它也指出，学习可以有个人的或集体的学习，有简单的或复杂的学习，有一次性的和不断推进的学习，它们的根本目标都是提高适应混沌现象与复杂性的本领。[①] 这一理论很值得我们的干部与公众借鉴。其次，本质上，"创造性介入"属于更高标准的外交，也是对复杂性学

[①] 有关学习理论的具体内容，可参见王逸舟：《西方国际政治学：历史与理论》，上海人民出版社1998年版，第十二章"学习进化理论"。

说的演示。在前面提到的中国新外交案例里,比方讲,不管是王毅、刘贵今、傅莹这样努力用新方式开创新局的个人,还是"战略对话""借力东盟""运筹台海""朝核机制""北非撤离"这样令人耳目一新且成效显著的制度性安排,都是对线性思维的突破,是在领导指示、制度规定、部委程序和自发性、创造力、自我调节本能之间所做的复杂平衡,是在《复杂》一书作者所说的"秩序与混沌边缘"之间"走钢丝""打擦边球"(借用这些词汇表达的最佳内涵)。坦率地说,在中国,并非所有外交官都能和都愿意这样做,并非现有体制已经具有激励这类做法的规定(和文化)。最后,复杂性理论提醒我们,进化、进步、新事物的诞生等等,绝非想象的(或这里描述的)那么单一、平稳和可预期,大大小小的复杂性系统对自我的超越及组合再造,可以有几乎无限的形态与路径,让人们永远充满惊异、不确定感和好奇心。在本书论及的外交与国际关系层面,它也意味着,改进和提升是没有穷尽的,即使是好的外交官和外交安排也可能遇到麻烦,"一波三折",即便目前看准的各种于我有利的进程说不定会发生大的失利。如果遇到这种情况,关键是我们的外交官和有关部门对此是否有思想准备和灵活应对,那些曾被认为是"创造性介入"的人与事能否持续。在复杂性的思维下,外交与国际关系的任何现象都具备自我调节和演化改进的动力,重要的是看我们能够观测到多少,怎样择善而从且从善如流。笔者深信,当混沌学说、复杂性思维在中国外交界和外交思想界有更大范围的接受时,人们认识世界和自我反思的本领一定有大的提高,"创造性介入"的新方向一定会得到更多认可。

(十一)世界大势说

20世纪70年代后期,邓小平判断国际形势时有一些高瞻远瞩的论点,比如"世界大战有可能推迟""和平与发展是当今人类面临的两个共同挑战(主题)""科学技术在我们这个时代越来越重要"

等，为中国实行改革开放政策、加快发展与建设步伐，奠定了坚实的思想基础。同理，进入21世纪以来，我们可以察觉世界政治及国际关系的一些重大变动趋势，对它们的深刻研判与准确把握，有助于中国外交在国际社会的进步中发挥更加积极和有效的作用。在这方面应当开展广泛的讨论与争鸣，笔者这里只是提出若干供大家思考批评的线索。首先，纵观冷战结束以来主要大国关系的演进，不难发现，对世界事务有左右能力的主要大国，不管是什么社会制度、意识形态及历史文化背景的国家，事实上都形成了某种默契，即不论彼此有多少深刻的矛盾与难以调和的分歧，相互间的全面对抗和战争解决都不是一个选项。这里面有复杂的动因，在此不展开讨论。它的直接后果之一，是保持了全球格局的基本稳定与和平，保证了贸易自由化与全球经济相互依存的进程可持续推进；当然，它没有避免局部冲突和地区热点的升温，某些时候后者是大国间默契与妥协的代价。对于中国新时期的"创造性介入"而言，上述事态也提示了我们与世界大国和地区强国保持深度合作、多重协调、"斗而不破、和而不同"之关系的更大空间。其次，在各式国际争端的解决过程中，仔细观测就能见到，军事依旧重要、权重很大，但其优先性和使用频率在逐渐下降，对比而言，外交和经贸的杠杆或引导作用则持续稳步地提高。如果把最近的六十年和二战前的六十年对比，此消彼长的这一动态就更加清晰可辨。美国在二战后是打仗最多的国家，但美国人越来越多地发现，受国际组织、国际道义和国际法的约束，假使军事"硬实力"缺乏外交经贸等"软实力"的协调配合的话，现在的动武就没有过去那么便利了。拿中国来说，最近四十年比起此前的三十年，在国际争端中运用军事的频率大大下降，而外交力，特别是经贸力的影响能量则大幅上升，中国实力和国际地位的提升主要不是依靠前者而是后者。美中两国的上述事例并非个案与偶然，它们实际上预示着国际进步与争端处理的新方向；显然，这种比较能给外交新手笔和创造性提供更大的思考余地。

进入 21 世纪的头十年，国际关系的三个维度（经济层面、政治层面、社会层面）的各自张力，让国际社会的概念变得更加清晰和立体。国际经济是无处不在、明显可见的，国际政治仍不时有强权与正义的较量，而国际社会这个曾被认定是虚幻的层面，也开始争夺话语权、不断壮大起来。举例来说，"NGO"（非政府组织）这个词，在冷战刚结束时还没有多少人认得它，现在无疑是国际关系里使用频率特别高的术语；它从一个侧面透射出社会性因素在国际舞台上的崛起，对政府权威和传统领地发出了更大批评之声，展开强有力的争夺受众之战。联合国过去被认为是主权国家政府代表的权威讲坛，而现在这个全球最大的国际机构里到处可见 NGO 的游说及存在，数量及活跃度更不在官方代表之下。国际上各种 NGO 并没有单一的形态，它们的目标、价值、行动纲领、活动方式可以说是五花八门，我们很难用单一的尺度去衡量它们。组织社会学理论告诉我们，国际政治经济安全各领域越是密切依存与频繁互动，国际社会的结构越是复杂多样，其内部越是会不断层化、分化和再组合；不论政府机构多么信息灵通、行动高效、计划周密，它也不可能时时事事处处兼顾，不可能没有盲区和永远不犯错误，这就给 NGO 批评和抨击的机会，让形形色色的异端思想和异质诉求有了争取受众的可能。从正面解释，国际 NGO 事实上有一种拾遗补阙、监督促进的效果。对此我们的外交官和政治家不仅要有平常心，更须具备适当的对话能力、整合办法及妥协手段。设想，在北京奥运火炬传递受到阻挠的那些天，驻在一些西方国家首都的中国外交官，主要的任务当然是保持官方间接触，促使有关国家的政府尽到保障传递活动顺畅进行的责任，但也有一些人只是用焦虑的眼光关注事态的进展，一筹莫展。坦白地讲，在笔者看来，像傅莹大使那样敢于直面各种质疑和刁难、直接做外国公众和媒体工作的中国外交官并不多见，像她那么富有想象力则又少之又少。毕竟，以个人名义给国际主流媒体写信，用讲故事的方法增信释疑，并非中国通用的做法和外交官分内的事情。没有勇气和眼力,缺乏足够的自信和写作本领,是不可能像她这样去做的。但确如后来人们见到的那样,傅大使独特的危机公关取得了良好的成效,在看似铁板一块的西方主流舆论界撬开了缝隙。中国新外交时代的"创造性介入"要重视国际新现实,包括多面复杂的 NGO,像傅莹大使那样善于做它们的工作,"用其利,避其害"。须理解,当我们说"国际关系民主化是一个进步趋势","外交为民"是一种执政理念时,是需要付出成本和代价的,是存在困惑与麻烦的;任何想在全球事务中有所作为的国家,必须承受 NGO 之类因素的批评,准备好面对来自民间或社会的各种看法与要求,坦然接受国际舆论的"双刃剑"效应。依笔者看,国际社会的壮大和更多 NGO 的出现,是国际关系今后一个时期的必然,是任何人喜欢与否都将面对的新现实。对于中国外交官来说,问题仅仅是:是像过去某个时候那样被动地、消极地、不情愿地面对它,还是像傅莹等优秀外交家那样认真、主动、有想象力地面对它?

(十二)新型主权说

也许有读者担心,强调积极参与国际事务、发挥更大作用,会不会使中国重蹈欧美列强干涉主义和霸权主义的老路,改变中国长期遵循的大小国家一律平等、尊重各国选择和不干涉内政的基本原则。实事求是地说,这种担忧并非没有道理。任何大国在积极介入国际事务的过程中,如果方式方法把握不当,都可能被认为是在推行强权政治。从现实观察,一些受到广泛指责的西方大国,常常巧立名目、假公济私,把自己的野蛮干涉说成是"合法介入"甚至是"推行王道"。为有别于传统西方干涉主义,笔者倡导的中国对外事务中的"创造性介入",必须注意和遵守以下原则:首先,在任何情况下都要参照《联合国宪章》的基本精神,讲求介入过程的国际合法性。比如说,必须得到联合国多数成员的认可,特别是安理会的某种授权(至少是默许和不反对)。在各个专门领域,如海洋、外空、气候环境、能源资源、人权政治、经社教育和各式公域，还应当参照不同的专门国际法律文书和实践先例，使中国可能的介入行为有法可依、有据可查。中国作为介入全球事务的后来者，尤其要注意学习各种国际法和国际惯例，观摩分析老牌西方大国的经验教训，努力让自己的行为及宣示与公认的国际准则对接而不是冲撞。正所谓师出有名才能得道多助。其次，中国的"创造性介入"，一定要尊重被介入对象的权利与尊严，尊重国家主权原则和各国人民的自主选择原则。比如说，要得到主权国家合法政府的邀请，受到介入对象民众中多数的欢迎；在缺乏唯一和公认的政治权威的情况下，也要力争获得尽可能多数的政治势力和民意的接受（例如中国近些年在苏丹的表现）。当中国的利益受到直接威胁或损害时（如2011年发生在利比亚的情形），或者当中国的国际角色与当事国的政治意愿发生矛盾时（如中国参加的有关伊朗核问题的大国协商），中国的"创造性介入"要选择好时机，避免被其他大国捆绑裹挟，坚定地采取自主表态、自主进入或撤出的立场，同时耐心细致地与对立双方保持接触，对冲或缓解针对中国的压力。以利比亚危机为例，虽然中国遭受了各种直接或间接的损失，但还是要看到卡扎菲仍是合法的国家领袖，代表这个国家的主权，因而不能认可以外力推翻合法政府的目标，不能赞同法国等国扩大军事干预范围的做法，而必须等待利比亚人民的选择和各派政治势力的最终博弈结果。在解决利比亚危机的过程中，中国的行动与表态，认真参照了非洲国家联盟和阿拉伯国家联盟的立场，把这些区域性国际组织及与利比亚有类似发展水平的近邻国家的态度，作为取舍的重要尺度之一。这当然也是尊重国际社会和多数国家意愿的直接体现。

众所周知，"主权"源于近代西欧，是一个有几百年历史的观念，也是当代世界各国及国际社会公认的国际准则之一。它的原初含义是：一个国家的政府，有权自主决定涉及自身民族国家利益的重大事务；在这一过程中，任何外国或国际组织都无权加以干涉。历史和现实都证明,主权观念的确定,是近现代国际关系得以维系的先决条件。由此国家不管大小强弱才具有相对平等的地位,各种国际条约和正常国家间交往才能相对顺利实现,出现在各国间的麻烦与问题才可以有共同的应对。没有主权观念,就不会有人们常说的国际社会和国际法,存在的只是野蛮无序、弱肉强食的丛林法则。中国人对主权观念的珍爱,更有特殊的理由:曾经是文明古国、至高无上的中华帝国,近代沦陷为西方列强的半殖民地,被迫割地赔款、签署不平等条约、遭受百年屈辱;主权观念在传入中国后,反而更受重视、更深扎根,以至于从上到下人们普遍相信它的绝对性、完备性,任何对它的质疑及变通都不可接受。在主权依然是国际关系重要基石的当今世界,中国肯定将把捍卫自身和发展中国家的主权作为优先使命之一。

然而,今天的中国,同样需要放开眼界,充实古典的主权观念。没有动态和开放的视野,主权及其维护就效果不彰,甚至适得其反。原因之一是,中国国家利益正在向边界外的更大范围拓展,对它们的界定和照料需要主权概念具备更大的延展性、灵活性。举例来说,过去很长一段时间,我们外交和国防领域坚守的"核心利益",主要是指国家领土疆界的完整和国内各民族的团结统一,特别涉及应对台湾问题、西藏问题及各种分裂势力带来的挑战。而现在随着中国综合国力的增长和海外利益的扩大,管辖治理维护的概念及方式手段都发生了持续深刻的变化,譬如说中国军方在东海宣布划出"防空识别区",中国海警在黄海实施护渔区,南海与有关国家的争端被越来越多地强调关乎我重大乃至核心利益,外交军事商务及各级政府单位协调在红海和地中海一带加大了护航、护侨力度,对外决策层着眼于外部能源贸易利益而部署的中国参与联合国维和行动等,都具有类似特点。未来随着中国在诸如极地、外空、大洋洋底等"高边疆"的大量投入,会有更多新的利益生成,十数年以后甚或数十年之后核心利益、重大利益、次要利益、一般利益等将出现不同于今日的顺序，产生出不同于以往的存在形态和管辖方式。诸如此类，不一而足，展示了丰富主权层次、发展主权形态的必要。

主权范畴的再定义，也是防止"国强必霸""国强必乱"之历史怪圈重演的思想基础。近代世界历史的一大教训是，西方列强和苏联只是追求自身利益的扩张，而不顾及他国尤其是弱小国家的感受，仅仅要求维护自身的权益哪怕是霸道无理的要求，而不向国际社会和邻国做出必要的让步和贡献，结果某些强国、大国的崛起或受益，同时造成弱国、小国的衰败或受损，还不时带来这样那样的对抗、战乱和失序。少数国家主权的荣耀强化，以多数国家主权的退化贬值为代价。中国的和平崛起、中华民族的真正复兴，不应重演这样的情景。中国在扩展全球利益和好处的过程中须留意他人的感受，兼顾别国和国际社会的需要；我们须努力保持"取"与"予"的平衡，提供适当适量的国际公共产品，倡导智慧有效的国际治理方案，做出与中国地位相符的积极贡献（如在遏止全球气候变暖、预防大规模杀伤性武器扩散、拉动国际经济复苏等方面的严肃承诺及具体措施）。从这层意义上讲，新的主权观强调建立国际权利与国际义务的平衡，重视与大国地位相符合的责任（包括国民教育），把后者作为前者的必要前提。对于国人来说，这一点是过去讲得不够的，存在着不少偏差与认识误区。举个例子："海洋强国"是中国大众媒体上近年流行的一个热词，但很多人仅仅把它解释为更宽广的海洋边界、更大量的外部收获（如渔业或资源方面）或更强大的航母编队，却不太想到更智慧的主权纠纷难题的解决倡议、更有效的海洋争端调解能力或更吃重的国际水域执法义务——这本是一个硬币的两面。

新的主权观，还有一个要点，即对外事务上自主性的确定，与对内事务上的进步性，应当呈现正比关系。国内政治制度的开明，国内社会氛围的宽松，国内公众权利的保障，国内人权状况的改进，直至国内生态环境的优化（而非恶劣退化），诸如此类的各种内部进步，是赢得国际声望的提升的基础。唯有如此，我们的海外权益才可获得他国的尊重，我们外交部门的倡议和斡旋才会奏效，我们的领导人在国际场合的说法才能有真正的说服力。主权与人权不是分割的、对立的，而是彼此促进的、荣辱与共的。这是新旧主权观的最大分野所在。在旧时君主专制制度或各种国家垄断和强权体制下面，主权的界定并没有考虑国内人权状况，甚至是在践踏欺凌人民权利的过程中建立起来的。早期的欧洲列强，不仅对外扩张带有"血与火"的野蛮色彩，其内部也曾经历马克思所抨击的两极分化；希特勒时期纳粹德国一方面向邻国索要更大面积的"蔚蓝天空"，一方面在内部残害成千上万的犹太人；波尔布特治下的柬埔寨，在国内杀戮无数知识分子和平民百姓的同时，向中国要求帮它维护"受到越南威胁的国家主权"。传统的主权观在时代的进步中越来越多暴露其局限。随着冷战格局的终结，自20世纪90年代以来，一种新的认知及其规范在联合国和国际社会多数成员当中逐渐成形，那就是：没能在内部履行保护人民之责任的政府，就不配享有国际上主权国家通常具备的代表性及合法权利。仔细辨识那以后出台的各种国际法和条约，包括一些有广泛影响的国际审判，很多都属于这类认知的内化。中国不是当今世界的孤岛，更不是革命者和挑战者，而是"现有国际秩序的维护者、建设者、负责任大国"（习近平语），我们更应在主权观的学习和再出发时，加上这方面的新内涵新实践。

尤其当看到一些媒体和网络上的极端民族主义渲染，笔者深感忧虑，意识到改造有缺失的主权观、防止大国沙文主义的紧迫性。与改革开放初期虚心向外部世界特别是发达国家学习借鉴的氛围不一样，今天的不少国人似乎不太愿意承认自身的缺失与落后，却整天嚷嚷收拾这个教训那个对手，嘲弄规模体量或发展速度不如我们的各式国家，语气也变得越来越不那么平和，而产生了更多的虚骄之气。旧时的主权观容易滋生争强好胜、你死我活、攻城略地的非零和博弈心态，而孕育人类未来的主权观重视学习过程，始终具备开放性，愿意在相互尊重的基础上做出有分寸的谅解妥协。实际上，在今天的世界，追求实力霸权和主权至上性的国家越来越少，而且其政策结果多半是损人不利己，或占他人一时便宜、损本国长久根本利益。理解和借用新的主权观，我们会更加清醒认知自身发展的不足（无论器物、体制或观念层面均如此），会更加自觉地在外交的作为与内政的改革之间建立有机联系，会更加精准地评估世界政治的双重性（丛林法则的循环再现与国际规范的进步演化），会更加理性和适度地运用手中的工具（如外交、军事、商务的各种杠杆），会更加大度与审慎地提供国际公共物品和引导全球治理。

"创造性介入"思想，正是上述新主权观的一个注脚。它的主要线索，是中国作为行为者（主权载体）与外部世界（主权者关系网络）的互动关系，即一个快速变化的、渴望进步的、逐渐崛起的新兴大国，如何恰当看待所处的时代环境，如何准确地定位自身发展水平，在此基础上不断改革自身，更多维护海外利益和扮演全球角色。首先，"创造性介入"概说确认，世界政治处于逐渐进化的过程，国际规范和法律的网络通过技术和贸易连通整个世界；全球化虽然有利有弊，但总体上加快了各国交流、合作与提升的机会，加入而不是规避这一过程是大势所趋，是主权国家提升自我的良机。"另起炉灶"既无可能，也没有必要。其次，"创造性介入"概说强调，中国虽取得了世界公认的进步，但总体衡量仍处于不高的层次，我们的优势和长项至今主要表现在一些经济数据上，如基本脱贫和解决温饱问题、初步实现工业化和城市化、快速拓展贸易和市场、持续增加外汇储备和国家经济总量等；在其他一些重要的内部指标上和一些重要的对外关系指标上，远未达到令人满意的程度。所谓的"创造性"，不只是外交家和政治人物的智慧或魄力发扬光大，更应有国民精神和社会气象的昂扬向上。最后，以新主权观为参照，"创造性介入"概说看重中国对外交往的"和平发展"承诺，赞赏近年来展示大国善意的积极作为（包括中国外交特使的斡旋努力），期待外交的更多智慧之旅和国际安全领域的更大贡献。它明确中国国家利益和主权安全优先性的同时，提示了外交主导、经济开发援助跟进、军事介入手段殿后的多管并用及顺序，强调了中国提供国际公共产品的重要意义。须牢记内政与外交的互动逻辑，即国内进步是国际影响的基石，政治开明与人权保障是进步的核心；在整体的主权考量中，国际利益占有日益增大的比重，外部形象几乎与经济收益一样重要。

第二部分

代际转换

一个世纪之前的中国,是近代国际体系中的受压迫者、受剥削者,是欧美列强竞相宰割瓜分的最大的落后国家。而在 21 世纪初叶,中国重新跻身世界主要大国行列,中国新一代领导人誓言中国要做一个"负责任大国",占全球人口五分之一的中华民族正释放出令国际社会惊异的伟大力量。

从"受压迫者"变成"负责任大国",如此改变是如何发生的?为什么会出现这种变化?什么因素促成了这种改变?换个方式提问:我们从哪里来?目前在哪里?下一步往哪里去?

本部分将回溯近现代历史,看看毛泽东时代选择革命目标的原因,分析邓小平年代"静悄悄革命"的进程,探讨新一代领导人面临的重大关口。通过这三个参照系,探索不同时期中国角色的变化,揭示中国外交的历史性变化。

一、毛泽东时代:屈辱催生的抗争立场

评说当代中国外交,不能不考虑近代以来的中外关系,不能不提到以一系列丧权辱国条约为特征的近代中国低下的国际地位。从 1919 年到 1949 年的这三十年,是研究中华人民共和国对外关系的一

个近距离参照系。①

　　1919年的五四运动,拉开了中国新民主主义革命的序幕。它高举的反帝国主义、反封建主义旗帜,对新文化启蒙运动的推动和各种国内外先进思想的强烈追求,使俄国十月革命的精神迅速传开,使半封建半殖民地状态的中国有了一种全新的变革状态,为中国共产党的诞生和随后的中国革命斗争奠定了基础。从那以后,是中国人民在中国共产党领导下开展解放斗争的时期,是朝着结束百年来任人宰割的屈辱历史和连年战乱的局面、实现国家独立的时期,也是在全球范围内打击帝国主义和殖民主义势力,壮大世界和平、民主和社会主义力量的时期。在国际范围,中国共产党领导的中国革命力量,在"以俄为师"的基础上摸索各种办法与路径,在主要从事国内武装斗争的同时,积极争取广泛的国际支持和合作。革命根据地既是传播革命思想、积聚革命力量的播种机,又是向外部宣传中国人民解放斗争伟大意义的平台。②

　　在世界反法西斯斗争和中国抗日战争中,中国共产党人和中国军队与包括美国在内的西方资本主义国家建立了某些联系渠道,初步接触和理解了近代国际外交的各种知识与手段。如果说在1840年以后很长一段时间,中国人尚未完全从旧时的朝贡体系和"天下"观念中摆脱出来,对于西方列强主导的近代国际体系仍然感到困惑不解和无从应对,那么,从1919年中国人展开伟大革命实践以后,则

---

　　①　认识中华人民共和国成立前30年的外交方位,不能不深刻了解它此前的中国革命性质和中国共产党人的目标。历史是传承的,影响是深刻的。这方面最好的作品仍是毛泽东的名著《中国革命和中国共产党》,有深入研究兴趣的读者,不妨阅读。见《毛泽东著作选读》上册,人民出版社1986年版,第322—344页。

　　②　除了美国记者埃德加·斯诺的那本著名的《西行漫记》外,另一个同样经历长征、同样被视为中国共产党人和中国人民伟大朋友的美国记者艾格尼丝·史沫特莱,也有一本广泛流传的作品《中国的战歌》(作家出版社1986年出版了中文译本)。阅读《中国的战歌》,就不难知道长征一代的中国共产党人为什么期待世界的理解与支持,也不难懂得为什么他们只能做出革命和造反的抉择,更可以由此联想革命年代的氛围与风骨如何持续影响了老一代革命领袖在中华人民共和国成立后一段时间的外交思维与决策。

接受了新的世界进步理念，对中国半殖民地半封建状态下的落后愚昧有深刻批判，创造出富有战斗力和创造力的革命方式。这是有趣而富有动感的崭新画面：一方面是中国社会经济和政治制度上的实际的落后与被压迫状态，另一方面是表现在中国革命者那里的新的气质与精神状态在不断孕育和壮大。这也是中国与世界关系的一个破旧立新的过渡时期：中国整体上被视为一个积贫积弱的"东亚病夫"，中国的旧政权和各种旧势力腐败不堪，中国远远离开了昔日辉煌的世界中心位置，处于受支配、受压迫的边缘地位；以西方列强为主宰的国际体系，表现着恃强凌弱的霸权特征，对于维持中国弱小和被分割的状态心满意足；① 虽然中国共产党人尚未掌握国家政权和外交工具，但他们代表的新兴力量日益强大和崛起，代表着中国广大地域和民众的要求，朝着夺取政权、实现革命的目标挺进。

新民主主义革命时期，是中华人民共和国对外关系的一段特殊"前史"。对后来的中国对外关系来说，它的最大遗产之一，是使中国从积贫积弱、受西方列强支配的"东亚病夫"，逐步变成了坚强不屈的反抗者和俄国革命的追随者。从客观形势上看，中国已沦为受帝国主义列强操控的半殖民地半封建社会，近代以前曾经有过的某些综合国力优势丧失殆尽，中国与西方主流世界的关系是严重不平等、不公正的关系，偌大的一个国家被视为"东亚病夫"，完全谈不上对人类和国际社会的积极贡献与拉动作用。与此同时，在这30年间，以中国共产党为代表的中国革命力量，认清了近代以来中国在国际体系里落后挨打的悲惨地位，同国内各种军阀势力和支持纵容它们的外部强权进行了顽强斗争。沉睡的东方巨人开始觉醒，中国自身的革命和解放，中国参与的国际反法西斯斗争，不仅对于国际形势的转变起到积极作用，中华民族也开始恢复自近代以来丧失

---

① 有关近现代史上世界列强对中国的凌辱、盘剥，以及中国外交的软弱应对，可参见熊志勇、苏浩：《中国近现代外交史》，世界知识出版社2005年版。

已久的自信。它教育和启发以毛泽东为代表的中国共产党人：敢于斗争、善于斗争、不畏强权、自力更生，是实现国家民族复兴的唯一正确道路。

总体而言，这一时期中国革命和中国共产党人的追求目标，是高扬和激励曾经辉煌、近代低落的中华民族之士气，动员尽可能广泛的抗击西方列强的统一战线，用武装斗争（包括各种正规战和游击战方式）对抗外来压迫者、奴役者，争取实现摆脱殖民主义、帝国主义枷锁的目标，使中国重新成为独立自主的国家。在这个过程中，以毛泽东为代表的中国共产党人发展出了一整套有中国特色的革命理论、游击战思想和军事学说，成为世界范围弱小民族争取自身解放、摆脱西方殖民统治的斗争的重要组成部分。中国的革命时代及形成的观念，也给中华人民共和国成立初期的内政和外交打下深刻印记。如俗话所说，压迫愈深，反抗愈烈。拒绝列强对他国的宰割，挑战西方主导的国际秩序，以战争和革命方式赢得承认和地位，是这一时期中国共产党人对外关系的主要经验。尽管从第二次世界大战期间的反法西斯战争过程看，延安时期中国共产党人与美国有过某些合作，但双方的动机与理念是不同的，毛泽东及其战友的拒绝和抗争的精神气质不曾因此有大的变化。面对占有支配性地位的帝国主义和资本主义世界体系，中国革命者的哲学，是摧毁而不是修补，是切断而不是介入。

如上所述，中华人民共和国建立后的头 30 年，领导层延续了革命年代的斗争气质，发展出"红色中国"的对外交往方针。

1949 年的中国，在世界历史的画面中，是一个既强大又贫弱的国家，一个让社会主义阵营振奋、令西方资本主义国家惊恐的国家，一个让五分之一世界人口加入社会主义阵营从而实现国际政治重大结构变换，但经济上远低于世界人均水平，提供不出有任何吸引力的发展模式的东方国家。第二次世界大战结束后一段时期的特殊国际背景，以及中国抗日战争和解放战争的特殊国内实践，决定了中国共产党领导下的这个国家,在中华人民共和国成立初期立即实行面向苏联"一边倒"的对外方针。① 中华人民共和国外交的最初阶段,即打上了这一模式的深深烙印。中国在国际体系中的位置关系,很快由战后一段时期表面上的与各战胜国的等距离外交,变成实质上与以苏联为首的社会主义阵营的同盟合作关系,不管是自觉的或者被迫的,这一位置关系适应了冷战开始后"不是东风压倒西风,就是西风压倒东风"的全球政治逻辑。②

应当指出,即便在冷战思维逐渐风行的时期,中国外交仍有一段努力倡导和平共处五项原则、与一大批新独立的发展中国家结友的经历,它同时积累了中国外交制度化、按国际惯例办事、与国际社会对话与合作的初步经验。然而,从1956年苏共二十大之后,由于内外各种原因,中共与苏共渐行渐远,最终分道扬镳,成为对峙的双方。随着这种大背景的转换,中国的外交也不得不做出某些调整、朝着更加"左"倾的方向演化,它也加强了美国主导的国际体系对中国的怀疑和排斥态度。到了"文化大革命"时期,国内政治的某些极"左"做法达到登峰造极的地步,影响和损害了中国外交在周恩来主持下的稳健温和方针。总体上逐渐偏向"左"倾的新中国头三十年,从20世纪70年代初开始显现了某些调整动向,尤其是随着1971年10月中国恢复在联合国的合法席位以及中美对话的开启,中国外交的钟摆再次回摆,提示了向国际体系中心趋近的势头。只是这种势头短暂且乏力,并没有像后来的邓小平领导的改革开放进程

---

① 这方面,可参见外交部档案专家徐京利的作品:《另起炉灶——崛起巨人的外交方略》,世界知识出版社1998年版,尤其是第九章"打扫屋子的铁腕行动",第272—313页。

② 国外研究毛泽东的一个著名学者,对这一时期的发展总的线索有一种比较客观的判断。他指出:"总的结果是一种曲折的发展,在此过程中,强调的重点是间歇性地一个时期强调阻碍落后国家工业化的各种困难,一个时期又强调所有新获得解放的各国人民,特别是中国人民所固有的非凡力量,这种力量可使他们能够按照自己的意志改造世界。"见〔美〕斯图尔特·施拉姆:《毛泽东》,红旗出版社1987年版,第241—242页。

那样，引导中国建设性地融入国际体系。由于中国国内政治的失序，中国在国际社会的整体作用继续边缘化，中国与世界的关系没有根本改善。"无产阶级专政下继续革命"的指导思想，对于中国这一时期的外交产生了严重伤害。①

仔细观察，头三十年中国对外政策，又可分作从偏"左"到极"左"逐步变化的不同阶段。

（一）1949—1955年：探索国际定位的中华人民共和国成立初期

中华人民共和国的建立，是当代世界史上最具有历史意义的一件大事。几乎所有国家都意识到，新中国不再是旧时那种仰人鼻息甚至任人宰割的"东亚病夫"，而是一个有坚强意志和独立决心的东方社会主义国家；中国共产党通过28年艰苦卓绝的斗争和广大民众的支持，赢得了治理国家的权力与位置。新生的中国不再受西方列强宰割，而是真正掌握在中国共产党、中国人民解放军和中国人民自己的手中，这是自1840年鸦片战争以来第一次实现的民族自立和国家主权的回归。1949—1955年也见证了中华人民共和国历史上的第一次建交浪潮，在苏联的带领下，有遍及欧亚非广大区域的多达22个国家与社会主义中国建立了正式的外交关系；尽管尚未得到主要发达资本主义国家的承认，也没有完全解决与多数邻国的边界纠纷，新生的共和国第一次获得了世界范围的承认。② 中华人民共和国最早设想的，并且与主要发展中大国印度共同倡导的

---

① 在笔者看来，中国外交学界对于毛泽东时代中国外交导向及其实践的评价，是清醒、公允和有共识的。可参见下列著作：谢益显主编：《中国当代外交史（1949—2001）》，中国青年出版社1997年版；张历历：《当代中国外交简史》，上海人民出版社2008年版；叶自成：《新中国外交思想：从毛泽东到邓小平》，北京大学出版社2001年版；郝雨凡等编：《中国外交决策：开放与多元的社会因素分析》，社会科学文献出版社2007年版。

② 参见张历历：《当代中国外交简史》，第46—64页。

"和平共处五项原则",通过万隆会议和其他场合得到一定程度的响应与传播。

这一时期的中国距离国际体系的中心位置仍相当遥远,冷战开始后的全球对峙态势已折射到中国与西方主导的、以联合国为象征的国际社会的关系上。在当时的国际环境下,中国被排斥在联合国及多个重要国际组织之外,因而只能选择向苏联和社会主义阵营靠拢的方针,苏联模式在中国的政治、经济、文化及意识形态等各个方面全面输入和扎根;毛泽东用"另起炉灶""打扫干净屋子再请客"和"一边倒"的形象说法,提示了这一时期中国在国际关系上的重大抉择。由于特殊的历史原因,第二次世界大战后一度出现的国际缓和与合作气氛中断,中国与世界的关系总体而言远离了"和谐"与"合作"的轨道。中国经济基本上是自给自足为主,加上一定数量的苏联援助,海外利益在中国经济发展中所占的比重十分弱小,中国在世界经济中的比重同样微不足道。在百废待兴的前提下,中国人没有可能提供区域性和全球性公共产品,中国加入的国际组织数量十分有限(主要是参加了由苏联集团建立的一些国际机构,例如在工青妇及和平运动领域)。在这一时期,中国与外部世界刚刚开始磨合,两个阵营的压力与影响逐渐呈现,探索定位的努力有了一定成绩,但冷战的客观形势,制约了中国总的内政和外交方位,决定了社会主义中国倒向苏联、与西方冷战对峙的大局。

(二)1956—1965年:逐渐向"左"转的阶段

虽然东西方对峙及冷战的总体局面没有变化,社会主义国家内部在这一时期却出现了深刻的裂痕。1956年苏共二十大的召开,赫鲁晓夫对斯大林的批判,以及随后发生的波匈事件,在社会主义阵营掀起巨大波澜。毛泽东及中国共产党先是惊愕不解,继而强烈抵制,最终选择与苏联分道扬镳。不论后人如何判断中苏两党争论、两国关系破裂的原委与责任，包括毛泽东作为中国最高领导人的态度与决定，就中国与整个外部世界的关系判断，中苏关系破裂的直接后果之一是，中国的内政与外交开始向更加"左"倾的方向调整，国内掀起一波甚于一波的"革命运动"，给对外工作形成向"左"转的压力，中国人的世界观与全球战略更加注重两大阵营之间的"中间地带"。在这一时期的国人那里，除了原先来自西方帝国主义的威胁外，又增加了对苏联"老大哥"控制野心的担忧，维护国家主权的任务似乎变得更加繁重。这一时期，中国与新独立的亚非拉国家的关系更显密切，在新建交的 27 个国家里有 24 个属于"穷兄弟"。中国与多半为非社会主义的邻国的关系却没有多少改进，邦交正常化及解决领土争端的事宜没有积极推进迹象，与印度的边界战争暴露出本应患难与共的两个发展中大国的关系的脆弱。

和前一个时期一样，中国与世界经济的联系仍然很少，外部迅速发展的国际贸易与投资及科技进步，对于这个人口大国似乎没有什么影响。中华人民共和国成立后一个时期来自苏联的援助突然中断，也对本来薄弱的工业基础造成不小的打击。有意思的是，作为中苏决裂的一个始料未及的结果，中国在一些既不愿受西方资本主义支配，也不希望依附苏联阵营的国家和地区那里受到欢迎与拥戴。中国是第三世界的重要成员，第三世界是中国的天然盟友的思想得以萌芽，为下一时期毛泽东提出著名的"三个世界"论断奠定了基础。在有关国内政治的权威解说与教科书里，"文化大革命"前的十年通常被认为是有犯各种错误但同时富有改进和成长潜力的一段时间，只是后来这一进程被极"左"路线所打断。然而，在我看来，"文化大革命"前的十年与"文化大革命"本身的十年，存在着内在的逻辑联系，存在着由弱至强、从小变大的一条线索，即毛泽东在党的指导思想和大政方针上所强力推动的"不断革命"，始终是一个决定性的导向。① 以周恩来为代表的外交温和思想与合作方针受到了一定压抑，它与国内经济社会建设领域的类似情况是一致的。在外部的强权打压与内部的"左"倾影响之双重作用下，中国对外关系朝着紧张方向演化，怀疑与抗争的态度逐渐占据主导地位。

（三）1966—1976 年：中外关系的严峻期

这一时期，中苏两个曾经的盟友剑拔弩张，由珍宝岛冲突点燃的火种几乎引发全面战争；与此同时，中国与以美国为首的西方世界的关系似乎仍然是一种相互敌对的态势。可以说，这时中国人面临和感受的是最严峻的安全压力，一种史无前例的两个超级大国同时封锁遏制的局面。在国内"文化大革命"的特殊政治背景下，极"左"路线达到极端状态，各方面的生产和建设陷于停顿，被迫服从服务于"无产阶级专政下继续革命"、铲除帝国主义和"社会帝国主义"祸根的总体要求。显然，外交工作不可能不受到消极影响：除了"三砸一烧"（砸印度、缅甸、印尼驻华使馆和火烧英国驻华代办处）这类影响恶劣的行动外，世人见到了中国提出的"解放仍在受苦受难的三分之二地区"和实现"全国山河一片红"的口号，见到了在印尼等东南亚国家和非洲一些国家类似"输出革命"的做法，见到了不惜代价援助阿尔巴尼亚、越南等社会主义国家的"同志加兄弟"的特殊盟友关系，见到了全球各地反帝反殖力量对毛泽东思想和政策的此起彼伏的呼应（即便仍然处于相对弱势位置），见到了位于东方的、有别于传统的苏联社会主义阵营和苏式战略的另一个红色中心。

有关世界史的一般教科书，记录下的主要是上述情景，即中国

---

① 应当承认，对于"文化大革命"十年的中国外交，不管是指导思想还是行动策略，或者是具体过程，中国外交学界的讨论是不够的，很多地方存在缺失与误判，有相当多模糊不清、似是而非的认识。这种情况的出现，与总体上中国学术界对于"文化大革命"历史检讨不够，存在许多政治敏感性和不方便深究的局面是联系在一起的。笔者深信，随着时间的推移，后来的外交学者有理由更加平心静气、客观细致地研究和叙说这段历史。

与主流国际社会及主要阵营的全面对峙;然而,仔细观察就不难发现,在看上去"全面出击、两个拳头打人"的造反派外表背后,实际上从20世纪70年代初开始,中国外交在毛泽东、周恩来的指导下,已出现了静悄悄的调整,以适应美苏全球争霸,给予中国夹缝中求变及生存的机会的局面。"三个世界"划分的理论是对中间地带学说的重大发展,确定了在两个超级大国的第一世界、西方资本主义多数国家的第二世界,以及广大的亚非拉国家组成的第三世界划分基础上的中国定位,即反对第一世界的霸权、争取第二世界的合作、支持第三世界的事业。利用美国人对苏联的恐惧,毛泽东邀请尼克松访华、开启中美对话及缓和的大门,从而使中国在安全压力大大缓解的同时,其全球战略位置变得有利和灵活。得到第三世界广大新独立国家支持的中国,恢复了在联合国等主要国际组织中的席位,从而为改善中国与国际社会的关系创造了条件,也为后来邓小平的开放改革政策在事实上提供了某些条件。虽然这些变化并没有根本扭转极"左"年代的内政氛围,没有根本改变中外关系上的紧张对峙局面,而且不被当代外国史学家视为主线索而记录追踪,但它们是分析一个完整复杂的画面所不可或缺的成分,是解读20世纪70年代中后期承前启后变化的钥匙之一。① 像前一个时期一样,从中国国家主权(领土完整)的保障与维护程度衡量,呈现出来的是两面性:一方面是毛泽东时代的中国成功地维护了自身的主权与领土完整,另一方面则面临了前所未有的压力(尤其是60年代后期)。中国恢复在联合国的合法席位,以及中国与美国的相互交往,引发与中国建交的新一波高潮,其中包括了一批西方国家(1966—1977年有62个国家与中国建立正式外交关系)。孤立中国甚至消灭社会主

---

① 叶自成教授对毛泽东外交思想及战略的分析,比较有辩证思想。他指出了毛泽东外交思想中维护国家民族利益的一面,同时看到毛泽东内心中对于以美国为首的西方世界霸权的深刻不满与挑战意志,以及毛泽东外交谋略里面包含的复杂矛盾关系。参见叶自成:《新中国外交思想:从毛泽东到邓小平》,北京大学出版社2001年版,第128—138页。

义中国的图谋彻底失败，中国在国际事务中表现出独立不羁的强大政治形象，毛泽东的革命思想得到一定传播。

总体上观察，中国与周边邻国的关系是紧张不安的。中苏边界问题仍是导火索，中国受到朝鲜半岛的冷战形势制约，中国卷入了援越抗美战争，中国与南亚的关系十分冷淡，中国与东盟各国严重对立。它们折射出"文化大革命"时期中国与周边关系的特点。中国在世界经济中继续边缘化，如火如荼的全球科技进步浪潮对这个大国无关紧要，中国被很多国家视为一个有输出革命抱负和具体战略的"红色威胁"。"文化大革命"十年给中外关系以严重的消极影响。不管中国外交部门做了多少艰辛的挽回努力，中国在国际舞台上的好斗形象逐渐被定格、固化和传开，中国与周边国家乃至整个外部社会的关系上"斗"多于"和"。

总之，毛泽东时代的中国基本上延续了革命战争年代的精神与做法，尚未完全适应和平发展年代特别是科技进步及民生方面的要求。在对外关系领域，延续革命传统与适合国际外交惯例两种线索之间的关系，构成这一时期中国外交微妙复杂的双重变奏，只不过前者在大多数时候都取得压倒性优势。在毛泽东时代，社会主义的目标是不断培养人们的革命理想，推进针对帝国主义（尤其是美国）和社会帝国主义（"变修后"苏联的代名词）的世界革命，将革命红旗插遍亚非拉。不论这一时期有哪些亮点和微调，偏"左"是显而易见的，中国同外部交往不多，获益甚少。中美之间为抗衡苏联威胁所建立的准盟友关系，在双方决策者看来都不过是一种权宜之计。中国与外部世界的关系，是一种斗争大于合作、猜忌压倒协调、对峙多于对话的关系，是"造反者"对抗"权势者"的态势。中国是一个不断抗争的、站在国际体系圈子外的革命巨人。

二、邓小平时代：改革开放和国际合作

改革开放以来的三十多年间，是中国与外部世界关系的全新发

展期。从各方面考虑，把这一时期称为"邓小平时代"都是合适的。

与上一个三十年相比，邓小平时代是一个以经济建设为中心的时代，所有领域、所有工作完全转向服务于发展、有利于民生、着眼于综合国力提升的轨道，一切不适合这一中心任务的体制和观念都在进行这样那样的改革，对外开放，尤其对西方发达经济体的开放成为经济发展的题中之意。这些转变与调整，使得前一个时期具有的革命意识形态的色彩逐渐削弱。中国外交工作很快适应了新的时代主题与要求，努力营造新的方针与氛围，为国内变化"保驾护航"、创造条件。邓小平作出和平与发展是当今时代主题的判断，是一个具有转折性意味的重大判断：世界大战有可能避免，中国应当抓住时机发展自己。它与此前立足于世界革命、防备外来入侵、准备打仗甚至打核战的认识有根本差异，也正是这一点慢慢培育出中国人埋头经济建设的信心与智慧，鼓励了与不同社会制度、意识形态国家交往合作的勇气和办法。

比较而言，中国这艘大船在毛泽东时代的主航向，是与形形色色的各种内外反动势力抗争，确保国家的政治独立不受干涉，实现"中国人站起来"的任务，一扫百年之辱；而邓小平时代的基本航向，则是努力使中国人民得到温饱、富裕起来，用改革开放的手段，推进了市场经济在中国的建立。这中间当然存在无数曲折，出现了各种问题和麻烦，不过从邓小平到江泽民再到胡锦涛，由中共十一届三中全会奠定的航向始终没变，经济目标的优先性得到高度保障，中国的综合国力和人民生活水平由此不断进步。这一大的背景，决定了中国外交的方向，决定了中国与世界关系的改善。这三十多年，世界感受到一个充满活力的新兴大国，感受到中国人了解世界的美好愿望。那些对中国抱有成见与敌意的国家，越来越无法压制中国的声音，无法把中国排斥在各种全球或地区问题的解决方案之外。在世界范围，这段时期恰好是经济全球化、区域经济集团化迅猛发展的阶段，中国在与国际经济紧密联系、相互协作的过程中，逐步成为发展中世界最大的新兴市场,成为全球经济的重要拉动力量,成为初具全球意识和影响力的大国。

(一) 改革开放初期:新的历史进程的启动

以中共十一届三中全会为标志,在改革开放总设计师邓小平的领导下,中国从20世纪70年代后期进入了全新的发展阶段。它既是中国国内政治经济社会发展的全新阶段,也是中国与世界各方面关系突飞猛进的全新阶段。在中华人民共和国的历史上,邓小平是第一位提出有别于毛泽东的国际战略思想的政治领袖,对于新的航向具有无法估量的重要意义。例如,在70年代末至90年代初,对于中国与国际社会关系的定位,他做出了两个重大贡献。

首先,邓小平提出了世界大战有可能避免、和平与发展正在成为当今时代的主题的判断,中国应抓住时机搞"四个现代化"和实行改革开放政策。由此中国内政外交出现了一系列新举措、新方针、新布局,如依据现实的变化,同时与美国和苏联改善关系(中美建交、中苏开始关系正常化谈判);正式宣布了不结盟、独立自主的和平外交政策;外交工作服务于国内经济建设的中心任务,大力招商引资、鼓励年轻人出国留学、发展与包括西方发达资本主义国家在内的国际社会的经贸关系;重申"不管白猫黑猫,只要捉住老鼠就是好猫",强调社会主义绝不等于贫穷落后,鼓励尝试商品经济和市场机制,建立经济特区和实行家庭联产承包责任制及用"一国两制"谈判解决香港、澳门问题,大力消除各方面对于发展中国与西方关系的种种疑虑。正是这一切使得中国社会经济恢复了生机与活力,培育出全球最大的新兴市场,改变了中国经济成长乏力、与世界经济主流格格不入的局面。从这个时期开始,中国经济与世界经济的依存度大幅增加,外部因素对于中国发展的贡献度迅速上升,中国人对于全球经济也有了不同于以往的动能。

其次,在1989年之后,面对东欧剧变、苏联解体、西方极力制裁和改变中国的不利国际氛围,也面对国内种种困难和混乱乃至非议的巨大压力,邓小平及时提出了"冷静观察、稳住阵脚、沉着应付、韬光养晦、善于守拙、决不当头、有所作为"等对外关系指导方针,对内要坚持改革开放不动摇、经济建设仍为全局重心。这一时期他有关国际形势的各种重大判断,有关在艰难时局下维护中国的主权安全、发展机遇的一系列方针,如对苏联解体原因的分析、反对美国霸权及西方制裁的办法、国际时局的长期走向、发展中国家可能面临的新挑战、中国即便将来强大了也不当头不称霸、中国不搞阴谋只有"阳谋"等精辟论述,不只在当时引导着中国渡过难关、转危为安,至今仍有指导意义。邓小平留下的外交思想,是当代中国外交史上继毛泽东国际战略思想之后的又一精神财富。在邓小平时代,中外关系的发展有着新的量的扩展与质的提升。正是在这一时期,中国国家主权(领土完整)的保障与维护程度,与中国建交国家的数量及分布,中国与邻国和周边地区的和谐关系,中国国民生产总值里海外利益的提高,中国在世界经济中的位置与作用,以及中国人对于全球安全和政治的看法及影响力,都有不同于改革开放之前的新气象。如果说毛泽东是当代中国最伟大的革命家,那么邓小平则是当代中国最了不起的设计师,这一时期的中国经受住了冷战终结和苏联解体的巨大冲击。观察过去的60多年,中国也由过去的"造反者"角色,逐渐转向"建设者"的位置。

(二) 20 世纪 90 年代:曲折行进的过渡

进入 20 世纪 90 年代,以江泽民为核心的第三代中央领导集体把改革开放的大业不断向前推进,带领中国人民度过了一段艰难的日子,向着形势渐好的方向发展。整个 20 世纪 90 年代是全球范围冷战结束后的适应与调整期,亦是中国从西方制裁和施压的阴影中走出、恢复改革开放发展势头、进入经济全球化大潮的时期。

从中国与外部世界的关系看，在实践层面，沿着邓小平指引的方向，中国政治领导层和外交部门逐步化解了美国及西方的制裁和围堵压力，使中美交往中的人权问题与贸易问题脱钩，签订《中华人民共和国和俄罗斯联邦睦邻友好合作条约》，并与哈萨克斯坦共和国、俄罗斯联邦、塔吉克斯坦共和国、吉尔吉斯共和国、乌兹别克斯坦共和国成立了上海合作组织，大力拓展了与东盟国家的友好互利关系，平稳实现香港和澳门回归祖国，在经过多年谈判之后成功加入世界贸易组织，妥善处理台海危机、北约轰炸我驻南使馆事件、中美南海撞机事件等重大危机；在战略思想层面，全方位论述了中国和平发展的可能性，提出"重大战略机遇期"的判断，对周边国家（主要是韩国和东盟地区）宣示了"平等协作，互利共赢"的新安全观，并且对国际社会阐述了不同社会制度、文化和价值观的多样性的方针，丰富了邓小平的外交理论和实践。

在这一时期，中外关系的各个重大指标都有相当的提升和加强。例如：国家主权与领土完整得到新的保障（以香港、澳门回归为突出象征）；与中国建交的国家有新的突破（在保持与朝鲜的传统友谊的前提下实现与韩国的建交是一个典型）；同周边国家的和谐程度得到加强（特别是在边界问题达成共识的基础上与俄罗斯建立了的战略协作伙伴关系）；提出一系列重大外交方针和国际战略思想（新安全观、新发展观、新文明观，以及战略机遇期概念）；中国国家利益中海外利益的比重不断上升，中国在世界经济中的位置和排名不断靠前，中国成为经济全球化的主要受益者和推动者（加入WTO是一个里程碑）；中国在区域政治与安全系统里的影响力得到增强，中俄主导成立的上海合作组织及中国对阿富汗的经济援助便是典型事例。

尽管这一时期也有各种不足与遗憾，如台湾问题作为中国面临的一大挑战的逐渐升级，中日关系相对中美关系、中俄关系和中欧关系而言进展缓慢，中国与非洲传统友好关系面临新的难题等，但是这一时期也奠定了成长的基石,中国的国际地位在提高,与外部世界的关系有突破,实现了又一段跨越式成长。进入新世纪时,中国俨然已是当代国际格局里最有希望和实力的一个新兴大国。

(三)21世纪头十年:快速和平崛起

21世纪的第一个十年,通常以中共十六大召开为起始点,是继邓小平、江泽民之后,以胡锦涛为总书记的新一届中央领导集体推进改革开放大业的阶段,也是中国的全球影响力与对外关系持续发展的新阶段;站在全球角度观察,这一时期同时是中国迅速成长为全球性大国以及国际力量格局发生深刻变革的时期,是国际社会对中国的期待与压力急剧上升、中国快速增长的海外利益同原有国际秩序复杂磨合的新时期。

在国内背景下,新的中央领导集体制定并提出了"以人为本"、推进"和谐社会"和"科学发展观"等战略目标,丰富了中国特色社会主义理论体系。在外交工作中,与内政的要求相适应,制定了一系列具有重大意义的举措——例如,提出了"以人为本、外交为民"的方针,外交领事保护制度出现了改革,以适应中国公民和企业走出国门、走向世界的新形势;提出了建设持久和平、共同繁荣的"和谐世界"的口号,外交部门在具体推动建设和谐的周边关系和有协调的大国战略对话与伙伴关系、实施与发展中世界的新型互利共赢的开放战略,以及参与国际多边机制并发挥作用方面,实施了有创意、有成效的行动;"坚持走和平发展道路"和"统筹国内国际两个大局"的指导方针,使得中国的对内对外工作有了新的气象。在这一时期,中国外交制度有一些新的起色,例如推动新一轮外交礼宾改革,更加务实和节约;外交部增加了直接为百姓服务的诸多安排,像设立外交公众活动日,成立公共外交处,逐步开放外交历史档案,与网民对话,设置应对紧急突发事件的机制,加入《联合国人员和有关人员安全公约》等。

这一时期，中国在对外关系上出现了积极的进步。尤其中国的多边外交有所创新，如召开了多次大规模、有影响的中非峰会，建立与美国、俄罗斯、日本、欧盟以及各个地区强国的战略协作与对话框架等。在这一时期，中国外交在注重维护中国自身的发展利益和主权安全的基础上，加大了对国际义务与责任的投入，中国人担任了更多的国际组织的高官、参与了多个国际规则的制定，涉及世界卫生组织、国际金融机构、联合国维和行动、世界贸易组织的上诉法庭、海牙国际法院等领域和机制；中国在全球环境与气候变化、全球贸易新一轮谈判、全球金融改革与危机应对、全球防扩散与反恐怖、联合国安理会及联大改革中的作用，得到更大认可。中国与世界的关系，在新世纪之初也达到历史新高：与170多个国家建立了正式外交关系，与200多个国家及地区建立了经贸联系；中国成了对世界经济有显著拉动作用的金砖四国"领头羊"。在这一时期，中国国家权益的保障程度、与周边国家的合作关系、重大外交方略的出台次数、中国对于全球经济发展的带动力和对于国际安全的保障力等，都超越了过去任何时期。

然而，当中国人站到全球新的高地上，既看到更多更美的风景，面临着前所未有的机遇，又感受到"高处不胜寒""树未大先招风"的特殊压力与孤寂。中国经济的成长及强劲的对外需求，被很多国家和声音视为新的"中国威胁论"或"新殖民主义"的根源；中国同一些与西方有矛盾的国家的经贸交往，被解读为"培植势力范围"和对抗现有国际秩序；北京举办奥运会的成功，强化了外界对中国的发展中国家性质的质疑；越来越多的国家，包括曾经是中国传统盟友的发展中国家，以及越来越多的国际组织，对中国提出越来越多的压力和要求，其中很多超出中国公众的心理承受能力。中国外交提供的战略外援和国际公共产品，相对于其他世界大国，尤其是老牌西方国家，仍有不小的差距；① 中国的国际影响力与中国公众的期待仍有距离，与中国的经济成长速度和规模不太相称，与中国作为一个文明古国和独特政治大国的身份也不一致。中国在新起点上与外部世界的磨合，充满挑战性和不确定性。

（四）邓小平时代中国外交的主要特色

与毛泽东时代的激烈抗争姿态不同，邓小平时代的中国外交路线，不是站在现有国际体系之外，而是融入国际体系内部，有着与世界政治变迁同步、对国际社会开放合作的温和气质。

- **告别革命**

邓小平时代中国最重要的变化之一，是不再充当世界革命中心和输出地，而是逐步成为现有国际体系的参与者和建设者。中国改革开放的基本方针，按照总设计师邓小平的规划，是把国内工作中心转向经济建设，对外工作转向独立自主的和平外交。这是一种完全不同于毛泽东时代的政治哲学和世界观。从那以来的近几十年，中国在国际舞台上，不再寻求推翻西方主导了几百年的现有国际制度与国际关系体系，而是扮演一个参与者、建设者和负责任大国的角色。这一转型与全球范围的变迁是一致的：第二次世界大战结束后亚非拉地区争取民族解放、反帝国主义、反殖民主义的运动，到20世纪60年代末达到高潮，其主要使命到70年代基本完成。这也是世界范围革命与战争告一段落的信号。中国从毛泽东时代转向邓

---

① 在当今的国际社会，北欧地区各国（瑞典、挪威、芬兰、丹麦等），被认为是提供的国际公共援助在其GDP中所占比重最高的国家群体。大体上，这些国家把0.7%左右的GDP捐献给了国际和平过程，特别是联合国维和行动和各种地区热点冲突的调解行动，如有关中东和平的"奥斯陆进程"、有关斯里兰卡内战的调停过程、有关柬埔寨政治和解及联合国的介入过程、有关印尼政府与分裂省份亚齐相关政治势力的对话进程等。作为案例之一，下列作品可以供有兴趣的读者参阅（它属于挪威政府发布的白皮书之一）：Leiv Lunde and Henrik Thune, eds., *National Interest: Foreign Policy for a Globalised World*, *The Case of Norway*, Oslo: Cappelen Damm, 2008。

小平时代，是上一段落幕、新一段启动的标志性事件，是世界范围"和平与发展"主题取代战争与革命主题的一个风向标。

- **维护和平**

与"文化大革命"时期中国人谈论的"早打、大打、打核战争"截然相反，改革开放之初邓小平就明确提出，世界大战有可能避免，当今多数国家和国际社会最关心的，是如何争取和平、促进发展。中国要在国内实现现代化，搞经济特区和调动基层积极性，对外关系上要积极引进外资和先进技术，争取更多发达国家的帮助。这一切都需要良好的周边环境和国际氛围。自中共十一届三中全会起，在这种思想的引导下，中国共产党逐渐由一个习惯在革命与战争年代打拼的先锋队，朝着在长期和平的环境下为民谋利、发展综合国力的执政党方向过渡；其对外方针最主要的转变，是把维护地区与世界和平、增进国家间合作与互利发展，放在议事日程的首要位置。邓小平不仅启用和依靠职业外交家，而且他本人对美国、日本等国进行了访问，充分表现出灵活务实、看重自身经济发展的新取向。此后，中国遂成为全球稳定与国际和平的重要力量。

- **慎用军事**

与"文化大革命"期间充满好斗气息的狂热氛围完全不一样，改革开放之后，中国社会整体的气氛，是力避周边战争与外部动荡，积极营造良好的国际环境。单从中国所在的东亚观察，这一地区在二战后的头30年是大国卷入争斗和战乱最多、强度也最高的区域，仅中国就先后与美国、印度、苏联、越南发生过战争冲突或各种形式的武装对抗。随着中国的外交转型，尤其是对军事力量的慎重使用，中国周边区域近30多年保持了国家间无战事的局面，各国即使有争端也"斗而不破"。例如，台海危机、朝鲜半岛对峙、南海问题等，都没有达到流血和破局的程度。观察20世纪最后阶段全球安全与稳定的画面，可以清晰地看到，整个东亚具有"创造性紧张"和"磨合中建构"的特殊局面；究其原因，中国的对外关系转型、中国与美日等国关系的改善，以及中国高层决策者推动贸易和平、慎用军事的方针，对此功不可没。

- **安定周边**

从20世纪80年代开始，中国外交决策部门开始把维护国家利益、争取国际合作、化解国际冲突作为自身的中心任务。如何把周边区域营造成一个有利于中国推进国内改革与建设的环境，是中国外交转型的主要挑战之一。到21世纪初，短短的二三十年内，通过与苏联等邻国互谅互让、富有智慧的边界谈判，通过与韩国的建交并维系与朝鲜的传统友好关系，通过与曾经强烈"反共、拒华"的部分东盟国家化敌为友，通过诸如此类的许多举措，中国外交不断释放出善意和智慧，成功化解了一些邻国的心结，打开了东亚不同社会制度和意识形态国家之间的合作大门。其结果是，中国的周边尤其是东亚地区，成为中国改革开放启动期的主要投资来源、主要贸易伙伴和主要留学地点。安定周边，成为中国回归国际主流的重要台阶；转型后的中国外交，以其"不树敌""善结交"，既为自身赢得了宝贵机遇，也在全球外交舞台上独树一帜。

- **独立自主**

邓小平外交思想的另一要点是，强调新时期中国外交，须建立在"不干涉"（他国内政）、"不对抗"（无论何种制度或意识形态）、"不结盟"（主要是拒绝军事同盟）、"不当头"（不搞霸权）的前提之下。这是一种真正有中国特色的独立自主和平外交，呈现出"和而不同、斗而不破"之妙。中国从改革开放之后，减少直至终止了向世界上一些革命党左翼游击队的援助，在亚非拉世界与西方发达资本主义阵营之间寻求建立平衡，同时公开宣告国际和平与合作的新方针；不仅如此，更重要的是，转型后的社会主义中国既远离了苏联的"大家庭"模式，也没有被以美国为盟主的西方国家阵营所同化；用中国外交部发言人常用的语言，新的着眼点是"建立正常的、不针对第三方的国家间关系"。它不仅为中国赢得有利于发展的周旋余地，也为未来的国际关系朝着"各美其美、美美与共"的方向过渡，做出了重要贡献。

- 新安全观

从极"左"年代的备战和世界革命冲动，到今天建构"人类命运共同体"的思维，中国人安全观的变化，有一个渐进的进程，其中最重要的转换枢纽是邓小平的改革开放政策。他本人在世时虽未使用"新安全"这一词汇，但他对和平与发展时代主题的提法，对中外关系的重新塑造，事实上比任何人都更有力地激发了今日广泛谈论的新安全观。到了20世纪90年代后期，江泽民在多个国际场合代表中国政府，第一次提出了新安全观（"互信、互利、平等、合作"的八字方针）。2009年，胡锦涛在联合国大会上明确指出："在人类历史上，各国安全从未像今天这样紧密相连。安全内涵不断扩大，传统安全威胁和非传统安全威胁相互交织，涉及政治、军事、经济、文化等诸多领域，对各国构成共同挑战，需要采用综合手段共同应对。"[①]胡锦涛的讲话拓展了新安全观，表达了某种共同安全、合作安全和综合安全的思想。

- 重视联合国

在邓小平的开放合作外交方针的指导下，联合国的道义价值受到肯定，其合法性权威性不断上升，以《联合国宪章》和下属机构为基石的国际社会概念在中国得到广泛传播。中国社会和民众整体而言对世界的未来抱乐观态度，对自己国家在其中发挥更大作用的前景也有更多预期。越是相对开放与发达的沿海地区和大中城市，公众特别是青年人越是愿意看到本国加入更多的国际组织，愿意发挥更大作用和承担相应责任。举一个例子：中国20世纪70年代初刚恢复联合国席位时缴纳的会费不到联合国总会费的1%，之后中国

---

① 胡锦涛2009年9月23日在纽约出席第64届联大一般性辩论时发表题为《同同舟共济 共创未来》的重要讲话，人民网，http://politics.com.cn/GB/1025/1010794。

所占比重不断提高，目前已接近6%，而且肯定在不久的将来成为仅次于美国的第二大捐献国。笔者本人曾听联合国一位高官讲，过去中国一直是联合国的重要受援对象之一，而现在中国成了联合国的主要援助方之一，对于国际社会而言这一转换具有非凡的意义。

- **渐进改造观**

改革开放后的中国外交，尽管不再与任何国家和国家集团有根本性的对抗关系，但也绝非简单顺从和跟进现有的国际体系。中国既承认他国的长处和现有国际社会的合法性，注意吸纳全球化进程的机会与益处，也指出现有国际关系中的某些不公正不合理之处，对此有自己的改造主张。20世纪70年代中期邓小平在联合国大会的演讲中，就曾提出改革国际政治经济秩序的倡议。邓小平之后的历任中国领导人，都反复强调了推动国际关系民主化和世界力量多极化的必要性。中国人清醒地认识到，现有国际政治经济结构最大的一个问题，是它缺乏广大发展中国家和落后地区人民的声音，很多时候仅仅反映少数西方发达国家和大国强国的意愿。这是近代欧美资本主义进程的后果，应当合理改造，加以再平衡。然而与毛泽东时代对照，邓小平时代的中国不像革命者，而是改革派，以往剧烈争斗的方式被和平渐进的方式所取代。改革开放之后的中国外交，注重的是功能性的调整、日常事务的改进、体制机制的完善。

- **外交为民**

外交风格与议题也在变化，外交部门的议事日程与老百姓的生活更加贴近。比如，气候变化、环境保护、生态问题、贸易摩擦等低阶政治议题逐步进入以往只有高阶政治议题（譬如说战争、革命、边界谈判、大国对抗等）的决策领域，非传统安全问题（恐怖主义、海上通道安全、国际渔业纠纷、跨国性难民潮等）受到广泛重视，"二轨外交"、公共外交、商务外交、文体外交等新形态层出不穷，外交所具有的神秘面纱被逐渐揭开。在市场化、全球化、信息化等因素潜移默化的塑造下，以往那种专注世界革命、防范外敌入侵、

"讲大事讲斗争"的外交，逐渐被淡化、去中心化。新世纪初"外交为民""以人为本"等口号的提出，确实是水到渠成、瓜熟蒂落。外国观察家到中国转一转就不难发现，出了北京城，高阶政治议题的吸引力顿时下降，普通民众更关心的，是身边的事和对日常生活有影响的那些政策。年轻一代的中国外交人员，正是在这样的氛围中接受教育和成长的。这是中国新外交的社会基础。

- **发展指向**

即便中国在某些领域、器物或机构层面达到了世界大国强国标准，例如核能力、航天开发、战略导弹数量、安理会常任理事国身份等，但必须清醒地认识到，从基本面观察，不论政治经济制度的成熟性，或是社会文化结构的现代性，尤其人均生活水平、教育水平、创新能力开发和整体国民素养指标上，中国仍是一个发展中国家。邓小平对此有清醒的认识，也有许多宝贵的论述。外交作为内政的一种延伸，就当下讨论的邓小平时期的中国外交转型来说，多数变化只是从较低的基础起步，仍在进行当中，存在诸多的不完善、不成熟。例如，直到20世纪70年代中国才恢复联合国席位，因而对于国际政治规则的制定不够娴熟，国内的适应性调整远没有到位；晚至2001年12月才正式加入世界贸易组织，也使得中国人介入国际经济制度的深度不够，尤其缺乏应对反倾销和反贸易制裁的手段及意识；中国虽是公认的政治大国和军费开支居前的国家，中国人民解放军的武器装备、训练和观念以往更多着眼于国土防御，新阶段面临海外行动任务时就暴露出远距离投放能力的短板；中国海外利益的快速增长只是近十余年的事情，导致中国外交的领事保护工作压力骤增。最重要的问题也许是，中国作为一个独特的新兴大国和共产党领导的社会主义国家，没有也不可能完全脱离世界范围冷战思维残留、强权政治不时冒头的大环境，中国与国际体系的关系依然处于有时顺畅有时困难的磨合期。这既带来对外战略的重新规划，也要求自身机制的复杂调试。借用国际关系学的一个提法，"外交学习"才刚刚开始。

三、新一代外交：世界大国的机遇与考验

21世纪第二个十年之际，中国已站在了新的起点，有了全新的目标和关口。

（一）不同的里程与标识

现在的新一代领导大体沿袭了邓小平时代的思路，但他们面对的国际国内的新情况和新问题又有不同于以往的特点。从各方面考虑，我认为，中国对外关系新起点的标志，从2008年算起，是比较恰当的。2008年之后，中国的综合国力达到了新的高度与水平，并有若干质的飞跃与突破。单从对外交和国际关系的影响来看，如下一些事件或许可作为这一时期的标记。

2008年在北京举办的奥林匹克运动会，是一个容易辨识的里程碑。正如20世纪60年代中期的东京奥运会，标志着日本从战后废墟中恢复，成为当时世界经济充满活力的第二大经济体一样，北京奥运会以其惊艳而独特的中国风格，包括实力非凡的中国奥运军团的出色表现，有力地向国际社会显示：中国是一个正在重振雄风的伟大国家，一个实力快速提高且充满进取精神的新兴大国，一个经过几十年深厚积累，特别是改革开放时代积淀迸发出来的强大力量。对于中国国内而言，北京奥运会的成功举办，也有不一般的意义。它证明，其他大国能够做到的事，中国也可以做到，而且会做得"更高、更快、更强"。从实际生活中也不难观察到，正是北京奥运会以来的这几年，中国民众的"精气神"与以往大不相同，总体的民族意识和民族主义情绪达到前所未有的高度。

无独有偶，在北京奥运会成功闭幕后一个月，中国航天员首次成功完成了太空漫步。2008年9月25日，载有三名中国航天员的

"神舟七号"飞船在酒泉卫星发射中心成功发射升空。27日,航天员翟志刚进行了中国人的首次太空漫步,并在太空中展示五星红旗。28日,"神舟七号"返回舱成功在中国内蒙古着陆,三名航天员自主出舱,"神舟七号"载人航天飞行任务获得圆满成功。此举标志着中国载人航天技术达到新的水平,成为继美国、俄罗斯之后世界上第三个完全独立实现太空行走的国家。载人航天是当今高科技中最具有挑战性的领域之一,体现出一个国家的综合国力。最近这些年,中国的北斗卫星导航系统也取得了大的进展,目前在轨的有16颗卫星,覆盖了东亚地区和澳大利亚,预期到2020年,它将覆盖全球,成为美国GPS系统的重大挑战者。中国在太空领域的进展还包括了解放军的反卫星作战能力,它有可能击落敌方的在轨卫星。2012年,太空中的首次载人交会对接,"天宫一号"太空实验室加紧建设,也是近一时期中国人在太空领域的突出进步。它们引起国内外广泛报道和关注,成为中国崛起的新标志之一。

众所周知,航天技术是高科技与发达军工结合的产物。中国人的太空漫步,也是中国国防和军事现代化达到新的更高阶段的结果与象征。从国际范围观察,一些权威的国外研究机构和大国军事专家普遍认定,中国军费开支在经过十几年的快速增长(始于1997年,从那之后中国军费开支保持了每年两位数的增长)之后,在2008年超过美国之外的所有大国,成为全球第二大军事预算国。尽管中国官方(例如2009年1月发布的国防白皮书)对此没有公开表态,国际上颇有影响的、被认为相对客观的专题报告——瑞典斯德哥尔摩国际和平研究所(SIPRI)2008年年度报告指出:这一年中国军费开支为849亿美元,首次跃居全球第二位(第一位的美国为6070亿美元,法国、英国、俄罗斯、德国、日本、意大利分列第三至第八位);2009年为1000亿美元左右(美国为6000亿美元左右)。最近几年这一势头还在延续。据最新出版的SIPRI报告(2012年),2012年全球武器方面的开支消费达到1.7万亿美元;美国仍然是世界上最大的军费大国（7110亿美元），中国以1430亿美元位居其后；俄罗斯快速增长，其军费开支达720亿美元，超越了英国（627亿美元）和法国（625亿美元），成为继美中之后的第三大军费大国。① 综合判断各种因素，中国军费开支居世界第二的位置大概相当稳固。

实际上，2007—2008年以来，有三个因素推动了中国军费显著增长：一是军人的工资和福利大幅提高，例如2007年的加薪，被普遍认为是我军历史上幅度最大的一次。二是我军承担的非战争军事职能大幅增多，中国军人近年参加的抗洪、抗震、抢险、反恐、维和、撤侨等行动次数之多、范围之广，都是史无前例的。三是中国军队的高科技装备及试验明显增多，除上面提到的航天工程之外，典型事例还有第一艘中国航母"辽宁号"的下水服役，深海潜水装置"蛟龙号"到达7200米的大洋洋底，2009年国庆大典上展示的一系列新型导弹，等等。它们从不同侧面折射出中国军力的增强，特别是远投军事能力的提升。

当然，最能表现中国综合实力提高、引起各方面高度重视的一个指标，是近年来中国经济发展迅猛，国内生产总值（GDP）达到世界第二位。据报道，2010年日本名义国内生产总值（GDP）为5.4742万亿美元，中国则为5.8786万亿美元，这意味着中国的经济总量首次超过日本，成为仅次于美国的第二大经济体。而2010年的日本，则自1968年以来首次让出"第二经济大国"的位置。② 在很多人看来，中日在全球经济总量排行榜上位置的次序更迭，意味着近代以来日本强傲、中国受辱之历史的终结，是中国复兴的开端标志之一。它作为东亚权势转移的一个象征，在中国和日本两国国民、媒体及政治人物那里引起截然不同的反响，一定程度上激发了日本与中国的较量和矛盾。

---

① 参见《环球时报》2010年6月3日第3版和2012年4月17日环球网记者郭文静的报道。
② 《2010年GDP首次被中国赶超》，日本共同社2011年2月14日报道。

自 2001 年中国加入世界贸易组织以来，中国 GDP 的增长是全球大国中最快的一个，从十年前排位第六跃升至目前的第二。其实，还有许多其他指标有类似的指向与含义，尽管它们不像 GDP 那样引人注目。比如，近年间中国超越美国，成为世界第一能源生产大国和第一石油进口大国；而据国外某些机构（如英国石油公司 2011 年发布的《BP 世界能源统计报告》）和媒体的报道，中国也成为超过美国的世界第一能源消费大国（中美分别占全球能源消费总量的 20% 和 19%）。由此引起外界关注和广泛渲染的，还有随着中国快速的工业化、现代化、城市化带来的大气污染排放增加及对全球的不确定后果。另外，在 2011 年，中国水上运输船舶总规模首次突破 2 亿载重吨；全国港口货物吞吐量达 100.41 亿吨，集装箱吞吐量达 1.64 亿标准箱，双双位居世界首位。港口货物吞吐量和集装箱吞吐量已经连续 9 年位居世界第一。目前在世界排名前 10 位的大港中，中国占了 8 个；在世界排名前 10 位的集装箱大港中，中国占了 5 个。上海港已经成为世界第一大港口和第一大集装箱港口。船员总数已达 165 万人，船员总量居世界第一位。[①] 众所周知，近年中国的高铁建设异军突起，在很短时间内便建成了全球范围覆盖人数最多、运营里程最长、速度最快的铁路客运系统。

根据《中国环境报》记者 2011 年 11 月 14 日报道，目前，中国的二氧化硫与氮氧化物排放均排到了世界首位。时任环保部污染防治司司长赵华林表示，我国大气污染排放负荷巨大，大气环境污染十分严重。中国工程院院士、清华大学教授郝吉明透露，目前，我国大部分城市 PM2.5（细微颗粒物）浓度超过世界卫生组织规定的第一阶段的排放标准。他呼吁，制定环境标准应将保护公众健康放在首位。当天在北京召开的第七届中美区域空气质量管理国际研讨

---

① 有关中国航运业的数字，可参见《中国航运业快速发展 货物吞吐世界第一》，《经济日报》2012 年 8 月 27 日。

会吸引了中美两国的众多官员和专家。赵华林在他的主题演讲中称，中国所面临的大气污染的压力非常大。他说，2010年，全国重点城市大气污染物依然保持在较高水平，按照我国现行环境空气质量标准，重点区域城市有15%不达标。同时，灰霾和臭氧污染已成为东部城市空气污染的突出问题，上海、广州、天津、深圳等城市的灰霾天数分别占全年总天数的30%到50%。赵华林说，我国区域性的大气污染问题日趋明显，其中，城市群区域多种污染物排放量持续增长，其大气污染呈现出压缩型复合型特征，二氧化硫、氮氧化物等浓度处于高值水平，而且以PM2.5等为特征的复合型污染呈加重态势。2010年，全国机动车保有量为两亿辆，赵华林认为，机动车的污染问题更加突出，对人民群众身体健康构成严重威胁。

　　还有一点需要强调。2008年以来的这几年，恰好也是西方发达国家深陷经济危机的时段，反衬出中国保持相对快速健康发展的难能可贵。这次危机有几个重要特点：一是它始发于超级大国美国，继而蔓延至欧日所有发达经济体，直到扩展成影响世界其他地区的全球性危机。二是它最先表现为金融领域的倒闭潮，至今还突出体现在欧洲债务危机上，但同时波及实体经济，带来高失业率等具有严重社会后果的冲击。三是迄今为止这场危机仍然没有结束的迹象，较以往半个世纪的任何时候，它更深刻地揭示出欧美现有体制的弊端，也给二战结束以来西方发达国家在全球经济发展领域的支配地位以严重撼动。应当说，中国像所有新兴大国一样，也受到这次危机的强烈影响，自身发展也出现了某些减速和问题，但总体来看，中国的表现依然是所有大的经济体中相对较好的，增长幅度依然是相对较快的，是全球经济版图中力量扩展最明显的一个。"西方不亮东方亮"，单从各种宏观经济数据观察，这句话用在此时是合适的。

　　有了快速增长的强大国力，现在的中国领导人显得比以往任何时候更加有底气。十八大报告的解说，是这方面最有力证明之一。在2012年召开的中国共产党第十八次全国代表大会上，中国领导人首次提出了"道路自信、理论自信、制度自信"的说法。它的一个重要依据是,过去十余年间,中国"取得一系列新的历史性成就,为全面建成小康社会打下了坚实基础。我国经济总量从世界第六位跃升到第二位,社会生产力、经济实力、科技实力迈上一个大台阶,人民生活水平、居民收入水平、社会保障水平迈上一个大台阶,综合国力、国际竞争力、国际影响力迈上一个大台阶,国家面貌发生新的历史性变化"。十八大报告的国际部分提出:"当今世界正在发生深刻复杂变化,和平与发展仍然是时代主题。世界多极化、经济全球化深入发展,文化多样化、社会信息化持续推进,科技革命孕育新突破,全球合作向多层次全方位拓展,新兴市场国家和发展中国家整体实力增强,国际力量对比朝着有利于维护世界和平方向发展,保持国际形势总体稳定具备更多有利条件"。在这种形势下,"中国将坚持把中国人民利益同各国人民共同利益结合起来,以更加积极的姿态参与国际事务,发挥负责任大国作用,共同应对全球性挑战"。"中国坚持在和平共处五项原则基础上全面发展同各国的友好合作。我们将改善和发展同发达国家关系,拓宽合作领域,妥善处理分歧,推动建立长期稳定健康发展的新型大国关系。我们将坚持与邻为善、以邻为伴,巩固睦邻友好,深化互利合作,努力使自身发展更好惠及周边国家。我们将加强同广大发展中国家的团结合作,共同维护发展中国家正当权益,支持扩大发展中国家在国际事务中的代表性和发言权,永远做发展中国家的可靠朋友和真诚伙伴。我们将积极参与多边事务,支持联合国、二十国集团、上海合作组织、金砖国家等发挥积极作用,推动国际秩序和国际体系朝着公正合理的方向发展。"①

十八大报告的上述相关内容,反映出新阶段中国人积极进取的

---

① 胡锦涛:《坚定不移沿着中国特色社会主义道路前进　为全面建成小康社会而奋斗》,2012年11月8日,http://www.xj.xinhuanet.com/2012-11/19/c_113722546.htm。

态势和中国领导人更加雄心勃勃的内外追求;"三个自信"和"负责任大国"等概念,更是对中国近十年间的发展最有力的表述。不论存在多少问题、麻烦和挑战(像下文将要分析的那样),中国人对自己国家成长的信心,对本国在国际事务中发挥更大作用的期待,可能是新兴大国里最强烈的,也许是所有世界大国中最乐观的。从历史的角度看,这是有几千年强盛文明传统的中华民族,在经历了最近一个半世纪的低谷之后,重现立足世界强盛民族之林的景象。

(二)习近平打造的"升级版"

新时代富有特色的"大国外交",本质上是邓小平时代中国外交的升级版。从十八大以来习近平掌舵的经历观察,"升级版"主要包括以下内容,不管最终成功与否,它们都折射了一种基于新兴大国崛起的雄心壮志。

- **全球抱负**

凭借世界第二大经济体和第二大军费开支国的实力,现在的中国领导人有了新的全球抱负。最典型的事例,有"海洋强国"目标的提出和中国海上力量的迅速扩展,有中国登月计划的推进及整体航天事业的加速进步,有中国人对于南极事务的更大参与和在北极能源开发及科研方面的新兴趣,有对亚太经合组织未来互联互通"路线图"的规划。这些都属于全球性重要国家的"标配",非一般中等强国或地区大国能力所及。下列数字很能说明问题:毛泽东去世时的中国,在全球总产值的份额不到1.5%;邓小平提出"四化"目标时,曾经用在20世纪末实现人均800美元的口号,激励渴望脱贫、解决温饱的中国民众;习近平、李克强等中国领导人现在不论到哪个国家,他们心里都有数,今日中国已是人均GDP达到9000美元左右、国内总产值占到全球总产值15%左右的世界大国。未来几年将是中国新一代领导人在国际舞台上展示全球抱负的时刻。

- **新型大国关系**

最能体现"升级版"含义的,是习近平所说的"新型大国关系"。它的要点在于,既不对抗也不结盟,在保持与各个重要方面、重要国家之间维持合作关系的同时,维护和扩大自身的自主性和影响力。"新型大国关系"这一概念在前几年就已提出,现在则有更多发展和创新。首先,在中国崛起为公认的全球重要角色的特殊局面下,如何处理好中美关系,需要站在全球角度加以思索谋划。例如,习近平在与美国总统奥巴马会面时提出,中美要"增强战略互信,尊重对方的核心利益,开展包容性协作,共同应对各种全球性挑战"。这一思想成了中国与美国主导的现存国际体系持续对话合作的一大基石。其次,习近平领导下的中国,加强了与另一世界大国俄罗斯的战略协商与合作。就在外界纷纷猜测中俄结盟的时候,中国坚持把这一关系定位在"结伴不结盟"。在乌克兰危机、西方制裁、美俄进入"准冷战"的情势下,这一立场为中国争取到新的发展机遇。再次,大力发展与世界各重要国家和国际组织的战略伙伴关系。这里,既有与金砖国家越来越重要的机制性协商合作,又有同某些重要大国特殊安排(例如中国与德国的"全方位战略伙伴关系"、与巴基斯坦的"全天候战略合作伙伴关系"、与韩国的"战略合作伙伴关系"、与土耳其和沙特阿拉伯等国的"战略合作关系"等)。迄今为止,中国已同七十多个国家和地区组织(如欧盟、东盟、非盟和不结盟运动)建立了不同层级的战略对话协作平台,逐步发展成习近平所说的"遍布全球的伙伴关系网络"。在如何建设伙伴关系网络方面,中国现在的领导人、外交部门和智库有许多新设想、新提法、新举措,比如强调要以和平共处五项原则为战略基础,以维护国家利益和拓展国际影响为战略方向,以政治互信、经济合作、文化交融、社会互动和安全支撑为战略手段,通过双边关系的改善带动全球战略利益的拓展。① 这是"中国特色大国外交"的一个突出侧面。

- **中国声音**

与邓小平的有意保持低调("韬光养晦")有所不同,习近平显示出在国际舞台大力发声和争夺话语权的强烈意愿。一方面在国内反复要求政府外宣部门与传媒,努力学会讲好中国故事、发出中国声音;另一方面利用各种出访机会,在国外大力宣扬中国的主张,塑造各种新的形象,如有利于世界和平与发展的"中国梦",站立全球之巅的"和平之狮",乐于合作的"大块头",助邻为乐的"中国便车","亲望亲好、邻望邻好"的周边合作观,"理性、协调、并进"的核安全观,"多彩、平等、包容"的世界文明观等。不夸张地讲,最近几年习近平使用的新词,超过以往十年中国领导人在国内外各种场合提出的政治与外交概念之总和。

- **东亚新秩序**

在习近平的外交布局中,中国周边地区有着特殊的重要性。例如,近几年里,中共中央召开了专门的周边外交工作会议,也是中华人民共和国成立六十多年来的第一次;会上习近平提出了"亲、诚、惠、容"的四字方针,把它作为对邻国工作的特殊要求;中国领导人还利用主办亚信峰会,提出了树立亚洲安全观、制定地区安全行为准则、协调本地区各国应对重大突发危机等倡议;中国政府新近推出的丝路基金、亚洲基础设施投资银行等对外战略经济规划,也以周边地区为主要基石。依笔者个人的解读,中国领导人对周边外交方针的制定,主要有三点战略考量:其一是扭转前几年美国"重返亚洲"战略给中国与邻国关系造成的被动不利局面;其二是为中国引导建立的亚洲经贸和安全格局创造合适的氛围;其三是保持以中国为重心的东亚区域相对繁荣稳定的基础上争取更大的全球影

---

① 参见门洪华、刘笑阳:《中国伙伴关系战略评估与展望》,《世界经济与政治》2015年第2期。

响力。仔细观察就会发现,习近平这一代中国领导人,既能"硬的更硬",亦可"软的更软"。举例来讲,中国一方面提出了"海洋强国"远景目标,大力发展海军和民事海上力量,敢与日本、菲律宾、越南及背后支持它们的美国较量,大力维护和扩展中国的海洋权益;另一方面主动向多数国家释放善意,更加积极地提供解决海洋争端的中国智慧与中国方案,提出诸如"双轨思路"、与东南亚南亚各国共建"21世纪海上丝绸之路"、共建亚洲基础设施投资银行等重大倡议。几年时间里,中国周边外交出台措施之多、涉及面之广,令人眼花缭乱,很短时间内扭转此前几年只是"撞击反射"的被动局面。第二次世界大战结束后一直由美国及其盟友(尤其是美日同盟)掌控的东亚旧秩序,在中国崛起的大背景下,特别是受到近几年冲击波的震撼,变得裂痕累累。东亚新秩序的天平,正在向中国一方倾斜。

- "命运共同体"理念

2012年,习近平就任中共中央总书记后首次会见外国人士时就表示,国际社会日益成为一个你中有我、我中有你的"命运共同体",面对世界经济的复杂形势和全球性问题,任何国家都不可能独善其身。在多个场合,他分别提到了"中非(非洲)命运共同体""中拉(拉丁美洲)命运共同体""中国—东盟命运共同体""中巴(巴基斯坦)命运共同体";尤其是,提出"一带一路"规划,要促进有关国家逐步形成"政治互信、经济融合、文化包容的利益共同体、命运共同体和责任共同体"。习近平还说:"义,反映的是我们的一个理念,共产党人、社会主义国家的理念。这个世界上一部分人过得很好,一部分人过得很不好,不是个好现象。真正的快乐幸福是大家共同快乐、共同幸福。我们希望全世界共同发展,特别是希望广大发展中国家加快发展。利,就是要恪守互利共赢原则,不搞我赢你输,要实现双赢。我们有义务对贫穷的国家给予力所能及的帮助,有时甚至要重义轻利、舍利取义,绝不能唯利是图、斤斤计较。对周边和发展中国家,一定要坚持正确义利观。政治上要秉持公道正义，坚持平等相待，遵守国际关系基本原则，反对霸权主义和强权政治，反对为一己之私损害他人利益、破坏地区和平稳定。经济上要坚持互利共赢、共同发展。"①改革开放以来中国最高领导人类似的讲话并不多见。笔者认为，它不只是像一些媒体所说的那样，表明了对外界急剧升温的"中国威胁论"的批驳态度，而是从另一个角度显现出中国新一代领导人的大国道义感和责任意识。虽然目前很难说国际社会对此有多少了解，但未来这种理念肯定会发生持续的作用。

● 统筹内外利益

今日中国是全球化最主要的参与者和获益大国之一。经过几十年的改革开放，尤其是21世纪初加入世界贸易组织和实施"走出去"方针之后，中国巨人一日千里似地迈向地球各个角落，海外利益越来越大、GDP占比越来越高，国际经济、政治和安全局势对于国内发展与稳定的重要性也在不断上升。正因如此，中国新一代领导人强调，要注重国内国际两个市场、两种资源、两套规则，努力使它们之间不是摩擦对抗，而是协调对接。习近平在2014年中央外事工作会议上明确提出："我国已经进入了实现中华民族伟大复兴的关键阶段。中国与世界的关系在发生深刻变化，我国同国际社会的互联互动也已变得空前紧密，我国对世界的依靠、对国际事务的参与在不断加深，世界对我国的依靠、对我国的影响也在不断加深。我们观察和规划改革发展，必须统筹考虑和综合运用国际国内两个市场、国际国内两种资源、国际国内两类规则。"琢磨一下，这种思路对于中国外交和军事的下一步建构，有着重要的指导意义。例如，中国肯定将加大对海外利益的保护，对中国在全球的人财物安危予以更多预防性安排；中国人民解放军需要重新审视国防和军事现代

---

① 参见王毅：《坚持正确义利观　积极发挥负责任大国作用——深刻领会习近平同志关于外交工作的重要讲话精神》，《人民日报》2013年9月10日。

化的目标，譬如说加大参加联合国维和行动、打击公海犯罪的能力建设、远投力量各军兵种比例调整等内容；中国政府必然依照国内经济结构转型升级的需求与既定目标，向周边和世界其他地区梯次转移富裕产能和实现产业对接；中国中央和地方政府及大型企业，会越来越多地在本部门本公司的议事日程和资源配置上考虑外部因素。统筹内外利益的外交和安全学说，成为今天中国策论的主流。

- "一带一路"倡议

习近平外交的亮点之一，是提出"一带一路"倡议。这个由习近平主席代表中国政府在2013年秋天对外宣告、最初以中国中亚共建"丝绸之路经济带"和中国东盟共建"21世纪海上丝绸之路"为目标的合作倡议，得到出乎意料的热烈响应，几年内有上百个国家和国际组织表达了参与意愿，地理范围扩大到中东、非洲、中东欧和亚太等地区，纳入的多半是新兴经济体和发展中国家，总人口（约44亿人）和经济总量（约21万亿美元）分别占到全球六成和近三成。中国政府先后出资400亿元和1000亿元人民币建立"丝路基金"，大力推动亚洲基础设施投资银行（简称"亚投行"，中国在其初始股本1000亿美元中占有重要比重），以满足基础设施建造和相关投资信贷的需求。

综合分析，这一规划具有多重意义。首先，经济上，它可以使中国政府拥有的几万亿美元的庞大外汇储备和大量闲置过剩的制造业产能得到利用，缓解国内需求不足、增长乏力的困难。从较长期看，它也有助于中国经济结构的转型升级，在大力发展第三产业、金融服务业和高端技术的同时，把传统产业的一部分转移到目前亟需它们的许多国家；这方面，相对于其他新兴大国和发达国家，中国有自己的拳头产品及性价比优势，如高铁、常规工业品、实用技术和基础设施建造能力，对发展中国家的政府和民众都更有吸引力。这一倡议令中国在国际经贸舞台发挥了日益关键的作用。其次，政治上，中国大力推进的这个战略经贸倡议，通过长远布局和战略投入，增强周边地区和友好国家对中国的向心力，减少乃至化解原有的某些利益纠纷和心结，逐步确立中国作为世界角色的地位。往大处说，这是世界历史在21世纪前期长期再平衡过程的开始，是西方资本主义国家统治数百年后全球宏观政治经济的校正，是历史悠久、体量巨大的中国为人类文明演进做出新贡献的势头。无论尚存多少不成熟之处，也不管前进道路上会有什么曲折，"一带一路"正在成为中国具有世界性影响的一个品牌，成为以"互联互通"方式带动国际发展和倒逼国内改革的重要抓手，它使得中国加入当代国际体系和全球化进程的势头更加难以逆转。

（三）新的挑战和关口

无论看似多么强盛，中国新的成长态势下面绝非没有隐患和问题。以习近平为核心的中国新一代领导人，未来面对的外交和国际关系的挑战，至少包括如下的内容。

第一个压力，来自国内十分强大而且蓬勃上升的民族主义情感与国际诉求。中国是一个有几千年辉煌历史的文明古国，又曾是一个在近代遭受外部列强凌辱和压榨的落后国家，现在终于获得了"重振雄风、扬眉吐气"的机会。对于千千万万的普通中国人来说，中国看上去再次成为受人尊敬的国家。人们对于北京奥运会、GDP超越日本（乃至未来追上美国）、中国航天员太空漫步、国防现代化高速进展虽有各式各样的解释，但都有一种发自内心的自豪感。13亿多人口的这种强烈民族情感，对于政治领导人来说，是一柄真正的"双刃剑"。如果动员和调动得当，它将成为团结社会和民心、建设现代民族国家、加快国防和军事现代化建设、抵御任何外部压力和勒索、争取更多国际话语权和核心角色的强大力量。反之，它可能迫使决策部门在任何有争议的国际争端事态和问题上不得不采取强硬、不妥协的立场，失去国际谈判和战略运筹所必需的灵活性和回旋余地，甚至任其蔓延、最终失去控制，导致与外部冲突的加剧。

如何让强大起来的中国保持持续、旺盛的民族精神，同时保持谦虚谨慎、开放学习的态度，不是一件容易平衡的事情。毛泽东、邓小平有过这方面的论述，但更多是基于理性的预测，而非基于现实的评估。

与上一点相关，第二个大的关口，是在全球新一轮"蓝色圈地运动"方兴未艾的背景下，面对和处置多个棘手的海洋主权纠纷。其实这一问题在新世纪初头几年已经出现，《联合国海洋法公约》在20世纪中叶生效，产生了强烈的冲击波。① 尤其北京奥运会以来的这几年，南海、东海方向的问题层出不穷，解决办法乏善可陈。以东南亚国家与中国的关系为例：东盟十国中有五个与中国之间存在着涉及不同海域、岛礁、渔场及大陆架划分等权益的分歧。前些年海洋争端没有发酵之前，中国与东盟的关系保持快速健康的发展，特别是自由贸易区的实施，让双方感受到更大的互利共赢好处及需求；中国与东盟关系发展迅速，比起日本与东盟的关系，取得了压倒性的优势。但最近两三年间，越南、菲律宾与中国在海洋上的摩擦升温，马来西亚、印尼、文莱虽然不想"撕破脸皮"，但也没有在主权和海洋权益问题上退缩妥协的意思，中国与东南亚国家的关系骤然变得紧张微妙起来。与此同时，东海方向日本与中国的争端，尤其在钓鱼岛问题上的对峙，则更加严重和难解。其实，韩国、朝鲜、印度等与中国有海洋纠纷或陆地边界分歧的国家，也在密切观望事态的发展，寻找中国的底线与漏洞。另一方面，国内有相当多的民众和媒体，在综合国力逐渐强盛的背景下，则对那些"挑衅方"义愤填膺、怒不可遏，强烈要求政府和军方采取手段对挑衅的国家予以惩罚或"教训"，并伺机收复失地。南海"仲裁案"之后一

---

① 在《联合国海洋法公约》的刺激下，全球有近150个国家提出了海洋方面的要求或规划，加大了海洋领域的投入和争夺，目前仍有60多个国家存在着与邻国的主权纠纷或渔业纠纷。中国在南海、东海、黄海三个方向，与8个国家存在程度不同、性质各异的海洋纠纷。

段时间中国与东南亚国家的整体关系的紧张,就是多年罕见的外交困境之一。不能忘记,中国是全球范围涉及主权纠纷数量最多的国家之一,历史和现实的多重原因造成十分复杂的局面,解决它们绝非一日之功。眼下,对于决策部门来说,适应国内各方面的呼声及需要,处理好与日本、菲律宾、越南等国的海上边界麻烦,一方面获得更便捷的出海通道,对历史权利做出更好维护,借此实现"海洋强国"的目标;另一方面又使之不至于变成中国与邻国关系的"乱象之源",不损害中国与周边地区来之不易的良好关系,简单说处理好"维权"与"维稳"的矛盾,确实是中国大国领袖智慧与能力的某种"试金石"。

　　分析至此,触及第三个大的挑战:如何处理好与现有国际体系唯一超级大国的关系,使美国不会成为中国可持续崛起与和平发展的"绊脚石"?明眼人看得很清楚,围绕近一时期的海洋纠纷事态,在日本和某些东南亚国家与中国死缠烂打、不肯退缩的背后,有"山姆大叔"的强力撑腰。在中国新一代领导人和多数中国老百姓的内心里,美国是当今世界的超级大国,也是唯一能对中国崛起和民族复兴进程造成严重阻碍的西方国家。反观美国,对华方针存在明显的两面性、摇摆性和不确定性。无论说什么好听的,美国人断然不会答应任何国家在军事和高科技等关键领域取得对美国的优势地位,撼动其世界霸主地位,更不会允许中国这样一个社会主义国家在亚太地区把美国排挤出去,或在其他地区和领域构成对美国利益的重大损害。因此,当中国崛起壮大到一定程度时,比如军事开支、经济产值和航天事业发展到今天的水平,美国人的疑虑和防范自然会增加,各种相应战略策略应运而生(如美国人在东亚海洋岛屿之争幕后的运筹和操盘)。但今天的中国又不同于当年的苏联,中美之间的经济相互依存和民间交往远比美国与苏联的关系深厚,加上全球化时代的国际机遇与治理难题,也给中美关系平添了美苏之间完全不具备的某些内涵。这也是美国对华政策难以稳定的重要理由,是美国与中国之间战略互疑与战略需要同时存在、交替上升的关键所在。对于新一代中国领导人来说，他们对美国有更多的感性认识，理解也更深刻，尤其是深知动乱年代中美对抗带给中国的严重后果，懂得改革开放这些年中国的发展和进步与美国不无关系；他们也知道现在的中美关系有哪些敏感与严峻之处，因而才有创建"新型大国关系"的说法与期待。不过，正如常言所道，"知易行难"，面对如此难局，中美之间未来究竟是相向而行（尽管在不同轨道）甚至逐渐拉近，还是反向使力、加速对撞？对此，没有现成的经验可循，更无人敢下断言。这是当今世界唯一超级大国与最大新兴国家之间的复杂博弈，可能是你死我活的后果，可能是得多失少的关系，可能是互利共赢的结局。历史给出的一个启示是，不管对抗还是合作，美国作为当今全球体系的主宰者对中国始终是一个巨大的阴影或者重心存在，中美关系始终是制约当代中国对外关系格局最重要的一对双边关系。虽然习近平在各种场合一再表达了避免"修昔底德陷阱"的意愿，国际社会和中国很多人都在观察，中美两国领导人能否真的汲取历史经验教训，扬长避短、走出新局？

　　第四个挑战，与国内复杂的民族构成和新情况有关，也同国际范围各种正在激化的民族宗教矛盾及所谓"文明的冲突"联系在一起，那就是：如何妥善应对民族分离主义势力在中国边疆少数民族区域的扩张蔓延，如何巧妙处理相关的国际纠纷和压力，同时在此过程中保持中国国内的持续稳定、统一完整？从世界各国特别是新兴大国的情况比较而言，处置国内复杂的民族纠纷以及由此诱发的国际矛盾，始终是各国决策者面临的一个严峻任务，弄不好就造成动荡不定的内外恶果，乃至打乱原有战略日程、延缓强国富民的进程。俄罗斯在近20年间因车臣问题造成严重"内伤"，主体民族俄罗斯族与外高加索一带少数民族的紧张关系，成为制约俄罗斯发展的主要软肋之一，也是俄罗斯与西方关系紧张的重要根源之一；印度近年来虽然因其快速增长的经济和军事实力引人注目，但国内印度教徒与穆斯林之间的严重分歧，每每成为国内宗教民族冲突及与邻国摩擦对抗的导火索，未来也可能成为妨碍这个新兴大国雄心勃勃目标实现的主要障碍；南非、墨西哥、尼日利亚、印度尼西亚等颇有希望的地区大国，不同程度地存在此类困扰，各国内部种族、民族冲突的解决，成为考验这些国家决策精英实现民族国家振兴目标的一大关口。在中国，虽然党和政府长期坚持各民族团结及和谐共进的方针，但毋庸讳言，改革开放以来内地沿海地区与边疆少数民族区域的发展差距在不断扩大，加上冷战结束后周边地区民族分裂主义、暴力恐怖势力、宗教极端势力的强势崛起和影响外溢至中国境内，中国决策层处理国内民族问题的难度逐渐增大。2008年拉萨的"3·14"事件和2009年乌鲁木齐的"7·5"事件，证明了问题的严重性质。从外交和国际关系角度分析，所谓西藏问题背后，有各种国际因素介入，未来"藏独"势力若出现"后达赖时代"，更可能形成复杂棘手的外部压力；而中国西北民族分离主义的滋生蔓延，也直接受到中亚、西亚、北非一带动荡局势的深刻影响，令中国政府无法单从国内事务的角度，规划、运筹国内这一大片疆域的未来。

从外交与国际战略角度观察，第五个挑战来自中国日益增长的能源需求和对外依赖。现今的中国是世界最大的制造业基地，也是工业化、城镇化发展速度最快的世界大国，能源消耗的快速上升是不可避免的，但中国自身化石能源储量和产量只能满足这种巨大能耗的一部分（如石油、铁矿石、铜材等），核能、风能、水电、沼气能等新能源增长虽快但比重仍小（目前尚不到能源供应总量的10%），缺口的部分不得不依赖于世界相关产地的合作与进口。考虑到中国人口和经济的规模及增长前景，如何保障这种不断上升的能源需求，在国内须提出增产节能降耗、调整产业结构的重大方针，尤其在对外战略和布局上做出规划，特别是对与世界能源产地及国家的交往做出适合安排，对威胁能源通道和供应的各种外部不测事态做出预警和应对，是中国对外决策重大日程排位前列的议题之一。它绝非像普通人想象的如买卖关系那般简单。举一个例子：中国尽管是世界上石油产量靠前的国家，但石油产量自给率逐年下降，进口量逐年增加，目前中国在相当多品种的化石能源进口方面已经成为全球最大的进口国。例如石油消费的60%，铁矿石消费的三分之二，都依赖外部世界供应。保证这种供应链条的长久稳固，不是一件容易的事情。中国主要的三大石油进口产地为中东地区、俄罗斯及其周边、非洲地区，这些地方都不同程度地存在着动荡的风险隐患。另外，近年来全球能源供需格局、价格形成机制正在发生深刻变化，需求重心加速东移，供应轴心逐渐西移，能源安全出现与以往不同的新特点。中国、印度等新兴市场正成为全球能源消费与贸易新的增长点，而北美、欧洲等国家传统能源消费将渐呈下降趋势。与此同时，世界能源生产中心日益多元化。中东-北非、中亚-俄罗斯占世界石油储量的64.7%，仍将是供应的中心。页岩气、页岩油、油砂等新能源得到越来越广泛的开发和应用，使北美在作为能源消费地的同时逐渐转为能源供应地。这是一个值得追踪的新趋势。对上述各种因素如何统筹考虑，发展出更长远的全球能源外交和战略布局，同时让国际社会对此有最低限度的理解和接受，可以说是中国新领导人面对的一大难题。

第六个大的挑战，是提高中国政府及其决策的公信力。它包含内外两个方面。对内是加强公众对政府和党的信任，加快处理国内社会政治日益严峻的非正义和不公平现象，不使之恶性蔓延，毁坏中国自身成长的基石和中外关系良性发展的轨道。对外则要防止"中国越强大越富有、朋友越少、亲和力越弱"的趋势，以有效的行动改进中国的国际贡献和形象，使各种版本的"中国威胁论"不攻自破。现在国内普遍觉得政府对外交涉时太软弱，而国外广泛认为中国变得日益强硬；中国百姓感觉幸福感不强，对于物价上涨、生活压力有不少抱怨，而外部媒体和公众常常误认为中国像是民众富裕、国家税收和外汇多到用不完的国家。这种不断扩大的认知反差，对于中国领导人是一种警醒。笔者的一个看法是，国内公众之所以有时怀疑外交部门和政治高层的对外立场，担心会拿民族国家的根本利益做不恰当交易，归根到底是因为我们很多官员在国内办事不公正、徇私舞弊，腐败问题始终没有根治。极端民族主义情绪的上升，尤其是所谓"愤青"的出现，是很多人在宣泄心中的愤怒不满，某种程度上折射出社会不公平现象的严重性；不少老百姓觉得国家虽然富有了但分配极其不合理，财富增加了但自己所得与付出不成比例。不管有多少偏激的、片面的成分，社会上这类情绪及怨言的增多，迫使政府不得不认真考虑解决分配不公、遏制官员腐败和进行政治体制改革等重大课题。国外之所以有时不太理解和接受我们的立场，原因不可一概而论。有的是出于嫉妒和担心中国的强大而刻意歪曲，有的是因为不了解中国的实情而导致的误判与摩擦，有的是由于我们的外宣缺乏说服力而造成中外解释上的差异与冲突，有的是来自我方某些具体制度和做法不合乎国际通用规范而带来的问题。但总体上讲，中国外部形象不尽如人意是一个不争的事实。真心了解和支持中国发展的人，都期待新一代领导人在这方面做出大的改进，拿出切实有效的办法。

第七个挑战是，如何确定自身在全球高地上的方位，一方面有力而巧妙地维护不断增长和国际化的国家利益，另一方面根据国内外需求积极且量力而行地承担更大的国际责任。这里面最大的难点，不在于妥善处理与周边国家的主权纠纷，以及应对好超级大国美国对中国的疑惑及所谓"再平衡"手段，而在于怎样恰当处理国内巨大的重心（决策优先性）与不断增强的国际角色（权利/义务）之间的关系，用合适的机制统筹协调外交、军事、商务等部门的潜在矛盾。与一般国家不同，中国如此巨大规模的市场以及独特而成系统的文化传统，很容易使领导人不自觉地把主要注意力放在解决当下迫切的国内事务上，而忽略（至少是轻视）外部世界对中国的关注、需要以及敏感复杂的批评意见。与许多新兴国家不一样，中国的社会制度和意识形态同欧美主导下的国际体系和价值体系有更多差异和摩擦，中国领导人相对缺乏在一个比较"异样"的周边及全球环境中提供国际公共产品的经验和技术。中国国内复杂多样的民族构成及新的变化，很可能成为俄罗斯那样在饱受外部抨击之后出手反击的内外摩擦点，中国也可能像印度那样由于解决不好与周边国家的历史恩怨和现实难题，而反复滞留于东北亚和东南亚的传统"外交疆域"，以致不能在全球高地上施展手脚。中国现在有了越来越多的全球收益、全球威胁等全球利害关系，也在经贸等层面有了更大的全球大国气象，但中国的全球政治角色（包括对整个人类的政治哲学引导符号）显然不太明晰，全球安全目标和策略也不太系统连贯，对于全球社会和文化领域的作用杠杆更是乏善可陈。尽管人们可以说，中国在这些方面比过去"强了许多"，但是这种增强远未发挥中国人的潜力、达到合适的水准，更遑论以比较理想的方式发挥作用。

在习近平这一代政治家面前，对外关系存在的各种难题，多半不是传统式的、纯粹消极性质的问题，不是旧时代、旧结构下的矛盾，而是新时期、新形势下出现的情况，属于前进过程中的特有"瓶颈"。恰当的判别能力，好的平衡感，坚守基本目标不动摇，是很不容易掌握的，尤其对中国这样快速成长又有独特历史和政治制度的大国（及其精英阶层）。举例说，低水平消费时代的中国，不存在能源短缺的问题，也没有"能源外交"或"能源安全"之类的挑战；如果不是技术进步和资金充裕，对各国来说，《联合国海洋法公约》最近十年带来的冲击波不会有如此巨大的压强，譬如说在中国周边带来现在这样错综复杂的海洋主权纠纷（所谓"新一轮蓝色圈地运动"）。假使不是国门开放和国内经济社会增长，中国普通人不可能像现在这样大量地出国留学、打工、旅游、经商，外交部门也不会有如此繁重得几乎不堪重负的领事保护任务。如果中国不是近14亿人口的大国，国力的快速发展和不断壮大在邻国周边和世界其他大陆产生的震撼效应（包括各种版本的"中国威胁论"）也就不可能像现在这般层出不穷。假使对这些问题的性质想不清楚，只是看到消极阴暗的一面，像某些网络上的言论经常抨击的那样，说中国现在受到了以美国、日本为首的各种反华势力的扼杀封锁，中华民族正处于危境和"掰腕子"的时刻；或者，像很多大众媒体不无忧虑地讨论的那样，说现有国际体系和规则越来越压缩了中国的存在空间，越来越妨碍"中国梦"的实现；又或者，像少数学界朋友试图解释的那样，说当下的全球金融危机，同时是资本主义总危机和社会主义全面进入高潮期的预兆……假使我们的国家决策和对外战略建立在这些似是而非、片面狭隘的判断之上，就不会有建立推进"海洋强国"步骤与保持睦邻友好的大局之间复杂平衡的思考及统筹手段；就不会把西方某些别有用心势力的宣传伎俩及口号与真正反映全人类进步和国际社会普遍追求的共同价值区别开来；就不会有与美国、日本等西方主要大国建立新型大国关系的要求；就不会放弃利用现有国际制度及规范为我所用的方略。说到底，前面提到的各种外交及国际战略的难题及关口，实际上与国内政治和社会基础之间有深刻的、内在的关联。国内体制的某些缺失和问题，造成了对外关系的某些制约和不协调，因而若想在外交和国际关系方面取得更理想的成果，不仅各涉外部门自身需要提高和改进博弈的技巧，更需要国内的观念、体制、政策发生有利于新形势的调整。当然，国内变革的进行必须适度、稳健，能够被多数百姓和部门所理解和接受，而不是在突变、动荡或者存有大的分歧下强行推动。这种适应新时代、新形势的变革及其议程，是依照本国国情和发展日程确立的，不会受到外力的干扰和破坏，不会被一时一事的"战略意外"所改变和颠覆。

可以看出，中国新一代领导人对上面提到的新难题和重大关口已有更多感受和思考，所以习近平才有"把世界的机遇变成中国的机遇，把中国的机遇变成世界的机遇"的新提法。这种提法的指向，当然不再是毛泽东时代输出革命的目标，也不是邓小平时代外交保障以经济建设为中心的战略思想的简单重复,它拓展了江泽民时期和胡锦涛时期的"新安全观"和"两个大局"等战略思维的边界。不过,知易行难,巨人亦有其烦恼,尤其当他从低地迈上平原,再由平原朝高峰攀登之时——"树未大先招风""高处不胜寒"等,形象地说明了中国目前的行进状态。

四、外交转型的社会基础

(一)何谓"现代社会"

对于新一代中国政治领导人来说,国内层面的挑战远甚于国际层面的问题。

对此,笔者2014年在北大的一次演讲中做过初步分析。这里引用其中几段文字。

> 目前中国面临一项结构性挑战,是历史上其他国家很少遇到过的。挑战的性质在于,世界上多数的崛起大国,如第二次世界大战前的德国、日本,历史上的西班牙、葡萄牙、英国、法国等,都未能避开"国强必霸、国强必乱"的逻辑。中国现在的目标是:通过各种努力向世界表明,中国将采取合作、沟通、对话等和平方式完成崛起。全世界都在关注,中国到底能否走出独特的崛起道路?目前的周边摩擦,包括中日之间、中国与南海声索国之间,可以被视为各国对中国崛起的一种消极反应。一些观察者认为,安倍政权与右翼势力试图挑衅中国,东南亚某些国家与美国联手遏制中国,印度试图在某些方面制约中国。这些观察未必没有道理,但在我看来,关键还在于中国崛起本身,导致全球地缘政治经济与外交板块剧烈变动。未来这种震荡还会持续很长时间。外部是否接受"和平崛起"的承诺,

存在相当的不确定性。

不可否认,随着中国的强大,它与西方主导的国际体系之间存在的深层次紧张关系不时显现。在微观层面,出现一些误解和错觉,需要各方反复解释;在宏观层面有很多失衡与冲击,包括全球能源竞争、气候变化、主权问题、军事进展、地区与世界安全事务等。我们要客观考虑外部对中国的接受程度,同时也包括中国能否真正改变对外部世界的固有判断,世界能否实现和而不同,大国之间有无意愿多元共存、合作共进。在看待中国外交时,需要明确这项前提。在国际范围内,主要国家和地区对于中国的崛起,存在不同程度的疑惑。不只是美国、日本、俄罗斯、印度等国,很多拉美、非洲的中小国家,也将中国视为一个消极变数。在20世纪八九十年代,世界对于中国成长的影响没有多少感受,而现在这种影响是不言而喻的,尤其是进入新世纪之后变得突出。这也影响到中国与国际社会交往的方式。可以说,中国外交的基本问题,是如何处理与国际社会的关系。中国目前体量巨大,在安全领域是核大国、安理会常任理事国、军费大国,也是全球很多重要国际组织的主要参与者;在经济领域,目前对于全世界接近三分之二的国家,中国已成为第一大贸易伙伴,中国同时也是全球最大的能源进口国、消费国和温室气体排放大户。在全球各类指标映射下,中国崛起无疑是21世纪国际关系最重要的事件之一,是当代全球政治的关键变量。中国崛起能否走出"国强必乱"的历史循环,构成中国外交面临的一种结构性张力。

往内部看,现在既是中国高速发展的机遇期,同时也是特殊的战略脆弱期,是各种内部矛盾集中呈现的风险期。政治学有一个基本理论,即被各国发展证实的U型原理。

简单说，它的含义是：当社会处于极端封闭的原始时期，或在高度发达开放的良好状态下，社会的稳定性最好，很少有大的失序。一旦出现急剧的社会变动、迅速的社会分层、大规模对外贸易、广泛的信息交流和各种以往没有的互动碰撞时，原有的稳定性就会打破。变动程度越接近峰值，破坏性越严重。直至越过一个高点，例如跨越"中等收入陷阱"，基本完成现代社会成长，产业结构、社会关系趋于合理，政治成熟程度与经济发展水平吻合，这时破坏性开始下降，危机得到缓解。20世纪60—70年代，哈佛大学一个关于后发国家现代化过程的课题组，对全球150多个国家进行研究后得出这一结论。它还发现，族群骚乱、恐怖活动、社会抗争、军事异动等不稳定因素，大多发生在快速变动的这一时期。现在看来，中国恰好处于类似阶段，历史遗产与陈旧观念，在面对新兴结构和年轻一代时，不断发生剧烈碰撞。

中国作为一个超大规模的社会存在，既有北京、上海这样的发达地区，也有极端落后、封闭的区域，治理难度很大。中国又是一个矛盾多元体，充满历史记忆，有着独特的政治文化追求。作为国际社会的新兴力量，中国还希望为世界做出贡献，担负全球大国的责任。多种属性和使命熔铸一体，内向与外向压力挑战构成交替性的双重变奏。处理任何一面的问题都很难。内外两种话语思维体系之间，也存在或多或少的紧张。例如，现在国内普遍还觉得中国很穷，国际上却认为中国已经是比较富裕的国家。国内有声音认为中国不应该为全球提供那么多的援助，国际上态度相反，不管是大国小国，无论是近邻如东南亚还是遥远区域如北欧，人们普遍觉得中国重贸易、重资源，国际贡献与和平崛起的功效善意展示不力。国内普遍认为中国外交太软，过多迁就，不似普京果敢，但在国际层面，譬如说自2008年以来笔者去过的十数个国家，都认为中国变得强硬，举出的事例有气候谈判、海权争端、大国博弈等等。这类反差非常大，大到国内媒体和公众不太能想象。处于内外夹层之中的国家战略制定者，有时真的不易。

可以说，中国现在处于不进则退的特殊时期。一种可能是，在未来一二十年，中国平稳度过这段敏感复杂的时期，跨过发达国家较低门槛，人均国民收入达到1.2万美元以上，至中华人民共和国成立100周年时成为中等发达国家，成为全球GDP第一的大国、真正的世界强国。另一种可能是，崛起至一定时期，会出现难以克服的困难和冲突，周边国家开始害怕和抵制，其他大国开始联手防范，各种动荡与内外纷争持续不断，贸易摩擦、主权纠纷、民生困难、贫富差距等问题加剧，尤其是外部压力下国内族群矛盾凸显，地区差别扩大，政治改革无法推进，经济进步带来的福利无法弥补各种需求，排外思潮和极端民族主义日盛。虽然未必如很多经济学家的悲观预言那样，糟糕到内战、饥荒、国家大规模战争的地步，但可能出现大范围失业、社会停滞、社会精英出走等现象，棘手矛盾合在一起，让政治领导人顾此失彼、疲于应对。在我看来，未来不是单行道，决策者思考时不应排除上述两种可能。

上述演讲难免失于严谨，但其中的意思很清楚，即中国成败的关键，在"内"不在"外"，只要自身搞好了，外部制造的麻烦，不至于让中国"翻船"。从世界范围和当代历史的视角来看，这也是大国不同于中小国家的地方。邓小平主要的贡献，是在美苏冷战的背景下，打破思想僵化和社会僵硬，把中国从传统社会带向现代化，进而激发生产力、创新精神和进步偏好。邓小平本人并未完成这一转型，他身上还带着革命战争年代的印记，但他通过改革开放，确定了中国由旧时代向新时代转换的枢纽。我认为，未来习近平等新一代中国政治领袖的历史地位，取决于能否坚持上述努力，在与世界的复杂互动中，使中国真正从传统社会变成现代社会。这项事业前无古人，将面临上述"结构性挑战"或者说"双重困境"，即对外崛起过程中克服"修昔底德陷阱"，对内转型升级过程中克服"中等收入陷阱"。这也是一种政治力的较量，看改革收效与危机崩盘孰快孰慢，看领导人的眼界、意志和能力大小，看内政外交的双层博弈结局。中华民族的漫长未来，也许就决定于未来十年的"弹指一挥间"。

就中国外交转型研究而言，特别需要厘清"现代社会"的含义。我所说的从"传统"到"现代"，绝非时间序列的先后顺延，也不是技术或器物层面的更新替换，而是特指政治发展达到一定水平，尤其是社会结构的逐渐成熟。传统社会并非一无是处，现代社会也绝不是完美无缺，然而从我们此刻关注的话题"世界变迁与中国外交转型"考虑，现代社会取代传统社会是一种历史的跨越，是时代的进步。从世界历史尤其是先进国家的成长经验观察，不管现实情况有何差异，理论上说，现代社会应具备如下内涵与特性。

- 经济上，与传统社会建立在农业和手工业为经济基础、自给自足和对外防范式封闭的状态根本不同，现代社会不仅建立在大机器和规模生产的经济基础上，而且把不断的发展、更大规模的发展、更高层次的发展作为社会存在的基本驱动力。与传统社会所呈现的较为刚性僵硬的结构有别，现代社会具有更大的弹性和延展能力，能够不断分层并呈现丰富多样的局面。典型事例是不断涌现的新社会分工、新职业阶梯、新就业路径，以及现代社会公民对于兼职、合同制、商务寻租、人才流动等现象的坦然。就国际经济和全球贸易领域来看，发达国家和新兴大国明显比落后国家更注重这些方面的能力培养。现代社会趋于发展出较完备、可预期的科层管理制度，如财会体制、教育体制、国防动员体制、知识创新体制，不断自我修补、趋于完善的这些制度，逐渐取代了传统社会那种由少数人权威意志垄断各种重要资源配置、管理制度粗放简单且功能模糊不清的局面。现代社会的整体对外关系，注重国际贸易，重视跨国间的各种流动，尊重互通有无的制度性安排。因此，现代社会组成的国家，倾向于用更加精细而非简单粗暴的方式处理国际关系，愿意用民主协商和法治的精神促进现代商务的成长和人的福利提升。与传统社会相比，现代社会无疑更有利于人类的可持续发展，有利于逐渐形成对环境友好、人际关系良性互动、国际交往相互尊重、宇宙探索事业不断进展的均衡形态。

- 政治上，在传统社会，处于上位的"国家"（包括皇帝、国王、酋长和各种专制者）是强势的、自大的、不可批评和更换的，处于下位的、顺从的百姓就是臣民；在现代社会，"国家"与"社会"的位置刚好相反：社会以各种方式（无论选举、政治协商或其他），决定政治代表的去留，制约政治议题重要性的先后。"大写的人"，是现代社会最重要的标志。与传统社会相比，国家专制制度和对个人权利的扼杀，被遵守法制、尊重他人、懂得群己界限的个人自由所取代。不必说，在这种状态下，个人利益的实现，与公益有一种兼顾、并行不悖的复杂安排。现代社会的公民，对自己的生命、财物、法律权利与参与机会等，有广泛的兴趣，有不可褫夺的了解权，有必要时做出担当的自觉。现代国家认可并保障物质的和精神的社会生活是自由的，是合法公民不可剥夺的权利。从全球数据分析，现代社会构成的国家，更积极参与有关公民政治权利和财产权利的公约制定，对于全球公域（如大洋洋底、南极和外层空间）有更明确的兴趣与法律意识。

- 法理上，自然可以想见，法律在现代社会有更高的塑造力，法律一旦实施，必须人人平等、没有例外；因此，现代社会也必然花费大量的人力物力和财力成本，用于法制的实施、修补和完善。实际上，联合国体系及各种国际规范、公约、规则之类，是国际范围无单一政府前提下对法律至上性的建构与遵从。现代社会基础上建立的现代国家，不仅重视自身主权权利，也尊重其他国家和国际社会的基本权利，就是说现代国家理解国际责任，熟悉国际制度和法律，善于维护国际公平正义，提供所需的国际公共产品。例如，通用的全球标准（子午线和时区划分、汽车左行或右行标准、油轮设计标准或核安全标准等等），都是现代国家的贡献。在现代社会组成的国际社会，那种不管国内人权状况、不必遵循国际准则与惯例的绝对主权观念，正在受到质疑，变得式微；新的标准及趋势是，一方面抵制霸权主义和强权政治，主权继续作为国际关系不可或缺的基石，另一方面主权国家重视保护的责任，各国相互依赖。由此，像国内人们之间形成连带关系一样，现代国家之间正在形成某种"社会关系"，即所有社会承诺公民不受威胁，所有社会承诺遵守达成的义务，所有社会保障主权（财产所有权）的稳定。

- 思想上，与发展优先的现代主题相适应，现代社会的政治议程、精英共识、社会心态和整体氛围，有一种着眼于建设和成长的指向。现代社会有扩张利益的冲动，但它会避免陷入长期持续动荡不安的、充满争斗从而影响发展的状态。这也意味着，尚武习气在现代社会逐渐淡化乃至消失，人与人之间、族群之间，是用包容协商的态度，解决社区矛盾与人际纷争。推至国际关系，现代社会组成的国际社会，要求用和平的、谅解的、合作的精神（即《联合国宪章》精神或中印、中缅等国倡导的和平共处五项原则），处理热点纠纷与国际争端。一个现代社会，应当具备乐意开放、保持吸纳能力的良好状态，不会采取封闭的、排斥外来事物的立场。在世界范围观察，进入现代社会的国家，总体而言有着比落后国家更开放的心态，鼓励公众了解和欣赏其他国家的优点。现代社会之哲学思想的基础，概括地说，包括诸如人的自由、生命至上、多元民主、科学精神、平等主义和法治尊严等核心价值。没有对这些核心价值的尊重，不会有名副其实的现代政治、现代经济和现代社会。

- 现代社会也有自己的困惑与缺失，其形态和性质异于传统社会。一个人旧时不得温饱，操心的是如何获取食物，现在生活水平提高了，却更易受糖尿病和"三高"指标的困扰。社会发展亦如此。现代科技在极大开拓了人类探索宇宙空间能力的同时，也发明了原子弹之类可能毁灭人类的可怕武器；现代经济一方面使个人财富和社会福利成倍增长，另一方面制造出更大的生态危机和新式的贫富差距。现代民主让专制独裁统治无法立足，但它不具备防止政党间钩心斗角、金钱干政或体制空转等不良政治现象的"免疫药"。现代社会使政府系统趋于完备、使数字化管理变得可能，可人们也见证了更加精致的官僚主义、复杂如迷宫的潜规则。现代国际关系通过金融、贸易、投资、外交、公约等交往形式加深各国相互依赖，然而终究无法消除强权政治、恐怖主义、教派残杀等令人沮丧的现象。诸如此类，不一而足。这里面，有不少属于较简单社会结构向较复杂社会构造转换时出现的问题，是"前进阶段上的矛盾"或者说"成长的烦恼"；而且，如前面讨论过的那样，愈是快速转型的社会，各种阵痛愈是强烈，处置起来愈无先例可循，决策者愈感难控。转型的速度与风险成正比。说到底，"现代性"本身就是一把双刃剑，它以更有力更显著的方式，拓展了人性的善恶和国家的优劣，用一种加速度裹挟逼迫各民族各个社会向更高的阶段演进。穷究道理就会明白，无论是早是晚，不管喜欢与否，现代社会是各国发展的必由之路，是政治舵手必须面对的新地平线。

通过"现代性"的上述界定，我们不难看出，要想成为一个"品质优秀"的国家，必须有一个不断优化的社会。对于中国来说，要想成为真正受人尊敬的世界强国，同样必须有真正现代的社会构造。前文说过，毛泽东的历史地位，是打破了列强对中华民族的枷锁，但他的"世界革命"战略导致中国一直停留在传统社会。邓小平最大的贡献，是开启了中国由传统社会向现代社会转型的进程。新一代中国政治领导人的历史评价，取决于他们是否懂得，正在崛起、受万众瞩目的中国，自身不单在器物层面有落后与缺失，制度层面亦存在困难与矛盾；取决于他们是否愿意面对复杂的内外压力，大胆吐故纳新、加速乃至完成转型。

（二）中国外交的社会基础

分析了"现代社会"的范畴，再来看看中国社会的现实构造。它不光是观察理想与现实的差距，也让人换一个角度理解外交的不易和改进的方向。

- **超大社会**

中国社会最明显的特征之一，是其超大的规模和差距悬殊的内部发展水平。它有很多值得讨论之处，这里仅从对外关系角度谈几点。

中国的多数省份，都相当于世界上中等国家的规模（人口不到2000万的国家，占到全球国家总数的80%以上）。中国每年增加的人口接近荷兰的总人口，每年新增产值相当于一个土耳其或两个马来西亚的总产值。中国内部较落后西部地区与较发达沿海地区的差距，不亚于外部落后国家与发达国家的区别。加上国内少数民族多居住在西部边远区域、与国外冲突热点区域相邻这一事实，经济上的巨大差别使得中央政府的治理异常艰难。外人更多看到中国成长迅猛、已是全球第二大经济体的事实，看到"北上广深"等城市日新月异的风貌，却很少了解中国国内"三个世界"的现状，很少懂得这种差距对于执政者的压力。各种问卷调查显示，中外公众对于"中国是不是发达国家""中国人是否富有"的认知有天壤之别。中国外交部发言人的表态，乃至习近平、李克强的国事讲话，仅仅代表中央政府立场、表达整体的国家利益，但它不等于得到所有人的理解，不可能反映实际存在的所有诉求。看到反差的存在，注意平衡的难度，做出恰当的决定，不是一件容易的事情。

今日中国超大社会的另一特点，是"非中央外交"的形成。中国地域广大、少数民族众多、地理多样性丰富，在改革开放进程的激励下，地方政府乐意发展自己的对外交往方式。例如，东北、西北诸省区推动与俄罗斯和中亚交往的"边贸外交"与"能源外交"，山东和东北各省形成了与韩国合作建设的开发区或工业园，西南地区各省瞄准东盟推出"西南大通道""湄公河流域合作机制"和"地区博览会招商会"。在中央外交和地方外事部门指导下，这些举措不断产生"外溢"效应，促进中国与周边地区的经济一体化和政治信任，成为国家对外交往新的桥梁纽带。这也是以中国为轴心的东亚"商业和平"（"贸易和平"）长期存在的原因之一。

超大社会的存在，决定了中国社会的转型，不是均质、无缝的界面，而是阶梯式推进、速度质量不等的复式图景。它对于国家外交和战略设计，有着非常复杂、一言难尽的影响。比方说，市场气息浓厚的沿海地区与农牧业为主的西北地区比较，普通人对尚武风习的评判就很不一样：上海和江浙一带的人更钟情谈判的技巧，不太喜欢流血的场景；大漠孤烟的后代不太计算具体的成本，总有拔刀相向的豪气。这种现象历史上就存在，现在更为明显，它对地处北京的外交部门和军方机关有着润物细无声的影响。看清历史的走势，懂得不同时代的符号，制定政策时趋利避害、让各方满意，在一个人口是美国的四倍多、俄罗斯的近十倍、通常的中等强国的二十倍的国家，真是不简单！想想四五十年前，中国领导人还在鼓励国人做大干世界革命、在他国疆场献身的思想准备；看看现在，越来越多的人更多关心的是生活中的稳定与改善；谁敢说若干年后，当中国成为全球 GDP 第一大国之时，不会成为联合国维和行动的主力、安理会提方案的大国、全球濒临灭绝物种的拯救者？"风物长宜放眼量"，对于传统向现代的转变，在中国这样的超大社会，要有耐心、有智慧，有前进的勇气。

- **动感社会**

当代中国社会是一个动感十足的社会，在商业化信息化条件下，其活力和变动超出世界上任何国家。

"动"的表现之一，是工商业对于政治决策和外交方针的影响快速上升。曾受政治权力抑制的工商界影响和大众消费选择权，在经济全球化和市场浪潮的带动下，迅速转化为新的社会杠杆和影响力。纳税人意识、物权和法权等在市场基础上形成的公民权利观，得到不断增强。不同寻常的权利意识通过各种方式表达出来，比如工商界要求参与贸易和纳税规则的制定，希望政府决策更加透明和可以预期。工商业者对国家外交和国际形势十分关注，对自身不断扩大的海外利益和人身财产安全提出保障要求。外交工作与经济利益的联系日益密切。新时期不断扩大的外交领事工作，其主要任务之一便是保护中国海外投资者的利益。外交部门承担了不少为国内招商引资、为产能走出去牵线搭桥的使命。外交部发言人经常对中国企业在海外受到的不合理阻碍加以抨击。国家领导人出访时，总有企业和金融巨头的随同。"经济外交"代表中国社会国内成长的向外延伸，经济利益和市场化也是中国外交从传统向现代转型的主要动力之一。看看几十年全球最大规模也是最快速度的这一经济成长，不难想象中国社会超乎寻常的巨大张力。

大众媒体的活跃和对更大自由的寻求，是今日中国社会的另一"动"像。通过各种媒介获取和了解信息，用它们加强自身能力和改善待遇，成为越来越多中国人的日常方式。中国的各大报纸是全球发行量最大的纸质传播物，中国的网民数量成为世界上最大的网民群体，中国家庭的手机和电脑保有量在新兴大国中首屈一指。行政部门特别是舆论监督者竭力掌控信息化，却总是顾此失彼、遭受非议。就对外交的影响而言，过去人们普遍相信"外事无小事"，公众对外交无知情权，"文化大革命"时收听"敌台"是一种禁忌，只供少数高官参阅"小参考"。现在的局面大变：有些真正需要保密的消息或事件，常常由于外媒的透露而提前曝光，可能被乐于捕捉消息的网友传播；各种新媒体很难受到官方控制；外交部门做了大量适应性调整，如建立新闻发言人制度、网上发布领事保护事项、外交官员在线回答网友提问、组织媒体人参访等，仍无法避免各种指责。

中国媒体本身出现了极大分化，有的更加保守，有的则十分大胆、前卫；各种新媒体和小道消息更是层出不穷、"防不胜防"。

经济快速的国际化、外向化，也表现出上述"动"态。国际经济一体化发展路径的最大特点，是它建立起跨国协调合作的投资和贸易方式，吸收多个国家乃至整个国际社会参加互补互惠的合作形态，更好地利用人财物各种资源。到经济合作的一定阶段，地区化进程可能出现有助于增强共同军事安全和共同政治目标直至共同社会身份的各种"外溢"效果。中国发生的一切与此吻合。加入世界贸易组织和应对亚洲金融危机，是促使中国经济加速国际化的标志性事件。亚太经合组织中的各种设计和倡议，与韩国、日本、瑞士、新西兰等国有关双边贸易自由化的安排（及谈判），人民币作为地区结算币种在周边国家的推广，与东盟国家签署的自贸区协定，上海合作组织成员的经贸合作，正在规划中的"一带一路"倡议等，都给了中国人自我审视和改进的机会。"开放"对于中国社会政治进步的作用，丝毫不亚于"改革"，它用各种安排及时间表，倒逼出适应性和制度变迁。中国在这方面的学习进展，是新兴大国中最神速的一个。

- **转型社会**

中国社会正在由传统构架向现代形态转变，成就巨大也矛盾多多，转型的道路依然漫长。新的进步伴随新的危机，问题和解决问题的答案一齐产生。

经验和理论都证明，市场化、商业化到了一定阶段，易加剧社会内部分化和裂变。中国现在的贫富差距，包括地区之间、族群之间、职业之间的差异，达到惊人的地步。财富的积累与差距的扩大二者叠加在一起，让对立和不满的声音变得尖锐。政府说了很多也做了不少，但结果始终不尽如人意。无论用什么标准衡量，如不有效治理，社会矛盾便可能在某个时刻形成"崩裂效应"。必须认识到，不管中国社会多么有韧性，中国老百姓多么能忍辱负重，事物的发展总有一个临界点。近几年全球化处于低潮期，在世界上一些地区出现的社会动荡和政治危机，如北非、中东出现的情景，并非绝对没有可能出现于中国。

国际化进程的加快，也会带来始料不及的麻烦。中国经济相对笨重、社会粗放管理的特性，在对外交往中表现为国际化热情高但国际化水平不高、速度快却质量不理想、承诺多可落实不到位的种种问题。举例来说，加入世界贸易组织的这些年，中国与许多国家的贸易摩擦、知识产权纠纷、生态维护方面的冲突等，成了国际经济关系的一大焦点。究其原因，一方面是外部世界尚未做好接纳如此庞大经济体的准备，有些国家在其中恶意"使绊子"、制造事端，另一方面是中国人按国内养成的习惯出外打拼，没有适应国际社会较高的标准与质量要求。

中国社会的人权状况，相对于过去有公认的进步。好的一面是，中国人权得到改善，在生存权、经济温饱及至"全面小康"建设上取得重大进展。但有问题的一面是，中国人权的政治意涵、法权尺度、国际义务落实还不够。

中国社会的庞大、复杂、动态以及政治制度化进程的不充分，揭示了中国政府国际作为的有限性，提示了"创造性介入"外交所受到的国内约束。正因如此，分析社会政治进程，对于外交研究将日益重要。与一般的中小国家不同，大国的输赢主要不在外而在内，在于国家自身的建设与稳定做得如何，而不那么依赖于外交手段的高低或博弈思路的谋划。这样说并非贬低外交的重要性，尤其当本书主题谈论的恰恰是积极进取的新外交态势时，笔者只是强调内政对于外交的根本作用，把重点放在以政治现代化（制度完善）对国家外部角色提升的基础性问题上。

第三部分
能力建设

"能力建设"，在此特指中国外交领域的体制机制之改进与完善的过程。下面分三方面探讨这一主题：(1) 中国对非洲的外交实践中有哪些成功经验，有哪些需要改善的地方，特别要着眼于"国际公共产品供应"的问题。(2) 与软实力比较发达的西欧国家对比，我们的对外交往水平与话语权如何更好提升，怎样借鉴汲取它们的经验教训？(3) 聚焦中国外交体制机制的若干一般性问题，如新时期的外交性质与定位、外交学习与外交规划、外交投入的方向，尝试提出加强能力建设的一些思路。

一、外交公共产品问题：以对非外交为例

新时期中国外交需要迎难而上，创造性介入国际事务，打开新的局面。它的前提是，思想观念要有一定创新，实际工作要有合适抓手。这里，选取中国与非洲的关系作为切入点，看看为何需要和怎样对传统的不干涉内政方针做出改良，使之适应现在的形势和要求。重点是，如何在量力而行、互助互利的前提下，提供更多、更有效的战略援助和公共产品。与其他地区相比，非洲是一个适合的佐证对象：它曾是中国长期耕耘、改革开放以来收获颇多的大陆，尤其近十几年中方决策层及外交部门对这一地区有格外的用心与投

入，较好地印证了中国创新传统友好关系，在一个遥远的大陆发挥新的大国作用的尝试；它可以提供大量新鲜的案例及启示，符合理论证明所需要的概率标准，尤其适合验证"创造性介入"的思维与做法，提示人们在推进相关战略时需循着哪些尺度与路径。此处探讨的不干涉原则及援外方式的创新，亦可用于非洲以外的其他地区和领域。

中非关系正处在新的关键时期，中国对非洲的政策面临重大机遇。正如时任中国国家主席胡锦涛在2012年7月19日中非合作论坛第五届部长级会议开幕式上指出的那样："国际形势的深刻变化，中非人民对中非关系发展的殷切期待，都要求我们以高度的责任感和使命感，适应新形势，提出新目标，推出新举措，解决新问题，努力开创中非新型战略伙伴关系新局面。"①在我看来，新形势最重要的一点是，在21世纪第二个十年之际，西方资本主义国家普遍受金融危机的严重影响而乏力无为，而中国和非洲国家却乘势而上、稳中有进，面临着提升国际位置和发言权的机遇。新的战略目标应运而生，其中最重要的一个是，对于非洲国家而言，能否延续目前的相对快速发展局面，提高发展的质量与水平，尤其是在不受各种干扰（包括内部局部动乱和不稳定的冲击）的前提下，使非洲大陆整体能力上一个新的台阶；对于中国而言，能否在中非传统友谊与合作关系的基础上，加大对非洲自主性（包括自身维持安全和平能力和经济成长动力）的支持，使中非关系的基础更加宽广牢固。

未来若干年，是中国抓住上述机遇、实现战略目标、开创中非新型战略伙伴关系新局面的关键时期。从国际关系理论和外交学研究的视角观察，它亦提出了值得追踪和探讨的大量新课题，包括前人很少涉及、国内外缺乏共识的新领域新挑战。对于中国外交部门

---

① 参见胡锦涛在中非合作论坛第五届部长级会议开幕式上的讲话，新华网，2012年7月19日报道。

和外交学界而言，富有意义也颇有难度的一个问题是如何坚持和创新我们长期坚守、至今依然有效的不干涉原则，量力而行和分门别类地提供包括区域性国际公共产品在内的各种援助，在此基础上开创中国对非援助的新格局。本部分首先从中非关系的现实及案例出发，分析中国不干涉原则的演进与创新，以此作为实施新的战略性、组合性援助的理论思想依据；之后梳理中国对非洲援助的种类及其特点，对政治援助、商务援助、军事援助、外交援助以及新的区域性国际公共产品的提供等范畴做出大致划分和界定，厘定新的总体战略性援助的框架与多重路径。

(一) 不干涉内政原则的拓展

国际形势及其发展趋势以及中国自身的变化都表明，中国的国际问题研究界，应当适应新的时代和情况，努力发展出既有中国需求与特色又符合国际趋势的不干涉学说。

这里，先简要回顾一下中国不干涉原则提出的背景及其原初含义。众所周知，中国曾经与印度、缅甸在20世纪50年代共同倡导了和平共处五项原则，其中核心内容之一，就是不干涉内政原则。1953年，时任中国中央人民政府政务院总理周恩来，在会见印度政府代表时，第一次正式向对方提出了处理两国关系的五项原则，即"互相尊重主权和领土完整、互不侵犯、互不干涉内政、平等互利、和平共处"。1954年，周恩来又先后访问印度和缅甸，并与时任印度总理尼赫鲁、时任缅甸总理吴努分别发表"联合声明"，双方不仅一致同意以和平共处五项原则作为指导中印、中缅两国关系的基本原则，而且强调各个国家在与亚洲以及世界其他国家的关系中，也应当适用这些原则。1954年4月，中印双方签署《中印关于中国西藏地方和印度之间的通商及交通协定》，将"和平共处五项原则"写入序言。这是和平共处五项原则第一次写入正式的国际文件。同年6月28日，中印两国总理发表联合声明，声明指出："最近中国和印度曾经达成一项协议。在这一协议中，它们规定了指导两国之间关系的某些原则，这些原则是：甲、互相尊重领土主权；乙、互不侵犯；丙、互不干涉内政；丁、平等互利；戊、和平共处。两国总理重申这些原则，并且感到在它们与亚洲以及世界其他国家的关系中也应该适用这些原则。如果这些原则不仅适用于各国之间，而且适用于一般国际关系之中，它们将形成和平和安全的坚固基础。而现时存在的恐惧和疑虑，则将为信任感所代替。"1955年4月在印度尼西亚万隆举行了有29个国家和地区参加的万隆会议，会议发表的《关于促进世界和平与合作的宣言》中包括了这五项原则的全部内容。在中印缅三国政府的倡导下，和平共处五项原则在国际上产生重要影响，已为世界许多国家所接受，成为处理不同社会和政治制度国家之间相互关系的基本原则之一。和平共处五项原则还被许多国际多边条约和国际文献所确认。1970年第25届联合国大会通过的《关于各国依联合国宪章建立友好关系及合作的国际法原则宣言》和1974年第六届特别联大《关于建立新的国际经济秩序宣言》，都明确把和平共处五项原则包括在内。正如时任中国国务院副总理钱其琛在纪念和平共处五项原则提出50周年国际研讨会上评价的那样："在那以后的半个多世纪里，和平共处五项原则经受住了世界风云变幻的考验，逐渐为国际社会普遍接受，成为指导国际关系的基本准则。"现实证明，"在今天这一相互依存又多元多样的世界上，作为指导国际关系的基本理论，最有生命力的仍是和平共处五项原则。"[①]这里，和平共处原则不只是强调各国间的尊重与和平相处，更重要的是，以不干涉原则为核心的要求，实际上反映出刚刚获得民族解放和政治独立、从殖民主义帝国主义枷锁下摆脱出来的一大批发展

[①] 参见2004年6月14日钱其琛在"和平共处五项原则国际研讨会"上的主旨发言《和平共处五项原则与新世纪的国际关系，中华人民共和国外交部官方网站，https://www.fmprc.gov.cn/web/ziliao_674904/zt_674979/ywzt_675099/zt2004_675921/hpgcwxyzgjyth_675945/t139382.shtml。

中国家的迫切愿望，即防止重新陷入受西方列强奴役、无法在国际舞台自主行事的境地。时至今日，这些原则之所以依然有效，是因为全球政治结构仍然表现为不平等、不平衡的状态，是因为多数国家仍然无法按照自身愿望实现政治经济的彻底独立自主选择。它代表着受压迫者、弱势群体的共同愿望，折射出对国际政治现有秩序提出批评和抗议的那些国家的心声。

半个多世纪后的今天，全球形势发生了天翻地覆的变化，和平共处原则也处在不断调整和创新的过程之中。这里面，中国作为20世纪后半叶快速崛起的新兴大国，与印度等一批发展中国家进入了创造历史的行列，也对国际关系有了新的看法和要求，既是和平共处五项原则的倡导者，也是这些原则创新的最大推动力量。钱其琛在讲话里，鲜明表达了与时俱进的中国人的新认知新诉求。他指出，在新的形势下，需要根据时代特点，赋予和平共处五项原则以新的内涵："第一，平等的观念应成为实现国际关系民主化和法制化的基础。国家有大小、贫富、强弱的不同，但在法律上是平等的，都有权平等参与国际事务。民主与平等原则，应在国际关系中加以提倡和履行。第二，树立互信、互利、平等和协作的新安全观。以对话增信任，以合作促安全，国家间的问题，应通过对话和平解决，不应动辄诉诸武力或以武力相威胁。第三，应尊重世界的多样性。不同文明间首先要相互尊重，和谐共处。各国应采取开放的态度，相互取长补短，共同进步。第四，应积极提倡多边主义。在全球化和信息化时代，各国相互依赖加深，任何国家都难以完全凭借自身力量维护安全。打击恐怖主义、保护环境、控制传染疾病、防范金融风险，都需要多边合作。多边主义是应对人类共同挑战的一条有效途径。要充分发挥多边机制的作用，通过国际合作，处理威胁与挑战。第五，应追求人类社会的可持续发展。当今世界发展问题依然相当严峻，南北差距仍在拉大，贫困现象更加突出。世界是一个相互联系的整体，应该开展互利合作，使全球化进程朝着互利、共赢的方向发展。"①他的讲话表明,中国领导层在全球化进程中看到了发挥作用的新机遇,对和平共处原则的强调转向新的方向,即各国应有公平合理的参与和决策权利;新的强调重点,在于相互依存下的互利合作,但这不意味着对问题的视而不见,不等于承认西方仍在主导的结构不存在、不产生"严峻"的一面。逐渐强大和自信的中国,现在更加心平气和,不再打算以革命和暴力方式改变不公正的世界政治秩序,而是相信对话、合作、和平及不诉诸武力的改革与渐进方式的有效。

笔者认为,上面的讨论已提示了不干涉原则与时俱进的必要性及总体的创新方向。传统上我们国家在半个多世纪的对外交往中,始终坚持尊重各国主权和不干涉内政的原则,赢得了亚非拉广大新独立国家的支持,也为中国在国际社会的立足和发挥大国作用确立了独特的坐标。这一原则的关键在于,充分相信各国人民及其政治家的智慧与能力,深刻反思旧时强权政治和霸权主义的恶果,坚决抵制用外部移植的方式把当事国不情愿的方案强加于人。它所以能够长期坚持下来,既和中国的战略远见与耐心坚持不可分割,也与多数国家实际的状况及对中国的需要联系在一起。从根本上讲,这一原则也同当今世界依赖主权民族国家为主体成员的国际体系构造是一致的。没有了主权及对主权的尊重,国际体系将陷于以大欺小、以强凌弱的野蛮丛林逻辑而无法自拔。哪怕是那些经常违背这一原则的西方大国,也不可能完全地、彻底地抛弃它,因为那样同时意味着对外交往中的国家利益至上、国家行为体主导外交和近代国际关系理论与实践的失效。第二次世界大战之后的历史证明,中国一直是维护这一原则的主要大国之一,尤其是广大发展中国家在寻求

---

① 参见2004年6月14日钱其琛在"和平共处五项原则国际研讨会"上的主旨发言《和平共处五项原则与新世纪的国际关系,中华人民共和国外交部官方网站,https://www.fmprc.gov.cn/web/ziliao_674904/zt_674979/ywzt_675099/zt2004_675921/hpgcwxyzgjyth_675945/t139382.shtml。

政治独立和外交自主的政治斗争中的重要伙伴；在同样的意义上，中国作为联合国常任理事国和负责任大国，有理由也有可能不仅自己要继续坚持这一原则，而且应当在国际社会中全力维护它的合法性、正义性和广泛效用。

但是，从另一个角度观察，对这一原则加以丰富和修订，使之更加符合新时代特点和中国自身需要，正在成为日益迫切的事情。

首先，全球化的加速发展和全球性挑战的严峻化，使得信息的传递更加迅速，使任何一个地点的坏消息及其严重后果的扩展超出以往任何时期；如果没有及时地介入和制止，一个国家内部的消极事态，很有可能不仅伤害本国本地区的人民，而且危及周边国家和整个国际社会的利益。内战的外溢就是一个典型事态，从波黑战争到海湾战争，直至近期的利比亚战争均属于这类麻烦。在非洲最近这些年的战乱与冲突里，绝大多数都有类似的特点，如科特迪瓦的冲突、马里北部的战争、索马里的内战等。它们始于内部的矛盾且包括历史遗留问题，并逐渐升级发展成危害整个国家的暴力冲突，最终导致周边地区的局势动荡和国际上的各种干预（包括西方一些老牌殖民主义宗主国的强力干涉），形成国际上引人关注和持续不断的局部热点。据不同的评估数据，冷战结束以来，由内战或动荡政局诱发的国际对抗，占到地区冲突和局部热点战争总数的60%以上。因此，在新的时代，国际安全的保障，各国自身的稳定，乃至全球性治理的推进，都要求对于传统的不干涉原则做出某种修正，使之允许在保证当事方基本权利的前提下，尤其在与联合国宪章精神一致的条件下，由周边地区、一些重要国家和国际社会参与个别国家内部危机的解决。必须承认，在这方面，包括非洲大陆的不少国家在内，对于中国可能扮演的新角色有越来越多的期待与要求。

其次，放眼国际范围，西方发达国家早已意识到干预的必要性，一些欧美大国的公众和媒体对之有众多的讨论和呼声，在过去一段时期里，形成了大量理论与政策实践，并且竭力将这些东西扩展成国际共同标准与规范。这里马上能够想到的就有人道主义干涉学说、人权高于主权学说、保护的责任学说、区域一体化与治理学说、全球分层次干预学说、反恐与先发制人学说、国际组织功能变化学说、联合国维和行动的新使命学说等。应当承认,这中间确有相当多的内容表达了新时期国际社会的共同需要与多数国家的诉求,有一定的进步意义和启发性。然而,这些干预学说往往被歪曲性、狭隘性使用,首先满足的是发动干涉的西方国家的私利与霸道企图,而且多半是在没有征求国际社会多数探讨与同意、没有得到当事国各国允许和理解的前提下实施,因而后果往往是顾此失彼,甚至带来更大的灾难与不确定性。从这个角度说,中国作为联合国安理会里唯一来自发展中世界的代表,又是一个强调正义和平等权利的社会主义大国,应当积极参与有关国际介入的最新讨论,认真研究实践中提出的新要求新机遇,为建立既符合国际安全和全球治理新要求、又能为弱小国家和危机地带的多数民众所接受的介入理论做出自己的贡献。

当然,最重要的理由之一是,中国的海外利益不断扩大和延伸,国内的发展也与外部世界更加紧密相关,中国外交方针与整体国际战略必须考虑这一新现实,对海外各种利益实施更大力度、更广范围的保障,并且依据中外联系的新特点新要求提供更多支持与维护。这些增多的、需要保护的利益,首先包含经贸、能源、海上通道等方面的内容。例如,我们现在每年出境的公民人次已从改革开放前年均不到1万人增加到8000多万人,中国赴世界各地留学的年轻人数字从30年前世界大国中最少的一个上升到最多的一个(一种估算是目前中国留学生已占到全球总数的1/7),中国的游客数量从15年前还不值一提而现在已超过每年5000万人次大关,中国赴海外务工人员从20世纪90年代初期的一年区区数万人变成现在每年近百万人;单是对这些庞大队伍的领事保护,就是任何国家无法相比的艰巨外交使命,更别说危机时刻可能需要的撤侨、护渔、打海盗、救难民等带有非战争军事行动性质的艰巨的特殊安全任务。中国最近十余年间，已从单纯的资本输入大国，变成了同时向外输出巨额投资资金和建筑项目的资本及劳务输出大国，中国政府、个人和公司收购兼并或认股参资的船队、港口、矿山、森林等遍布全球各个领域和各个角落；这些数量极为可观的海外资产，也需要中国政府拿出自己的保值增值、保障保护等办法，以从前不可能具有的积极态度和统筹策略介入各种涉华的外部事务。单是在非洲，中国的年投资额就从2000年的5亿美元发展到现在的150亿美元以上，同一时期的中非贸易总额也从106亿美元左右增加到1600多亿美元。作为连续三年的非洲第一大贸易伙伴，中国近年对非洲的各种投资额已超过400亿美元。中非能源合作成为中非经贸关系的重要组成部分；苏丹、安哥拉、利比亚、阿尔及利亚、刚果（布）、埃及、刚果（金）和毛里塔尼亚等国，是中国重要的石油贸易伙伴。中国能源企业以实施优惠贷款项目、承包工程、相互贸易和投资建厂等多种方式，与非洲国家展开能源合作。非洲对中国的石油出口占非洲石油出口总额的比重从2000年的0.7%增加到2009年10.7%。2011年全年中国从非洲进口原油5797万吨，占中国当年进口原油总量的23%，仅次于中东地区对中国出口石油所占份额（50%以上）①。中国与非洲的相互利益可以说今非昔比，其规模远超非洲大陆之外任何大国与非洲的贸易数额。不管外界如何评价，中国人必须用坚定态度，保护这种日益增大的双边关系。

在不断增加的海外利益里，还有相当的内容涉及维护"高边疆"的军事安全，特别是海洋权利、建立更加可持续的周边和全球生态环境、树立更加友好的国际舆论及国际制度话语权等内涵。这些新的内涵大大超出了传统外交与国际关系的范畴，也要求中国外交人

---

① 李立凡:《贷款换石油》，载于意大利 ENI（埃尼）石油公司出版物《石油》(*Oil Magazine*) 季刊（中文版），2012年10月第19期，第40—41页。

和战略决策部门以全新的目光审视不发声、不争先的传统态度。举例来说，在《联合国海洋法公约》生效后的最近十多年，全球范围掀起了一股"蓝色圈地运动"浪潮，许多国家争先恐后地在海洋开发方向布局投子，也因此造成日益增多的海洋纠纷和主权摩擦。在这里面，涉及中国的矛盾与纷争数量尤其多，情况也复杂，目前至少有8个国家牵涉与我国在黄海、东海、南海不同方向的权利争夺。在这种局面下，单纯的低调忍让或搁置争议，或回避拖延等策略往往无济于事，因此必须学会下先手棋，掌握规则或棋局的运筹权，主动介入涉我争端事宜，拿出各方能够接受的方案或思路。在这个过程中，可能需要"稳东""西进"，可能需要寻找支持者和战略准盟友，可能需要先期投入或早期预警，可能需要在远离争议地点的大陆发力。这些都属于"创造性介入"，是有别于以往不干预立场的积极姿态，是新时期海外利益增大乃至整个中国全方位崛起的现实使然。

对于"不干涉内政"原则，不能做机械化的理解与解释。事实上，无论在中国外交字典里的一般含义，还是从中国外交在非洲的大量实践观察，这一思想有着清晰的、内在一致的含义：一个国家的内部重大事务，特别是像政治制度、安全安排和治理方式及领导人选择这类关乎社稷民生大局的问题，应当由这个国家、这个民族、这块土地上长期居住的百姓来决定。外部世界如果尊重这个国家及其人民，积极帮助其实现上述目标，就不能视为干涉内政；反之，其他国家"越俎代庖"，譬如替人选择政权和领导人，接管安全事务或经济大权，则是对国家主权的剥夺和对这个国家内政的不恰当干涉。在此意义上，这里说的中国应当"加大介入"，不仅不是对我们的外交传统特别是不干涉原则的否定，相反它是在新形势下对这一原则的丰富和发展；也是对当今世界某些主宰性力量之不合理不公正秩序的纠偏，是维护并提升中国爱好和平、主持正义和负责任大国形象的做法。

这里，笔者想特别指出，不干涉原则与主权原则本是一个硬币的两面，是当代国际关系框架中最重要的一对支柱性范畴；主权原则并非僵硬固化、一成不变，事实上一直处于演化过程，近些年也有重要的新内涵注入。从这个意义上讲，不干涉原则很自然地也需要与时俱进，得到创新和丰富。简要地概括，主权原则在当代国际关系实践与理论中，主要有以下两方面的演化和创新：首先，历史地看，早期主权属于君主绝对专制性权力，主要涉及宗教归属、辖地分割、皇室婚礼的安排等事宜。近代资产阶级革命之后，主权概念逐渐朝增强国家（政府）权力方向倾斜，这与民族国家意识的觉醒及近代国际体系的扩张需要相一致。当代特别是二战之后，主权思想的重心逐渐向着社会与公民主体性的轨道对接，国家与社会关系进步的潮流把政府变小、社会变大，"人"字被逐渐大写，主权的行使与对人权的尊重变得密不可分。其次，主权越来越被不简单视为一个孤立的、单一的法律术语，而是作为一个多元的、综合的、灵活分层次的实践范畴。比如，主权的安全与政治内核依然坚固和处于枢纽位置，而经济主权则分层对待，以适应加入国际贸易活动及规则的新需要（典型事例之一是，过去曾经被认为是各国政府极其看重的构筑关税壁垒等主权权利，随着世界贸易组织的建立和功能扩展而不断让渡和削弱）。各国及其决策者深刻意识到，灵活的主权方式既是国家间相互依存所必要的，也有利于新形势下民族国家经济的吸纳与成长。即使在安全与政治主权方面，考虑到多种需求与敏感性的差异，越来越多的国家倾向于分出核心主权、重大主权、次要主权和一般主权的优先次序，以便于合理配置和有效使用资源，同时更加巧妙地处理国与国之间一些微妙的争端，如主权共享、分割、托管、搁置等岛屿争端的过渡性和妥协性安排，主权概念本身也逐渐分出了占有权、管辖权、使用权、代管权等要素部分。主权不再是单一性的、僵硬不变的概念，而是可强可弱、可进可退、有内核有外壳、有不变的部分也有可讨价还价的部分的复杂权利和权力的机制系统。① 总之，主权范畴的历史进步，给予传统不干涉原则的创新以日益增大的压力，也提供了更多的机遇窗口与宝贵启迪。在新形势下运用好主权观，不仅能够捍卫国家民族核心与重大的利益，也能够依据实践的需要和外部的变化做出灵活调整，从而在国际舞台上作为既有原则又有变通能力的国家趋利避害、引领风潮。

深刻了解上述世界大势，从中国自身的实践中发现提取成功案例和思想源泉，是新阶段中国外交研究的一项重要而紧迫的任务。

(二) 中国与非洲关系的验证

1. 非洲的变化对中国的要求

过去很多中国人以为，非洲国家及其学界是完全赞赏中国传统的不干涉原则的，是会无保留地继续在双边关系和国际事务中支持中国这一立场的，毕竟它们有与中国类似的历史遭遇，有寻求政治、经济、外交更大自主性的强烈要求，有对于西方霸权主义和强权政治的敏感痛楚。一般而言，这个判断并没有错，但现实表明，这种认识过于简化，有时容易造成误判。从各种国际会议上的激烈争执和私下交流不难察觉，我们需要重新认识情况。

首先，非洲国家的政府、学界及公众并非完全一致，在各国官方大体保持原有立场不变的同时，学者、媒体和百姓各界有明显的分化。在后面这些群体里，有相当多的人担心，中国大量的经济和财政援助以及背后的不干涉立场，会给本国的某些"腐败官员"更多以权谋私的机会，而受援国的公众与社会则没有按照预期的那样受益。我们一些媒体和官员对于非洲官方立场的判断，也往往基于老一代人留下的基础，强调中非友谊牢不可破、有共同历史遭遇等，而忽略了现实里新一代非洲官员的多元、复杂和敏感意识。冷战结

---

① 有关主权范畴在国际关系中的演化与进步，可参见王逸舟：《全球政治和中国外交——探寻新的视角与解释》，世界知识出版社 2003 年版，第二章"国家主权和国际社会"，第 20—35 页。

束后的二十多年间，尽管非洲国家一度受到西式民主化浪潮的严重冲击，有不少负面后果及批评，但现在情况是，除少数国家外，多数非洲国家已采纳和习惯了多党选举制度，接受了自由、民主、人权等规范，因而在实践做法上要求域外大国及国际社会用更加尊重现实和政治民主的政策，区别对待发生在非洲大陆的危机事态（军事政变、局部战争和残杀骚乱等），包括实行协助进行必要的强制干预与道义谴责。这方面，一些非洲智库与学者公开或私下里对中国提出了"更高要求"，即支持非洲多数国家及公众的愿望，支持宪法、支持良政，对非民主、不尊重人权和腐败的行为加以约束和施加压力。尤其对于那些与国际道义格格不入的专制政权及当权者，很多非洲媒体强烈呼吁中国政府不要提供经济的、外交的和军事的援助或支持，不要单纯以经济利益确定双边的关系与合作。

其次，非洲联盟及各个次区域组织，呈现出更加活跃地介入本地区事务的愿望与决心，也给中国传统的不干涉内政原则以新的冲击。在2012年7月北京召开的中非第五次部长级会议上，中国政府有关加大力度支持非洲整体维护本地区安全与稳定的能力的倡议，受到各方广泛的关注与多数好评，也在同年年底埃塞俄比亚召开的第二届中非高层智库会议上得到积极回响。据笔者参加这次智库会议的感受，非洲同行中多数都强烈希望，中国方面可以采取灵活多样和务实有效的方式，参与非洲新时期区域性治理和发展的进程。确实，世界各个区域一体化趋势在加快，非洲也不例外；中国如果想赢得更多朋友与战略合作的机会，在这个大陆上也要学会与非盟等机构合作，适当加大对于非洲进步（或落后）的不同层面的支持（或否定），适度参与非洲维系和平能力建设、安全调解过程推动以及军事自主性建设的过程，而这一切均可归纳到新的建设性参与、创造性介入、合作性接触的范畴，是对中国一向坚持的不干涉原则的提升与丰富，是对非洲国家主权与民族自立立场的更好尊重，是对非洲多数国家和人民之根本利益的一种与时俱进的帮助。

从全球政治和国际关系层面考虑，非洲整体的发展确已处在新的十字路口，非洲在世界舞台上的立足有了不同以往的基石，因而促使我方对新阶段中非关系的塑造必须有新的紧迫感与能量。其一，虽然非洲大陆最近这些年的经济发展有大的起色，在世界银行、国际货币基金组织以及其他一些大的国际评级机构的报告中均给予了积极评价，但非洲国家依然困于资金不足、管理经验和专业技术不够等瓶颈，需要域外大国和国际组织提供持续的援助。这方面，西方发达国家由于自身金融危机和社会矛盾激增而无法像前些年那样承诺外援，已有的合约经常是望梅止渴、口惠而实不至，很多非洲国家政府转而对于中国的介入和"接棒"有很高的期待。其二，在和平与安全领域，尽管非洲大陆远较从前更加稳定有序，解决自身动荡与危机的办法也更有成效，但大体上分析这个地区还存在"南安北乱"等内部不均衡、不确定的政治和安全局势，可以说是全球格局里相对缺乏可持续安全保障的一块。对此，国际社会特别是联合国系统及各种大国战略对话机制上均听到各种期待和压力，中国作为负责任全球大国的介入，既有以往不曾有的挑战，也有发挥大的作用的机会。简言之，将来的历史也许会证明，正是在欧美日发达国家普遍乏力和出现赤字、传统资本主义现代化模式吸引力不断下降的这段时期，中国等非西方大国的崛起不只带动了东西方关系的权势转移，也促进了南南关系的又一轮良性互动。中国充分利用全球化进程获得了巨大的利益与机遇，也有责任回报国际社会，为维护世界和平与发展、同时也是为了自身的可持续发展做出应有贡献。这是权利与义务之间相辅相成的不可分割性。有中国特色的全球治理之理念和做法的推出，以及对传统不干涉原则的创新，恰逢其时、应运而生。

2. 中国近年来对非工作实践中的创新

经常有人提出一种担心或是疑惑的看法，中国积极介入全球事务，尤其是在非洲一些热点地区加大调解力度，会不会把自己卷入不必要的冲突漩涡中去？会不会重蹈西方一些国家的覆辙，以致引起当地人的反感甚至憎恨？会不会与我们一向珍惜和努力维护的和平共处五项原则自相矛盾，造成中国外交思想和实践中的混乱？笔者以为，这类担忧是可以理解的，应当给予回应。它们的存在与争论，有助于提醒我们的决策部门和理论工作者，在参与必要的全球治理和增强中国国际介入力度的场合，必须牢记合作发展、互利共赢等对外交往理念，必须谨慎地处理涉及他国主权、尊严和其他权益的事宜，必须继承和发扬我以往被证明行之成效的良好做法及思路。事实上，我们国家过去这些年在外交、军事和商务上的实践，走在理论工作者的前面，突破了传统框框的限制，给学界的创新提供了许多新的案例。

从外交角度观察，中国领导人、中国政府外交部门及外交特使一向主张以和平方式而非暴力手段解决各种复杂的、长久的争端，哪怕是再困难，也要坚持争取谈判优先、对话至上、和为贵的选项。中国人的耐心细致在各国外交界久负盛名，从周恩来到很多新一代外交家都具有这方面的优秀品格，连使用经济贸易的惩罚手段时中国政府都小心翼翼，而且通常会对不得已的制裁方式（比如在联合国安理会的决议要求下）给予专门的说明。中国外交官在各种正式与非正式场合，当遇到非洲国家内部有矛盾有分歧甚至有冲突危险的时候，始终从维护非洲国家的整体利益出发，从避免非洲兄弟自相争斗乃至残杀的角度考虑，一向坚持"谈判优先""和为贵""对话比对抗强"的指导原则，努力帮助和争取实现危急情势的"软着陆"。中国外交部门及联合国代表在调停埃塞俄比亚与厄立特里亚争端中的表现即为一例。最典型的莫过于中国最近十年在苏丹危机上所开展的调解行动，它不仅卓有成效地为这个国家的稳定和发展做了大量工作，而且为中国在非洲大陆其他地区的类似举措提供了有益启迪；中国的斡旋努力，还伴随着中国工程师和石油队伍对这个拥有丰富石油资源的国家的经济援助和人力资本积累，从而让非洲北部这个原本最贫困的国家开始有了成长的活力。这一点与西方的干预方式及理念有本质的区别。

中国军人在非洲执行国际安全使命时也是如此。过去二十多年，中国在联合国维持和平行动的框架下面，执行了多个重要的非洲维和任务，迄今为止收到了极佳的评价。究其原因，中国军人不仅纪律严明、遵守当地风俗习惯，忠实履行联合国方面交给的任务，而且中国军队从一开始就不直接卷入当地的武装冲突，不派遣作战部队支持一方打压另一方（这在法国等西方大国那里却是惯常做法）；相反，中国维和士兵及军事观察员始终保持中立立场，中国派遣的军人更多具有工兵和后勤保障方面的性质，中国政府选择维和的时机多半是在战后重建过程，中国军人过去没有理由、将来也不会直接与非洲国家内战的任何一方直接交火。这一点，是中国加大介入力度却不致引发当地人反感的基本保证。中国在联合国维持和平框架下为一些非洲战乱国家和地区提供的维和部队，从来没有在军事上直接打压任何非洲国家的某一方某一派，始终坚持为介入的对象提供力所能及的监督停火、协助对话、战后重建、安抚民众等帮助，从而赢得了最守纪律、最能建设、最尊重当地风俗习惯的外国军人的美誉。冷战结束以来，中国作为一个负责任的联合国安理会常任理事国，在非洲大陆这方面的纪录无懈可击，可以说是任何别的常任理事国无法相比的。

中国与一些西方大国不同，很少把调解介入的过程与手段的选择，赤裸裸地同本国的狭隘经贸和战略利益挂钩。中国即便是与有关国家有经贸方面的合作，处理安全事务依然秉承公正、合理、符合国际决议，也适合当事国国情并尊重当地人多数的原则。看看中国特使在苏丹多年始终如一的和平调解努力，看看中国外交官在阿拉伯国家及中东地区的类似尝试，就不难懂得中国举措与有关国家和地区根本利益的一致。中国财政部和商务部等部门在这些年中，不仅在非洲援助了大量基础设施和贷款援助，帮助非洲国家实现经济发展和缓解财政上的困难，而且根据中央统一部署和要求，对于团中央的青年志愿者项目、卫生部的援非医疗队项目、农业部的示范工程以及中国军队的维和部队在非洲的存在提供了财政上的保障与指导，为中国新时期在非洲大陆的总体布局做了后勤保障和战略支撑。①

在很多非洲人眼中，中国政府在非洲的开发性经济援助，很明显有别于以往西方大国的对非援助方式。后者往往在实施经济或金融援助之前，先提出标准过高的，有时甚至是严苛的政治、生态、人权等方面的要求。比如，要求实行西方认可后和监督下的选举式民主，要求实施的项目先做大量的、非洲人闻所未闻的环评工作，要求对于劳工待遇与国际标准挂钩，等等。这些听上去也不是没有它们的道理，尤其在世界不断进步、经济不断发展的今日；但是，任何有积极性的外部做法与制度，如果不适合当地特点，只会水土不服乃至失效。这也是一些来自西方的经济援助最终无疾而终的原因。反观中国的援助，很少提政治条件，在生态、人权方面的规定也显得宽松灵活；中国人更加注重经济投入的实效和日常看得见的生活改善，中国工人和项目经理经常身体力行、勤奋快捷。这并非说中国的援助没有缺点和需要改进之处，很显然，对于渴望实现最基本的温饱和提高 GDP 的很多非洲国家，中国的开发性援助更加实用、便利和低成本。

在全球化与国际治理的新形势新要求日益迫切的条件下，中国加大力度参与和平调解、安全对话、冲突解决、社会经济重建的过程，其性质也符合中国传统上倡导的和平共处五项原则的基本精神，那就是：以中国的调解声音和自身资源，在充分尊重当事国人民和多数政治派别的前提下，帮助有关国家增强自主决定发展方向的能

---

① 可参见李安山：《中国援外医疗队的历史、规模及影响》，《外交评论》2009 年第 1 期，第 25—45 页。

力,相信非洲国家和人民自己能够找到最合适的方向与办法,反对任何外力强行变更这些主权国家的政权,尤其反对以外部军事打压和侵略占领的办法剥夺受打压一方的政治权利和安全能力。

诸如此类的事例,还可以找出许多,它们从不同侧面折射出中国的大国意识,说明具体部门的实践走在学术界的前面。

(三)拓展中非合作的新思路

关于不干涉原则创新的具体路径①,在此做一些初步的探讨。

1. 援助非洲整体维和能力

2012年7月在北京召开的第五届中非合作论坛部长级会议上,我国领导人提出,今后一段时期,中国将为增强非洲国家整体上维护自身安全与稳定的能力提供必要支持。正如胡锦涛指出的那样:中国将帮助促进非洲和平稳定,为非洲发展创造安全环境;中国将发起"中非和平安全合作伙伴倡议",深化同非盟和非洲国家在非洲和平安全领域的合作,为非盟在非洲开展维和行动、常备军建设等提供资金支持,增加为非盟培训和平安全事务官员与维和人员数量。② 这是一个新的重大倡议,但它只有初步线索,缺乏系统说明。中国提供的这类安全能力建设方面的支持(资助),主要表现在哪些方面?如何帮助非盟的维和行动、资助非盟常备军的建设?非盟(或非洲)的"常备军"具体指什么?过去这些年,我们与非洲国家间已有一些合作形态,如为联合国维持和平行动(包括维和部队和军事观察员两类)派遣兵员,中国在安理会为维护非洲安全与缓解冲突做了大量努力,中国海军和特种部队在非洲东部海域(索马里一带)实施了针对海盗的巡航,中国特使在苏丹进行了艰苦卓绝的

---

① 国内现有研究只是初步探讨了这方面的"轮廓"。可参见中国外交部非洲司编:《中非联合研究交流计划——2011年课题研究报告选编》,世界知识出版社2012年版。

② 参见胡锦涛在中非合作论坛第五届部长级会议开幕式上的讲话,新华网2012年7月19日报道。

调解，中国对"非洲之角"各国消解索马里内战所做努力提供了一定财政援助，中国援建了位于埃塞俄比亚首都的非盟总部大厦，中国公安部门及下属院校为非洲一些国家的警察做了多次培训，中国国防大学防务学院定期培养非洲国家军官等。这些方式无疑发挥了重要作用，为增强非洲和平与稳定做了贡献，也得到联合国和非洲国家的好评。

现在需要讨论的是，这些形态及项目里还存在什么不足，需要做出什么样的加强与改进。首先，笔者认为需要对已有工作进行全面细致的评估。加大对非洲的整体安全能力建设方面的支持，不能盲目上项目、增资金，而应当有针对性地做出安排。其次，必须对这一工作在中国全球战略中的分量加以探讨。突出的问题是：中国在非洲的军事和安全援助，需要我国在国防和军事现代化布局上做出哪些资源调度与配置？中国在非洲加强这方面的投入力度，会不会与美军非洲司令部产生战略摩擦，又如何防范和预警？这方面军事与外交部门需要加强沟通协调。还有，对非洲总体安全能力的援助，与对非洲基础设施方面的援助及布局有何关联、怎样互补，也是需要思考的问题。过去十多年，我们国家在经济基础设施方面的投入巨大、优势明显，利用好先期投入，有助于事半功倍地开展安全合作。最核心一个问题是，中国在非洲的安全援助，如何既有效帮助非洲多数国家，又巧妙有效地照顾到我国不同群体在这一地区的能源资源开发、商品市场拓展、海上通道安全和人员财产保护、增强中国外交发言权等多重目标？这里面战略层次丰富而复杂，博弈技巧难度高但机遇多，对于新时期中国决策部门和研究界有需求也有压力，必须统筹考虑。

2. 安全援助项目的增设

众所周知，国际上有些国家与势力正在议论所谓"中国在非洲建立军事基地"的话题，国内也不时见到类似的提议。所涉及的一个证据是，近年来，中国海军三大舰队建立了轮换机制，定期派遣各自的舰队到非洲东部水域,像其他重要国家的海军一样,执行维护航道畅通和阻击海盗等海上犯罪活动的使命。然而,与老牌欧美发达国家不同,中国在非洲没有自己的维修补给基地和港口设施,限制了海军船只的活动范围和舰艇战备的质量,可以说,约束了中国军队为"非洲之角"和平曙光的重现做出贡献的能力。近期据传塞舌尔等国有意邀请中国政府及军队在这个岛国设置类似军事基地的设施,中国国防部长对这个国家的访问也加强了世人这方面的想象。然而,我获得的信息是,多数非洲国家似乎对此并不太赞成,反而担心中国军事力量的到来,加剧世界大国军事机器在这一地区的争夺,危害非洲整体的利益;不少非洲国家只是希望中国加强财政方面的援助,帮助培训非洲的安全机构和军警,包括提供必要的手段与设施。

  中国学者和智库应当考虑,针对上述情形,我们怎样适度介入,建设性地发展非洲的安全自主能力并从容创建中国在这一地区维护本国经贸、能源和海洋权益的有限军事存在架构?笔者的提议是,中方可与有关国家商议,在增信释疑、充分尊重的基础上,把原先在北京实施的、由中国国防大学主导的非洲军官培训项目,部分地移植到非洲本土开展;同时,选择少量"枢纽性"的友好国家,建立民用为主、舰队船只补给维修为辅的专用港口仓库设施,把这些设施部分地应用于军官和警官培训项目。在做这些事情的时候,一定注意不勉强推行,不张扬军事目标,不忘经济援助的原则。笔者相信,或迟或早,中国军队与非洲国家在这方面的合作将逐步开展起来并深入下去,它对于双方都有现实的利益和历史的必然性。因此,现在就开展早期的研讨和预备性的模拟推演是十分必要的。预计未来5—10年,中国一定会在非洲友好国家的帮助下,在互利共赢的基础上,依照自己的需求和方式,在非洲大陆的某个或周边地点,建立起有中国特色的军民两用的物质补给基地和后勤维修设施。它(们)不会是西方军事基地的照搬,不会是新的战争基地,不会轻易动用武力,不是恶化中非关系或导致中国与西方大国对抗,相反,就像中国对非洲的开发性经济援助有别于欧美国家对非援助一样,中国安全援助及补给设施的建设,将成为新阶段中非友好互助的平台,成为非洲整体自主安全能力增强的杠杆,成为中国军事现代化既有利于自身保障、亦有助于他国和平稳定的证明。

3. 把区域组织和重要国家作为"抓手"

与世界其他一些地区的经验教训比较,不妨更多考虑非洲联盟以及非洲大陆存在的一些次区域组织或机制的作用,用具体的步骤与措施协助它们增强这方面的能力。二战之后欧洲的经历提示我们,无论是当年的华约还是现在的北约或欧盟防务机制,它们的一个共同点是,在政治信任和高层意志对接的前提下,在本区域范围建立和发展出某种集体安全的安排,保障区域内国家有事相互帮助、有难共同承担,防止外部不恰当干预造成内部紊乱失序,而且事实上保持了相当长时间的区域内和平与安宁。欧洲这方面的经验在冷战结束后逐渐推广开来,成为世界各地区仿效借鉴的样本。欧洲集体安全机制的启示之一,是具有核心发动机(如华约的苏联、北约的美国或欧盟的德法轴心)的推动,就是说主要大国的引导作用及其在关键时刻的危机处理不可或缺;另一个关键因素,是区域组织内部就安全目标、共同威胁、处理原则和方式达成共识,有一套逐渐形成的复杂规则与机制。

从中国对非关系的现实观察,欧洲经验的启示在于,我们也许可以从协助非洲一些大国(如南非、埃及、尼日利亚、埃塞俄比亚等),在非盟发挥维稳作用的立场出发,以这类非洲安全平台做文章,如资助安全人才的培训、提供非盟维稳的机器设备等;同时,促进非洲联盟各国在确立维系和平的日程与优先目标上达成最低限度的一致,为这种共识提供必要的技术援助和资金帮助。最近几年非洲的故事也教会世人,尽管非盟的安全功能发挥处于较初级的发展阶段,存在这样那样不如人意之处(如效率不高、公信力不够、主要大国的协调性不强等),但它毕竟代表着一种整体性的合法性与较符合国际安全组织标准的前景,它的一些具体做法也得到越来越广泛的道义同情与声援。① 因此,通过非盟实现中国在非洲安全与稳定自主能力方面的介入,比较符合多数非洲国家的利益,在国际社会也容易得到理解和承认。在当下阶段,我们对于非盟安全能力的协助要有针对性,因事制宜、因地制宜、因时制宜,不可养成简单的财政上依赖与被依赖关系,② 不可替代它自身的协调力、组织力和决断力及人才培养等基础性建设的工作。总之,近期我国政府在对非关系上倡导的加快帮助非洲人才培养和人力资本建设的方针,不妨把一部分资金用于对非盟安全机制的培育上。

4. 适度调整不结盟政策

上面的讨论,涉及中国对外战略的一个新问题,即是否需要适当调整传统的不结盟原则,把建立不同层次的战略伙伴及朋友的目标提上议事日程。

中国在过去的三四十年间,也即改革开放以来的这段时间,始终奉行不结盟的原则,形成了广为人知的独立自主与和平发展的外交方针。这一外交方针,有它的历史成因和重大作用。中华人民共和国成立初期,由于各方面原因,中国曾实行对外政策"一边倒",与世界上第一个社会主义国家苏联结成了同盟关系。20世纪60年代,中苏关系破裂,中苏同盟也因此而消解。70年代初尼克松访华以及中美交往的开启,使这两个社会制度、意识形态完全不同的国

---

① 中国学界有关非洲联盟的讨论,可参见罗建波:《通向复兴之路——非盟与非洲一体化研究》,中国社会科学出版社2010年版。

② 历史上中国援建的坦赞铁路,曾造就中非政治关系的辉煌。但现实中评估,这一项目的维系却越来越困难,里面有大量值得吸取的教训,可为未来的中非战略伙伴关系所借镜。早期的讨论,可参见〔美〕于子桥:《坦桑尼亚—赞比亚铁路——中国对非经济援助个案研究》,沈浦娜译,北京大学非洲研究中心编:《中国与非洲》,北京大学出版社2000年版,第274—301页。较新的情况与数据,可参见陈晓晨:《中国,拿坦赞铁路怎么办》,《世界知识》2012年第21期,第50—59页。

家，建立了针对"苏联威胁"的特殊关系（外界通常称之为"准同盟关系"）。到了 70 年代末 80 年代初，中国进入了改革开放的全新时代，国内外形势的变化要求对以往的外交方针做出反思和调整。正是在这种背景下，中国改革开放的总设计师邓小平提出了"不结盟"的重要思想。其要点是：中国不参加任何军事同盟和集团，不同任何国家或集团结成针对第三方的同盟关系；中国愿意在和平共处五项原则的基础上，与世界上所有国家建立和发展关系；中国属于发展中国家，应当加强与发展中国家的联系，支持一切被压迫民族的解放斗争和正义事业，反对霸权主义，维护世界和平；中国奉行的不结盟的对外方针，也是为维护自身利益和发展所建立的既有原则性又有灵活性的务实立场。邓小平强调：中国的对外政策是独立自主的，同任何国家都没有结盟的关系，是"真正的不结盟"。应当说，这种不结盟的原则，反映出邓小平敏锐的时代眼光和战略胆魄，适应了内外需要，为新时期中国的外交奠定了一块重要基石。正是有了这一原则的指引，80 年代以来的中国对外方针，始终高举独立自主、和平合作、互利共赢的大旗，全方位拓展了与世界不同地区、不同社会制度和意识形态的各个国家的友好交往关系，营造出有利于国内改革与建设的良好外部氛围。首先，这种不结盟原则帮助中国在亚非拉三大洲结交了一大批友好国家，它们既不依附西方阵营或苏联阵营，也不愿对抗这两大集团，而中国的新立场使它们有了一个重要的朋友；其次，它使得世界上一些强大国家和集团意识到，中国是不可能被简单拉拢和结盟的，这是一个既有古老文明也有新的觉醒意识的东方大国，是不可忽略的独立力量极；最后，中国的这种原则方针并非僵化不变，而是有着相当的灵活性与务实性，与邓小平总体的改革开放政策和务实精神是一致的、对接的，它使得中国在国际范围被公认是善结缘、不树敌的一个大国。

应当指出，中国并非孤立地奉行这一政策，同样坚持不结盟立场的，还有一大批国家。其中最著名的是不结盟运动（Non-Aligned

Movement）。它是一个拥有 120 个成员国的松散的国际组织，成立于冷战时期，其成员国奉行独立自主、不与美苏两个超级大国中的任何一个结盟的外交政策。联合国中三分之二的会员国是该组织的成员国，全球人口的 55% 也生活在不结盟运动国家。不结盟运动定期举行首脑会议，到 2006 年为止已经在前南斯拉夫、埃及、赞比亚、阿尔及利亚、斯里兰卡、古巴、印度、津巴布韦、印度尼西亚、哥伦比亚、南非和马来西亚等国举行了 14 次会议。非洲联盟、阿拉伯国家联盟和联合国是观察员组织。参加不结盟国家会议的 5 个条件是：(1) 奉行以和平共处和不结盟为基础的独立的外交政策；(2) 支持民族独立运动；(3) 不参加大国军事同盟；(4) 不与大国缔结双边军事协定；(5) 不向外国提供军事基地。不结盟运动的开展，成为第三世界崛起的、自万隆会议后的第二个划时代的里程碑。它的历史背景是，第二次世界大战后，一些民族独立国家为摆脱大国控制，避免卷入大国争斗，维护国家主权和独立，发展民族经济，采取了和平、中立和不结盟的对外政策。不结盟运动反映了发展中国家和落后国家人民要求掌握自己的命运，维护和平、致力发展的历史潮流，因而具有强大的生命力，在国际舞台上发挥了重要作用。中国虽不是不结盟运动的成员，但始终与不结盟运动保持着密切联系，在各种场合给予这个代表广大发展中国家的国际组织以坚定的、全面的支持。一定意义上讲，邓小平所制定、中国改革开放以来所长期奉行的不结盟政策，不仅是中国自身外交传统的继承，更折射出与广大发展中国家同呼吸、共命运的身份认同，适合了冷战时期美苏全球对峙对抗最严峻的特殊环境，是一种审时度势、趋利避害的外交策略。

今天，人类已进入 21 世纪。国际国内形势较从前出现了重大变化。一方面，国际范围新旧力量的争夺和交替进程加快，一批非西方新兴大国快速崛起，老牌的资本主义强国面临了许多麻烦和问题，全球化、信息革命和非传统安全现象等等，以从未有过的方式展示了新时期国际关系下机遇挑战并存的复杂性；另一方面，中国经过几十年的改革发展和全面建设，综合国力和战略思维均大大提高，不仅经济、贸易、金融、军事各方面的硬实力得到加强，而且自信心和应对国际局势的本领亦远胜从前，加上海外利益的不断增长和国际责任及权利的不断扩大，中国人有更多的理由和能力参与影响新时期的世界政治，创造性地介入国际安全格局下一轮的塑造。在国家安全形势日益复杂的条件下，依照新的情况和自身需求及实力，审视和再造不结盟原则的问题，变得越来越迫切和重要。这绝非意味着完全放弃不结盟方针，而是要有针对性地适度微调，对之创造性地加以丰富发展。比如说，首先，可以在坚持不与任何国家和集团建立军事联盟的前提下，认真考虑建立各类国家"朋友"与区域战略支点的全球布局。其次，在此基础上，不妨加大对有战略价值的伙伴国（国际组织）的投入，加大对存在重大潜在威胁的目标对象（国家或集团）的防范与约束。最后，根据国内未来一段时期的能源需求、外贸扩展需要、金融风险防范目标等提示和线索，考虑在外交和国际战略舞台上建立实施合纵连横的特殊手段，建立多重性的预警机制和分层次的（如周边、本地区、其他大陆、全球性的）战略疆域。"结盟"在国际政治和安全词典上，是指我们既往反对的那种寻求建立国家间军事同盟，尤其是霸权支配下的压制性军事集团等等做法。而广义的"结盟"，则不妨理解成梳理区分潜在的"敌""我""友"，在国家利益基础上，用分化或结交不同方式，统筹应对复杂机遇与挑战的战略规划及行动；广义的结盟也是一种战略分类方式，是新阶段中国外交及战略规划部门应当予以评估、适当应用的。

5. 提高援助效率、纠正腐败现象

众所周知，最近这十年间，中国政府对非洲的援助力度大为增加。例如，中国国家开发银行在非洲的贷款可能是非洲域外大国里提供最多的银行之一，中国各大公司和企业在非洲开发的合作项目及工程超过了传统西方列强同一时期援建的数目,中国援建的非盟总部是非洲最现代化的会议大厦,中国维和部队修建的道路、学校、医院和港口设施是联合国维和部队里这方面贡献最多的一支部队,等等。这方面的数字与情况若列举起来还有许多,这里就不展开说了。然而,根据非洲许多民间团体、智库的说法和一些当地报章的披露,中国庞大的援助费用中,有一些被某些非洲国家的权贵阶层不恰当利用,有一些成为当地官员和腐败分子谋取私利的"蛋糕",有一些成为管理不当、效率不高、当事国民众获益甚少的烂尾工程。事实上,各国对非援助(包括西方大国的援助)都不同程度地存在类似问题,并非只是中国的援助有被滥用和非法侵占的现象。但值得警惕的是,现在西方一些媒体借此大肆炒作和指责,非洲一些公众与知识分子也有不满,这方面有增多的趋势和恶化的势头,不能不引起我国的高度重视。这里除了片面歪曲和不了解实情的因素外,我们国内一些不良风气的扩散及管理合作项目中的不规范和毛病也难辞其咎。

对此,要有两类处置与改进办法。首先,对非洲有关国家和有关事情,我方不宜采取息事宁人的办法,不能因为要维护双边关系的友好而不予过问甚至进行必要的追究,不能顾忌以往所说的不过问不介入他国内部事务的政策而没有任何修正、完善和改过的措施。那样的话,不仅中国公众的血汗钱和中国政府的形象会受到更大损失,非洲公众特别是知识分子和媒体也会越来越轻视中国的援助,归根到底中非友好互利、相互信任关系的基础也会受到削弱。由此考虑,笔者认为,应当认真研究增强中国援助的效率、提高在当地的透明度、预防严重"寻租"行为的制度性安排,并与非洲合作伙伴严肃认真地对话,讨论其可行性和具体步骤。这绝非干涉他国内政,更不是替代别人建立监管体制,而是促进双方合作质量的提升、增进非洲民众及舆论对中国援助的信任度的重要举措。其次,也要认真吸取教训,仔细察看、深刻检查和改进国内赴非实施项目过程中存在的问题,纠正乃至严惩相互间不恰当的利益输送、损公肥私换取个人或公司好处的行为。党的十八大以来中央在这方面有更加严格的要求,国内公众和各方面也有强烈的呼声,因此,建议有关部门在对非工作和指导原则上按照新的风气办事,加大对涉我不良事端的曝光和查处。严格按照合同精神办事,说到底,符合非洲国家和中国的根本利益。我们在任何情况下都应牢记政治学的一个原理:不受约束和监督的权力(及好处)容易带来腐败,绝对的权力(好处)将造成绝对的腐败。

6. 建立基座宽、层次多的援外机制

有一个问题值得探讨,即如何使我国对非援助及执行落实(包括一定程度的监理)的过程,从政府主导的相对单一的路径,扩展为社会多个方面及层次广泛、持续参与的多路径,从国家和政府层面的"小援外"概念变成社会力量乃至海外华人参与的"大援外"范畴。这也是中国外交创造性介入的办法之一,是在新形势下创新不干涉原则的一个突破点,也是解决近期双边关系中的某些问题的一个有效补充。不能不承认,在过去很长一段时间里,中国在非洲的存在(包括援助与合作),基本上是国家行为体的作用,特别是表现为中央政府的规划、引导、参与(及各种后果及责任的承担),其中外交部、商务部、财政部、农业部、卫生部和国防部担当了主角。这种国家体制具有非凡的力量,在推动国家与国家之间的重大项目谈判与合作方面,在赶超传统西方大国在非洲的影响方面,在指导、整合中国如此巨大规模国家的各地方政府和各方面努力方面,有着不可替代的重要意义和积极作用。然而,事情往往都有正负两个方面:国家承担得越多,个人的责任感可能越有局限;政府包揽了事无巨细的方方面面,社会的积极性与想象力便无从发挥。政府越是大包大揽,企业和个人越容易产生依赖心理,甚至想打"擦边球",

钻法律及合同的漏洞。从 21 世纪以来的十多年中非关系的实践观察，一方面我们国家与非洲大陆有更多的贷款、项目、合同，另一方面实际承担和参与的角色日益多样化多元化，中央/地方、政府/民间、商界/学界、集体/私人、工青妇文教卫，乃至 NGO 等行为体，可以说蜂拥而至，层次良莠不齐。新的局面既带动了中非经贸总量和人员往来的迅速扩大，又产生了令人头疼的麻烦与争执（如非法移民、非法打工、合同违规、项目破产、劳务纠纷等），给中非政治合作和战略伙伴关系造成一些困扰和冲击。

中国近年来的政治实践告诉人们，社会及个人的责任感与政治体制赋予的权利是对等的，当他们有更多的参与机会和更大的发言权时，自然也会产生更多的义务意识与自我约束态度，对其行为有更加细致、更加有效的自查与改善方式。让企业和个人同时承担更大的责任与义务，也会使之学会国际从业的更高本领与视野，提高企业及个人的品质。在我们国家对非交往上，应当从国内政治发展获得启迪，给予各种非政府行为体更多的机遇、权利和责任，避免凡事由政府部门说了算、出了问题均要国家兜着的局面。实际上，经过几十年的政治发展和社会建设，非洲国家越来越与国际社会的多数成员一样，对于腐败现象、政治独裁问题和社会不良行为有了更加清醒的认知，也希望在与中国的交往及合作中更加注重合法合理、民主民权、社会参与的原则，希望中方更加了解和尊重非洲民间、社会及舆论在这方面的进步与增长的呼声。当中国的对非援助及创造性介入，逐渐从"小援外"（单一形态）朝"大援外"（国家/社会的复杂形态）转变，对于中非关系里前面提到的一些难题，会有更多综合性、灵活性的解决办法。用一个形象的说法，努力使"国家变小点、社会变大点"，实现更加巧妙多样的援助手段与方式，最终建立起底座宽大、层次丰富、政府规划引导、社会广泛参与的中国对外援助"金字塔"。

7. 保持思想认识的与时俱进

2012年7月，在北京召开的中非合作论坛第五届部长级会议上，胡锦涛发表了《开创中非新型战略伙伴关系新局面》的重要讲话。笔者认为，理解中国领导人这一重要讲话精神的关键，是如何解读中非新型战略伙伴关系"新局面"的提法，使之具有更加丰富和前瞻性的内涵。人们可以从经贸、文化、社会以及国际关系的不同角度增进对这一重大战略伙伴关系的认识。从外交研究的立场出发，可以看到如下几点推进认知的途径：首先，中非新型战略伙伴关系跟中国与其他地区或其他大国之间建立的战略伙伴关系有所不同，它是在历史上同受西方列强支配和压迫、后来同样走上独立自主道路的两大洲民族（国家），探寻建立在新世纪合作互利、共同崛起之方向的一种命运共同体；无论有多么曲折艰难和多少分歧差异，中非之间不存在根本利害的冲突，不会对于国际格局的改革方向与目标产生根本的对立。这是重中之重，是大局中的大局，任何时候都不应忘却和迷失。其次，过去这些年，尤其是双方高层确立推动建立中非新型战略合作伙伴关系的六七年间，中非在经贸和文化领域的合作交流发展得极为迅猛，取得了可喜的成效；但相对而言，战略层面和国际关系领域的沟通与协作略显滞后，合作的水平与广度不太理想。就个人观察到的事实而言，比方说，虽然我领导层和外交部门有意愿，但在实际进程里有关"联合国改革""应对气候变化""世贸组织多哈回合谈判""人权与主权关系再定义""如何履行保护的责任""促进国际关系民主化""提升非洲大陆整体上维系自身和平与稳定的自主性能力"这样一些全球重大议题上的沟通，并未取得广泛的共识，有些甚至存在不小的歧见。经济贸易与政治安全各领域间的发展不平衡、务实进展与战略意识的对接不够，仍然是值得认真改进和反思的问题。再次，我方一些媒体和学者乃至官员，仍然停留在冷战时代甚至此前有关非洲事务的想象上，仍然把毛泽东时代关于非洲国家反帝反殖的一些提法及认知挂在嘴上，仍然以我国国内对于某些不良现象（如腐败）的低标准定义和处理方法来构想对方，忘记了近20年非洲在政治发展和民主化、反对专制方面的进步①，忽略了非洲很多国家特别是知识界对于"自由""民主""人权""良治""不干涉""非政府组织"等概念的重新解读②，以致中非学者、智库、媒体的相关研讨中常常出现一些令中国学者颇感意外的争执和分野。

必须承认，我们的一些学者和官员仍然停留在冷战思维中，把某些本来是全球通用、反映时代进步特点的概念，简单化地视为西方的意识形态工具和实施对他国强力干涉的口实，却没有注意到国内政治学界及政治高层对它们的认真研讨和重新解释③，忽略了"他山之石为我所用"的机遇，任由西方执掌本是共同价值、本可创造性用于各地各国实践的道义旗帜。例如，根据最新的研究，"自由"与"人权"在包括中国在内的许多非西方新兴大国那里，首先体现为对广大人民生存发展需求的高度尊重与不断满足，体现为这些后发国家摆脱传统枷锁和选择自主发展的权利，而不单纯是早期西式的政治权利范畴；"民主"既包括对国内各种政治权力的有效制衡，也应当包含国际主要力量在决定世界事务上的均衡结构，包括内部社会及民间自发的各种表达过程（中国改革开放以来这方面就有得到

---

① 有关非洲近年间民间组织社团的情况及其对中非关系的影响，可参见刘鸿武、沈蓓莉主编：《非洲非政府组织与中非关系》，世界知识出版社2009年版。

② 一位非洲著名学者的作品《援助的死亡》，值得一读。这部作品里面既分析了各种外援的局限，也比较客观赞扬了中国与西方大国对非援助的差异，尤其是站在非洲自身角度深入探讨了何种援助才能奏效的问题。见〔赞比亚〕丹比萨·莫约：《援助的死亡》，王涛等译，刘鸿武审校，世界知识出版社2010年版。

③ 参见赵可金：《全球公民社会与民族国家》，上海三联书店2008年版；李景鹏：《中国公民社会成长中的若干问题》，《社会科学》2012年第1期；高丙中：《"公民社会"概念与中国现实》，《思想战线》2012年第9期；应奇、佘天泽：《从民族认同到公民身份——现代民族国家的社会整合与多元稳定》，《江苏行政学院学报》2012年第2期；程同顺、张国军：《民主的回归——从选举民主到过程民主》，《探索》2012年第1期。

广泛认可的丰富实践与经验); 而"良治"这一在 20 世纪后期才逐渐普及的国际政治词语, 更具有对广大发展中国家和发达国家一道治理地区和全球事务、共同参与国际危机与难题解决的多层次界定。此处笔者想特别强调的一点是, 面对开拓中非新型战略伙伴关系新局面的重大要求与机遇, 中国学者和智库不应拘泥于旧式教科书和意识形态的教条式解释, 而要解放思想, 结合国内各方面对于新阶段改革攻坚战的全新思维与高层布局, 积极应对国际上和非洲大陆最新的动向与思想状况, 为相关外交和政治战略做出前瞻性的分析。①

8. 使对非援助与国内新阶段的指针对接

笔者认为, 有必要研究中国外交积极作为的新方位与中国内政均衡发展的新目标之间的联系, 使我们今后一段时间在非洲大陆的创造性介入与国内改革发展的新趋势吻合。说到底, 外交不仅要为内政服务, 它也是后者的延伸; 有什么样的内政就有什么样的外交。以中华人民共和国成立以来近七十年的历史为参照系, 中国同非洲整体的关系可分为三个不同的阶段, 它们之间既有联系、更有区别: 第一阶段可以说是"毛泽东时代", 大体时间范围是中华人民共和国成立后的第一个三十年。中国对非洲交往的主题及主要内容, 是在反帝反殖旗帜和共同诉求下建立某种准政治同盟的关系, 以实现民族解放和政治上独立自主、摆脱西方列强枷锁的大目标。它与中国国内同一时期追求无产阶级专政下的继续革命、建立"纯而又纯"革命阶级政权的"左"倾方针是一脉相承的。中国近代的屈辱遭遇以及

---

① 刘海方所说的"文化先行",确实应当得到我方上上下下的重视。中国不能只以经贸交往和基础设施建设的优势见长,而要充分发挥中国人的智慧与思想之光,创造性、多方位介入非洲事务。参见刘海方:《文化先行——关于中国与非洲发展合作的文化思考》,李安山、安春英、李忠人主编:《中非关系与当代世界》,中国非洲史研究会 2008 年 10 月,太原,第 322—349 页。

一盘散沙的政治弱势，形成了整个民族的强烈革命热情与造反需求，即使革命的阶段性目标实现、中华人民共和国建立之后依然热度不减。毛泽东时代的伟大遗产，是使中国人民站立起来，再穷困也不向列强低头。但这一时代的负面效应，是提升政治独立性的同时却未顾及民生。中国这一时期在非洲的政策也有此类双重特征，对坦赞铁路的援建就极具象征性，"只算政治账而不算经济账"。第二阶段是世界公认的"邓小平时代"，即20世纪70年代后期以来的三十多年。经济的活力被极大激发，整个民族的发展潜力不断转化为巨大的生产力，而成问题的一面则是各式各样的分化加剧，新的矛盾（如收入差别、地区差别、民族差别等）层出不穷，甚至有了"一俊遮百丑"的说法（不少批评者认为，在经济改革与发展大步前行的同时，政治改革、社会公正、民族关系再平衡的各种任务受到忽略）。这一时期中国在非洲的表现亦呈现矛盾的景观：一方面经贸市场与矿物能源方面的投入与项目飞速扩展，中国人表现出巨大的热情、能动性及相对优势；另一方面涌到自然资源丰饶大陆的各色人等素质参差不齐，举止作为好坏各半，国内有多少优点缺点就在非洲有多少折射反映。必须承认，不只西方媒体用"新殖民主义"的帽子污蔑我们国家，相当多的非洲人也有这样那样的怀疑和非议。

在上述复杂局面下，第三阶段应运而生，眼下正处在这个阶段的开端。笔者认为，新阶段国内发展与改革的主要目标，应当是物质不断丰富的基础上实现再平衡，包括社会公平与经济活力的平衡，政治发展与经济发展的平衡，国内各个地域、各个民族成长进步的平衡等。新目标的实现需要政治上的勇气与智慧，需要改革与开放的新攻坚战，其难度可想而知，但唯此中华民族才有摆脱各种危机拉扯下坠的机会。依此判断和推导，中国在新阶段对非洲的建设性努力和创造性介入，并非孤立的、偶然的外交体制自身创意，而是顺应时势并与内部变革方向一致的重大战略举措。它的内涵是，继承前两个阶段的优秀遗产，发扬中国与非洲国家在解放和进步道路上同呼吸共命运的政治精神，发展中非之间在经济贸易领域互补互助互利的共赢格局，同时更加注重修正前两个时期的不足与缺点，把"硬援助"与"软援助"结合起来，把器物层面的建设合作与人力资本层面的共同培养结合起来，把国家的力量与社会的力量结合起来，把经贸方面的优点优势转化为人文、教育、科技、艺术等方面的学习欣赏与互补互助，把中国和非洲领导人之间的握手拥抱，扩大至亿万中非民众之心灵间的深度接触理解。

（四）援外及公共产品的供应

分析至此，有必要对中国外援的种类和特点做一梳理和评估，看看我们在非洲有哪些投入和收效，"力度"如何，需要增加哪些"品种"，总体的布局该怎样推进。

第一类是商务援外。这是中国当代对外援助里的第一大项，至少占到我国对外援助资源总量的八成以上。商务援外指的是向外部有关国家和地区提供的经济贸易性质的支援，依据的多半是国际经济合同的标准，按照互利互惠的原则和市场买卖的尺度推进，典型如中国向非洲许多国家提供并参与建设的矿山油田、公路桥梁、学校医院、港口码头等基础设施。中华人民共和国成立后头三十年，囿于国内经济条件和外部环境所限，中国对外部世界提供的商务援助相当有限。改革开放的头些年，如20世纪80年代，这方面的政策逐渐放开，各种路数渐渐探明；到了90年代之后，特别是进入21世纪以来，中国各部门、各级政府以及形形色色的个人和公司"走出去"的热潮不断高涨，我们国家逐步成为非洲大陆最大的外部投资国、贸易对象和建设伙伴。这一势头与中国总体实力的增长，包括国内生产总值2010年上升为世界第二的进程，始终有一种正相关性。众所周知，中国对非商务援外的数额极其巨大，限于篇幅，有关数据就不一一列举了。毫无疑问，中国作为当代全球化进程最大的推动者和受益者之一，最突出、最引人注目的表现就体现在这个方向上。它也反映出中国人善于经营和勤劳吃苦的传统优势，折射出开眼看世界后大胆闯天下、不输任何大国的当代中华民族巨大能量。

　　商务援外与一般市场交易当然有区别，尤其在贷款利率的优惠、项目合同的好处、时间长短的灵活诸方面，中国对非洲伙伴的投资与建设一直走在西方发达国家的前面，投标多半能胜出，项目往往先建成。本质上，商务援外与正常的国际买卖没有大的分别，比如它们都注重市场的投入产出性价比，看重具体的利润及投资回报时限。在过去30年间，中国的援外不仅帮助非洲国家开发了本土资源、加快了经济成长速度、改善了当地民众的生活水平，同时也收获了宝贵的能源资源、广阔的市场份额和持续不断的经贸合同，适应了中国国内市场化和参与国际化最快一段时期的内在需求。任何客观的国际观察家和历史学者都会承认，这是当代全球经济中国家间最大的互利共赢伙伴关系之一。

　　然而，在看到优点多多的同时也应当承认有问题的一面。笔者认为，主要的问题与市场的一般困境和难题是相似的，即商务援助计较经济回报的同时显得短视、过于计算和追求狭隘经济贸易好处，它本性上不会自觉自愿地履行社会责任和国际义务（假使没有政治要求和国际压力，或者这种要求不够高、压力不够大的话）；功能上判断，这类援助的优势主要体现在具体的项目操作上，却缺乏长远战略的、全球总体的眼界。从实践观测，最近20年左右，商务部援外司具体规划和主导的中国商务对外援助，很难统筹各个部委尤其是外交和军方的对外援助行为及思路；不少时候，单一商务部门亦无法充分了解和驾驭中国这样一个巨型国家内部——包括各级政府和社会各界——极其复杂和层次多样的援外目标、积极性以及巨大潜能。从国际范围的专业调研、同行交流和理论比较的角度看，实事求是地讲，中国对非洲的商务援助的长处和不足，均是当代新兴大国中最突出的、最受世界关注的；中国的开发性经贸援助一方面提供了非洲国家急需的、超过欧美传统列强提供数额的项目，与任何其他大国相比修造了更多的桥梁公路、港口码头、医院学校、工地仓库等等，另一方面也由于它的单一性、商业特质过重而受到广泛指责，其与国家政治目标和安全需求的脱节，与当地生态环境保护的联系不紧密、与社会组织及媒体沟通的不畅，都受到不断增多的批评。现在看来，建立更有统筹力的外援体制，适当改变商务援助比重过大的问题，应当提上决策部门的议事日程。

第二类是战略援外。这是中国对外援助的第二大项，尽管数量远少于商务援外，但仍占有重要的比重。所谓战略援外，包含了两种大的范畴：其一是基于意识形态目标或政治考虑提供的援助，前者如我国20世纪六七十年代向非洲有关国家援助的大型建设项目（最著名的如"坦赞铁路"），后者如同一时期向一些社会主义国家（阿尔巴尼亚、越南、朝鲜等）提供的各类经济技术人才援助。这类援助随着中国改革开放进程的启动和深化而逐渐减少。其二是基于国防军事和国际安全考量，为周边邻国和国际上一些战略合作伙伴提供的带有军事合作性质或安全支持色彩的战略援助。这类援助的数量在最近几十年间逐渐增多，尤其是新世纪以降，来自各方面的需求大为增加。

大致梳理一下，这种具有名副其实"战略"特征的援助，主要包括以下形式与途径：（1）根据联合国要求派出的维持和平部队（或军事观察团）。从20世纪90年代初起，迄今为止的20年间，中国政府已向全球各个地点派遣了超过2万名中国军人和警察，非洲大陆是其中主要派出的一个方向。派遣的目标国经过精心选择，须与中国有特殊利害关系，如对有关国家及相关地区在台湾问题上承认"一个中国"原则有重要帮助，或中国在相关国家有重大能源资源投资项目，或属于历史上始终与中国保持友好合作关系或有全局性战略枢纽意义的国家，如东帝汶、海地、科索沃、刚果（金）、利比里亚、黎巴嫩、苏丹达尔富尔地区等。(2) 在中国举办的外国军官和警官培训项目，亚非国家的学员在里面占有较大比重。这里面最有名气的，当数中国国防大学国际防务学院（即过去的"外国军官培训系"）在过去近20年间开展的对国外军官的培养计划（据说从这个计划中已先后培养出六位非洲总统），中国人民公安大学以及浙江警察学院、云南警察学院、山东警察学院等中国各级警院近年实施的对外国警官（亚非拉地区为主）交流培训项目（长到几个月甚至半年时间，短的十天半月左右）。具体数字目前很难看到精确统计，依笔者的估计，每年至少三五百人的规模。培训内容丰富多样，如讲解中国国防和军事现代化的方向及具体原则，参观相关军事设施和部队演练，学习中国社会发展和改革开放方面的知识，了解中国政治制度和指导思想的具体内容，就中国与各国军警及执法部门间的合作沟通方式进行研讨等。(3) 中国依照国际法和军品贸易的惯例，对非洲和周边国家销售的各类武器和军事设备。与美俄欧武器贸易大国不同，我国这方面起步较晚，不仅总量上无法与老牌军品贸易强国抗衡，且交易的结构与层次处于较低水平，例如更多的不是坦克飞机大炮类的大型武器和高科技装备，而是轻小武器及其配套装置或中初级的军事技术。一般而言，中国军品价格比较公道合理，令亚非发展程度不高的国家较易购买和掌握使用。

撇开早期带有强烈意识形态色彩的内容不谈，中国现在的战略援外虽然相对有限（不管所占GDP的份额还是与发达国家的数量品种相比均是如此），它对于维护国际和平事业、增强联合国等多边机制的力量，对于增进中国的发言权及安全动议权，对中国与相关国家的合作，加快自身军事现代化的步伐和提高军队国际化的本领方面，都有不可轻视的积极作用。不过，也要承认，这里面存在这样那样的可改进之处。像前文已经提及的那样，比方说，中国仍然没有海外军事基地，甚至没有初具规模的自有性军事船舶补给维修设施；中国军队的国际法知识、外语水平和国际公关本领严重不足；

中国军人在打击海盗及海上犯罪、撤退海外劳工方面的国际沟通与合作能力，与欧美发达国家的海军相比略逊一筹；中国军人虽然勤劳勇敢、不怕牺牲，却囿于各种因素，很难派出一线作战部队奔赴国外前线执行任务；我们的一些军事培训项目完全可以在（譬如说）非洲本土开展，却没有确定相应的战略支点和准盟友对象，这点与欧美国家形成鲜明反差；在军品贸易方面更多的是输出价值链较低端的硬件（如轻小武器及设备），而不是高附加值的军事产品、技术、劳务及条例（知识产权）。未来中国提供的战略援外，将在数量、质量、品种、所占比重等方面有大的提高。动因之一是中国海外利益日益扩大提出的更大保障要求。另一因素是中国政府有关对非工作要加大安全援助、增进非洲大陆维护和平能力的重大倡议。第三点理由来自中国外交及更高层更加努力介入国际治理和更加主动维护自身权益的积极有为的取向。最后一个动因是基于国际社会对中国力量（包括军事安全力量）承担更多国际责任、发挥建设性影响的强烈要求。

第三类是"大援外"形式。这类援外构成比较复杂，至今仍缺乏共识，目前在规模上距商务援外和战略援外相差很远，不过，从发展前景看，大有潜力可挖。所谓"大援外"，是指在外交部门规划、参与和指导下，社会各界广泛参与，充分发挥政府和民间多种积极性，符合中国发展利益也具备国际主义色彩的对外援助。形式上，它很像金字塔式的结构。最上层是外交部门的角色与核心作用，包括了对国际危机和地区热点实施各种斡旋调解的特使安排（其人员数量及其掌握的资源应加强）；在联合国体系及非盟等各个组织机构中的常设代表（其职数和地位同样应当统筹升级）。如同胡锦涛总结的那样，2006年以来的六年间，中国对非援助在各方面稳步增长，为非洲国家援建了100多所学校、30所医院、30个抗疟中心和20个农业技术示范中心；中国兑现了向非洲提供150亿美元优惠性质贷款的承诺。中非在文化上互学互鉴，人文交流日趋活跃，中非文化聚焦、联合研究交流计划、智库论坛、民间论坛、青年领导人论坛等一系列交流活动相继启动；中国为非洲国家培训各类人员近4万名，向非洲国家提供2万多个政府奖学金名额。中非双方合作在22个非洲国家设立了29所孔子学院或孔子课堂。中非20对知名高校在"中非高校20+20合作计划"框架下结为"一对一"合作关系。① 这在中国对非关系的历史上可以说史无前例，反映出各方面积极性的提高。在"大援外"构造的中间和基座上，包含了许多层次，且有增多和丰富的趋势。这里面，各级地方政府和企业扮演着重要角色：它们不仅完成中央和外交部交办的任务，而且正在发展出富有各地特色的"企业公关""边贸外交""岛屿外交""跨界民族联谊协作""跨国水域河流合作"等次区域和功能性外交平台②；在企业和地方对外交往过程中，随着中国综合国力增强和各地积极性的提高，交往过程越来越多地是中方主动做出承诺，提供更多的设备、资金或技术援助，或提供更多机会邀请对方人员来培训和参观。它们充分体现出中国作为一个新兴大国的优势。以对非洲的开发性援助为例，浙江等沿海较发达的省份在理解国家总体外交方针的基础上，在省内外事部门的直接协助下，做出一些有特色、有创新精神、受到非洲国家好评的"大援外"事情。比如，浙江省政府对于浙江师范大学培养非洲干部的工作给予特殊的财力和物力支持；不仅浙江师大的非洲研究院生气勃勃，连原外交部非洲司司长、前非洲事务特使刘贵今大使也加盟到教育部对非交流的这所重点大学，并在那里新建了中非高级商学院。浙江省政府还对赴非的浙江商人给

---

① 参见胡锦涛在中非合作论坛第五届部长级会议开幕式上的讲话，新华网，2012年7月19日报道。

② 国际外交学界和国际关系理论家们，多年来一直在讨论德国巴伐利亚州（Freistaat Bayern）独特的对外交往模式，以及美国近年兴起的所谓"加利福尼亚外交"（California Diplomacy）现象，用它们指国家总体外交格局不变的前提下地方政府对外交往的特质与成效。中国作为一个地域广袤、民族众多、内部历史文化丰富多样的文明大国，这方面理应提供更多更好的案例。

予各种扶持和引导，要求省内各级干部更多地赴非考察和实施援建。它为新时期中国的地方援外模式做出了有益探索。

有问题的方面也不可忽略。一个是外交编制、人手的短缺，以及援外的协调机制升级问题。欧美的经验表明，越是发达国家，外交特使和派驻国际机制的代表人数越多。例如，美国有3亿多人口，正式的外交人员超过15000人；挪威只有500万人口，外交人员职数达到1500人。而中国作为13亿人口的大国，目前正式下达的外交部人员编制只有6000多人。再如，1949—1979年间，中国出境人次只有区区28万人，而2011年中国出境人次达到7200万，现在每年出境的中国旅客就超过1.2亿人。外交部编制近年来的调整，如增加国际经济司、边境海洋司等司级单位，或扩大领事保护、新闻发言、政策研究机构的层次，却仍无法适应新形势。加上前面提到的对更多外交特使的需求，对更权威的部门协调统筹能力（类似援外总署的角色）的建设，都要求在加大援外力度的同时，做出人员编制，包括援外体制上的调整。自然，这方面仅凭外交部门自身的努力是不够的，需要政治高层统筹考虑和做出决断。另一个缺失，是来自我国现有社会结构发育本身的不足。在"大援外"的设想下，题中之意是，调动社会各界特别是青年一代的能动性，如让更多的中国青年志愿者有机会赴海外服务，让更多的中国医生及农业专家定期赴亚非国家"传经送宝"，让更多的其他专业人士有平台在发展中国家施展自己的聪明才智，让更多的海外华人华侨有多种渠道加入中华民族的这一伟大事业中来。但从实际情况评估，各方面对此认识差异很大，财政上对此的支持力度不够，国民素养和能力亦受到限制，社会的自组织形态（如"非政府组织"）处于不发达状态。

第四类是国际公共产品。有关中国提供国际公共产品的讨论，近年开始出现，近期有增多的势头，反映出中国作为负责任大国的意识在增强。从中国传统对外援助类型分析，这是相对稀缺的一种类型。"公共产品"（Public Good）概念最先由当代西方经济学提出。

公共产品是私人产品的对称，是指具有消费或使用上的非竞争性和受益上的非排他性的产品，亦可称作"公共财货""公共物品"。一般指政府或社会团体提供的、能为绝大多数人共同消费或享用的产品或服务，如国防、司法、公安等方面所具有的财物和劳务，以及义务教育、公共福利事业等①。公共产品的特点是，一些人对这一产品的消费不会影响另一些人对它的消费，具有非竞争性；例如国防保护了所有公民，其费用以及某些人对这一产品的利用，不会排斥另一些人对它的利用，每一公民从国防事业获得的好处，不会因为这个社会多生一个小孩或出国一个人而发生改变。也因为如此，公共产品同时具有明显的非排他性，这是指产品在消费过程中所产生的利益，不能为某个人或某些团体所专有，而把另一些人或团体排斥在消费过程之外；不让后者享受这一产品的利益是不可能的，那样也不成其为公共产品了。例如，消除空气中的污染是一项能为人们带来好处的服务，它使所有人能够生活在新鲜的空气中，要让某些人不能享受到新鲜空气的好处是做不到的。因此，《京都议定书》和联合国哥本哈根气候大会上通过的文本，都属于国际公共产品。

不过，并非所有公共产品都没有差别。大体上它可分为纯公共产品和准公共产品两类。纯粹的公共产品，是指那些为整个社会共同消费的产品。前面提到的国防，以及公海上的灯塔，还有各国公认的《联合国宪章》及其准则，便属于这类纯粹公共产品。这类公共产品一旦投入消费（使用），任何人（国家）都不能独占专用；而且要想将其他人（国家）排斥在该种产品的使用之外，是无法做到的；任何个人（国家）若执意如此，会付出高昂的、往往不合算的代价

---

① 读者如想做更深入的学习与研究，可参见如下著作：李成威：《公共产品理论与应用》，立信会计出版社 2011 年版；张建新编：《国际公共产品与地区合作》，上海人民出版社 2009 年版；〔西〕安东尼·埃斯特瓦多道尔、〔美〕布莱恩·弗朗兹、〔美〕罗伯特·阮：《区域性公共产品：从理论到实践》，张建新、黄河、杨国庆等译，上海人民出版社 2010 年版。

（费用）。举例来说，环保制度清除了空气、噪音等污染，为人们带来了享受新鲜空气和安静环境；如要排斥这一区域的某人或某个国家享受新鲜空气和安静的环境，是做不到的，技术上也无法实现。严格意义上的纯粹公共产品，还具有"非分割性"，即它的消费是在保持其完整性的前提下由众多消费者共同享用的，如交通警察给公众带来的服务就不可分割。纯公共产品不仅包括物质产品，还包括公共服务，如政府在国内范围实施的环保条例，或联合国秘书长特使在全球热点地区展开的斡旋行动。广义的公共产品既包括物质方面，又包括精神方面的内容；既可以是财政方面的（如联合国会费），也可以是文本或制度形态的（如安理会通过的决议和国际海洋法公约）。

在现实生活里，纯粹公共产品并不多，大量见到的还是所谓"准公共产品"。准公共产品的使用范围较宽，如教育、文化、广播、电视、医院、科研、体育、公路、农林技术推广等事业单位，其向社会提供的都属于准公共产品；实行企业核算的自来水、供电、邮政、市政建设、铁路、港口、码头、城市公共交通等部门，提供的也是准公共产品。这类产品通常只具备上述两个特性的一个，而另一个则表现得不充分。教育产品就属于这一种。它一方面具有非排他性，因为对于处于同一教室的学生来说，甲在接受教育的同时，不会排斥乙听课。但另一方面教育产品在非竞争性上表现则不充分：一个班级内，随着学生人数的增加，校方需要的课桌椅也相应增加，老师批改作业和课外辅导的负担加重，若在校生超过某一限度，学校还须增加班级数量和教师编制，成本会进一步增加。放在国际范围观察，外国给予非洲的教育援助，经常发生这类困难，形成需求与供给之间的缺口。所以说，教育产品使用时具有一定的竞争性，不是"纯粹的"而是"准"公共产品。不难推导，联合国派遣的维持和平部队也有类似的性质：理论上它属于集体安全决定，然而实际上联合国的维和经费及派出兵员数量，受到各种因素的限制，使用时亦存在竞争需求。公共道路和公共桥梁也是如此。尽管它们可为所有人使用，但受路面宽度限制，一辆车在使用道路的特定路段时，就影响了其他车辆的通过；外国在联合国决议下为非洲某个国家修造的公路桥梁，不仅在对象国国内存在上述竞争性，而且其他国家由于没有争取到联合国的支持可能产生不满和抱怨，从而导致更加复杂的资源配置公平性问题和国际协调难题。

公共产品生产和供给的方式有三种：一是公共生产。指由公共部门生产公共产品，再由公共部门向社会提供（包括物品和劳务）。所谓公共提供，首先是指这些公共产品是由公共部门供给的，其次它是一种以不收费的方式来提供公共产品的。政府的纯公共产品，特别是行政部门，主要采用公共生产和公共提供方式来供给公共劳务或服务。前面提到的海上灯塔或外交调解，就属于这类性质。二是私人生产。提供公共产品并不一定都要由公共部门生产，有时由政府购入私人产品，然后供应市场。例如国家可以将制片商拍好的电视片买过来在电视台播放。不管谁来建造，当一条道路修成后被政府购买，提供社会使用，便是公共产品；若它被企业购买并向行人收费，则变成私人产品。国际上的一种趋势是，武器和军事装备之类，很多由私人企业生产，然后由政府采购并提供给军队和国防部门。三是混合生产。有些准公共产品，尤其是在性质上接近于私人产品的准公共产品，在向社会提供过程中，为了平衡获益者与非获益者的负担，提高资源的使用效益，政府往往采取类似于市场产品的供应方式，即按某种价格标准向消费者收费供应。例如，对于医疗产品既可以采取政府供给方式，也可以采取政府供给、个人付费方式，此外，自来水、电、煤气等也都可以采取收费方式来供给。由于混合供给方式包含了政府的政策因素，它与纯粹市场供给的私人产品，在性质、管理以及价格上还是有区别的。显然，在准公共产品的供应方面，政府有更大的选择面和更多的实施机会。国内如此，国际领域亦不例外。

从上面的理论描述中，我们能够获得哪些启示，又如何应用到中国对非洲的援助中，加强和改进中国式公共产品的提供呢？

这里分别从全球范围和非洲地区两个层次进行探讨。

首先，从全球角度观察，上面的讨论告诉我们，国际公共产品是一个国家提供给其他国家特别是国际社会共同使用的，带有某些非排他性和非竞争性的资源、制度、物品和设施，最有代表性的如联合国会费、国际气候制度、世界粮农组织所需的救灾物品、国际水域水道上的灯塔航标之类。中国应当加大这方面的投入，把它们作为扩大影响力、改善形象、争取人心的杠杆。增加中国特色国际公共产品的提供，有许多新的要求。首先需要改变目前这种由商务部门主导的援外体制，改为权威性更高、统筹能力更强的决策机制。其次，要全面细致规划战略援外和公共产品两类范畴，使之相辅相成：前者指符合我重大安全利益和军事目标的对外援助，将主要用于中国的全球利益和战略布局，如过去这些年对巴基斯坦的援助，对非洲和中东一些能源资源产地的投入，在国外一些战略要津建设的基础设施；后者指用于国际社会集体使用的产品或项目及公约，它们更多提供给联合国等有公信力的国际组织和机构，如中国维和部队的提供及其维和基地的建设，中国提交国际组织的活动经费，保护公海多样性和极地生态的各种倡议等。战略援外与公共产品不是截然分开的，而是有区别又互相增强的一对范畴。它们的关系及在中国对外关系中的作用，需要系统深入的研讨。在我看来，过去几十年的对外援助里，商务合同份额过大，而战略援外尤其是公共产品的比例太小，今后应逐步调整，确立新的权重与平衡点。

中国在可预期未来提供的国际公共产品，似可考虑以下重点：第一，在向外空、极地、深海这些典型的"高边疆"进发的同时，不只是器物层面有更多的海军舰艇、海洋勘探船只、极地探险队伍和外空军事手段，更要主动提出为全人类着想的和平合作公约与多赢方案，建造国际水域的"灯塔"，并积极充当国际范围的"救火队"和"救生员"。第二，着眼于保护海上通道畅通和能源外部供应安全等问题，中国应当积极与国际海洋法相关机构合作，熟悉预防油轮泄漏和海洋生物多样性的规则与制度安排，力所能及地提供一定的资金和技术援助，同时加大打击海盗和防范海洋非传统安全威胁的力度。第三，像近年来设立的东盟事务大使、中东问题特使、气候问题特别代表等有效做法那样，中国应当在未来几年派遣更多的特使到周边和世界热点地区，将中国外交"不树敌"、善交朋友和耐心细致的优良传统发扬光大，让各国和国际社会感受到一个新兴大国带来的好处。中国外交特使安排应当制度化并有更大投入和人员配置。第四，总结过去行之有效的做法和安排，加大宣传力度和投入，这方面有海外服务志愿者项目、联合国维和部队培训等。这些做法和项目是中国和平崛起的"名片"，是展示中国善意的"抓手"。第五，改变国际上一种不良的看法，即中国只是一个"跛足巨人"（一种在经济贸易能源等方面有能力有胃口，但政治安全人文领域无吸引力甚至让人害怕的形象），花大气力培养发展中国家的各类人才，为有迫切需求的国家提供能源和经济开发方案。

其次，必须看到，全球性公共产品的供应难度比较大，尤其它接近纯粹国际公共产品的性质，对于中国这样一个仍然处在发展中国家阶段的新兴国家不可能提供太多；在现阶段，更大的关注点应当放到区域性公共产品的设计与提供上，这类公共产品带有准公共产品的特点，形态与方式更加灵活多样，数量可大可小而操作可难可易，比较符合党中央制定积极有为又量力而行、大胆设计又谨慎推进、有助国际形象改善又能为国内公众接受的援外方针。这里所说的"区域性公共产品"，主要针对（譬如说）非洲大陆这样特定的目标地区，有中央既定的原则方针（尤其是近年在中非峰会及部长级论坛上制定的各种文件）指引，表达中国对中非共同利益及新型战略伙伴关系的统筹考量，以非洲联盟等典型的地区组织为重要依托伙伴和实施平台，以非洲大陆整体和多数非洲国家为主要受益对象，由中国政府提供的对非援助。近十年内典型的案例，有中国援建的、位于埃塞俄比亚首都亚的斯亚贝巴的非洲联盟总部大厦，有外交部设立的非洲事务特别代表（特使），有农业部根据国家总体规划和外交部建议在非洲一些国家推广的农业示范项目（网），有团中央、商务部及外交部等单位联合推动的中国青年志愿者海外服务计划，有中国政府承诺的对非洲大陆最贫困国家的减债方案，有中国国防部和公安部下属院校开展的培训非洲军警干部的工作，有中国军队在联合国维持和平框架下在非洲大陆多个国家实施的维和行动，等等。我国政府在2012年召开的中非合作论坛第五届部长级会议上还提出，中国今后几年将适当增加援非农业技术示范中心，帮助非洲国家提高农业生产能力；实施"非洲人才计划"，为非洲培训3万名各类人才，为此提供中国政府奖学金18000个，并为非洲国家援建文化和职业技术培训设施；深化中非医疗卫生合作，中方将派遣1500名医疗队员，同时继续在非洲开展"光明行"活动，为白内障患者提供免费治疗；帮助非洲国家加强气象基础设施能力建设和森林保护与管理等。中国政府也承诺，未来将更大力度地支持非洲一体化建设，帮助非洲提高整体发展能力；中国将同非洲大陆建立"非洲跨国跨区域基础设施建设合作伙伴关系"，为项目规划与可行性研究提供支持，鼓励有实力的中国企业和金融机构参与非洲跨国跨区域基础设施建设；帮助非洲国家改善海关、商检设施条件，促进区域内贸易便利化。可以看出，这些区域性公共产品在外延和内函上，与前面说过的战略援外、商务援外和社会"大援外"存在部分的交叉重叠，它们的落实仍有待细致的工作和协调，但笔者想强调的重点在于，这些区域公共产品是为非洲区域的稳定发展和整体能力的提升提供的，因而是必要和值得的。

前述公共产品概念及理论，还给我们一些启发。

其一，公共产品不能狭隘地理解为只是经费、物品、基础设施之类，它们更可以是劳务、人才及专业技能培养等方面的专项供应。非洲有些智库向我们提议，中国应当向一些欧美国家借鉴某些做法，不仅要提供基础设施（这方面中国远远走在西方国家前面），而且花更大气力帮助使用方提高掌握这些基础设施的知识、技巧与能力。据说，在非洲个别地方，中国援建的质量上乘的医院学校中，当地人见到的却是一些来自欧洲国家的志愿者甚至待业人员（欧洲近年深受经济衰退之苦，因而有大量专业人员闲置）。这对于我们是一个警示：不能好事做不好，不可有始无终；不明不白地替他人作嫁衣，还经常受到无理指责。涉外政府部门尤其是管理援助项目的官员，对此要认真汲取教训，寻求改进。涉外企业和地方当局也有理由由此得出结论：今后的援助项目，尤其是那些在枢纽国家和重要地点可能产生持续影响的工程，不只是做到"交钥匙"，即把建成的实体交付对方，而且应当"教手艺"，即让使用这些实体的对象掌握有效使用和可持续运营的知识技能。也许国内有人对此会批评说，那样岂不没完没了、变成财政"无底洞"了?!还有的不同意见是，非洲一些落后国家的人员素质不高，远达不到中方工程技术人员的水平，而且教会非洲人的过程十分艰难，里面存在不同文化背景、劳动习惯差异、对工作质量要求不同的诸多难题；所以，目前阶段还是"授之以鱼"而非"授之以渔"比较便利。理解这些意见的同时，我希望有更长远的目标和更大气的战略。中国援建的非洲联盟总部大厦项目，就具有这类特征：2012年落成使用的这座大厦，不仅花费了中国财政援外的八亿元人民币完成了"硬件"方面的建造，而且从头到尾始终有技术和管理方面的"传、帮、带"，至今仍有一定数量的中国工程技术专家和后续的财政保障，在亚的斯亚贝巴市中心，支撑着这个项目。尽管花费不菲，但它象征着中非友谊的基石坚固牢靠，体现了中国政府的对非洲整体合作机制的战略支撑点，也是中国人学习履行新时期国际主义义务的一个路径。它带来了非洲对中国的高度评价，正如埃塞俄比亚总理梅莱斯在落成典礼上指出的那样："这块地从前是监狱，关着很多死囚，有很多绝望的人，当时整个非洲大陆给人的感觉就是绝望；现在这座建筑带来了一种希望，象征着非洲的复兴、非洲的希望。"①

其二，尽管政府通常是公共产品的主要设计者、推动者和供应者，公共产品的生产过程和具体承接方则有灵活的样式、渠道和行为体。欧美发达国家有一个常用的方式，即政府一旦在预算或国际协定中承诺了对不发达国家和地区的援助，尤其是对亚非整体性的帮助，不止通过各种媒体大肆宣扬，更想方设法把这些援助项目转包给社会力量、民间机构或企业公司实施。这一方面是因为西方国家国营部门相对较小、功能不全，无法承接众多项目；另一方面是由于这种由政府购买公共产品、企业和市场承接、之后提供了援助对象的方式，也比较经济和节省费用。考虑到中国经贸与金融现在有全球性影响和上下游网络，未来我们不妨考虑，在设计、生产、供应对非区域性公共产品时，中国政府把部分订单下达给其他国家的企业，特别是那些与非洲有传统贸易联系、语言使用便利的承包商。当然，我方始终要掌管好大政方针，实行动态追踪和质量管理，确保整个过程符合我方既定的路线。现在中国实体经济和外汇总量的大盘子非常可观，利用率并不理想，因此，哪怕只切出其中很小一部分，也可以安排相当数量的外部生产供货者，它同时有利于建立中国引导的、有多方参加的国际公共产品供应方式。举例来讲，我国在世界银行和国际货币基金组织（IMF）的增资份额、投票权与高管比例，在 2008 年国际金融危机以后逐步得到提高，尽管远谈不

---

① 《建造非盟总部大楼的中国人》，《青年参考》2012 年 4 月 11 日。

上理想的程度，但已使中国在国际金融领域的话语权和决策地位达到前所未有的水平。截止到2012年年底，中国的外汇储备达到33000多亿美元，占到全球外汇储备总量的三成以上。国家外汇管理局提供的具体数据显示，根据2012年9月末国际投资头寸表数据，中国对外总资产中约67%为储备资产，其主要运用形式是债权投资。2011年，中国对外资产的收益率约为3%，与美国、德国和日本相当。根据金融学界的意见和国际上的通行做法，这一时期中国政府完全有必要、有可能充分利用强大的实力，设计并提出更多的国际金融项目、产品、交换方式和投资目标，巩固和增进上述趋势。笔者觉得，通过外交部、财政部、国家外汇管理局等国内部委的协作，在国际货币基金组织等机构内设立对非援助的区域性公共产品专设基金，用于支持中国在海外的订货、转运、应用及其相关的投标和保险事宜，便是一项事半功倍的举措。

其三，制定区域乃至国际性的规则和制度，使之具有通用性和广泛认可，属于比较高级的国际公共产品供应。它具有事半功倍的成效，但也是中国缺乏的。从全球范围看，中国迄今为止的崛起，虽然被称为世纪之交国际关系中最伟大的进程之一，但实事求是地说，这种崛起基本上或者说主要是经济领域的现象，而在其他方面则乏善可陈。数字能说明问题。先看优势的一面：中国过去的30年间保持了9%左右的年均经济增长速度，使中国从一个人均年收入几百美元的贫困国家变成了今天人均年收入近6000美元的新兴大国；中国在2010就跃升为仅次于美国的世界第二大经济体，目前我们的总产值已经达到美国的一半还要多，估计再有十多年时间可能超美登顶；中国现在是全球最大的能源生产国和第一大石油进口国，拥有全球最大的货运船队和港口吞吐能力；中国的外汇储备和进出口贸易额，分别位居世界第一、第二的位置；中国的公路和铁路长度，内河航运量，钢铁、汽车、机电设备等工业产能，均已居世界前列；

中国在全球玩具、家具、服装、鞋帽、电器等方面的产量，与其他任何国家相比都有惊人的优势。世界各国观察、感受到的今日中国，像是一个茁壮成长的经济巨人，一个经济史上前所未有的超大规模而且潜能几乎无限的大国。然而，中国在国际舞台上的话语权与其经济实力完全不对称，我们的国际公务员尤其是国际组织高管所占的比例，不仅少于传统西方大国，而且落后于印度、韩国、巴西、墨西哥等新兴国家；外汇储备最多的中国，在国际货币基金组织和世界银行等主导性国际金融机构里的动议权和制定规则文本的能力，甚至比不上法国；各国主流媒体充斥有关当代中国的消息，多半是负面报道或抱有怀疑态度；在国际安全和政治领域，亦有类似的麻烦：美国、俄罗斯、法国、以色列、韩国的武器出口，很少遇到像中国军品贸易所遭遇到的多重阻挠；印度或巴西的社会制度及对外宣示，很难面临中国试验或"模式"所碰到的西方学界和舆论的反复质疑。中国老百姓可以认为这里有西方资本主义国家的阴谋，国内的媒体有理由担心美国对中国的防范与围堵，问题是我们自己如何直面现实，与其抱怨、愤懑，不如实干巧干、突围前进。比如，假使中国未来帮助非洲联盟在各种国际组织中推出有利的议案，协助一些非洲大国成为联合国安理会的理事国（包括准常任理事），推动非洲逐步形成自身的维稳能力和调解机制，而不是把这些创造区域性公共产品的机会让给英法美等老牌"宗主国"，那么，中非两大力量的协同与互助，或许能够多少改变前述不利的环境。可以这样说，过去一段时间的中国崛起，主要表现为经济的崛起，确切地说是数量方面、规模方面、速度方面等指标的快速提升；相对而言，按照科学发展观和新一代领导人提出的中华民族伟大复兴的"中国梦"，未来一段时间中国的崛起，将更加重视质量方面、效益方面、科技含量方面等指标的精致改善，尤其是中国综合性国力的增长和国际地位的提高。加大我国在国际规则方面的设计与投入，包括在非洲等地提供更多更好的区域性公共产品,是符合这一发展趋势的。

自然,做到这一切,并非外交部门自身所能及,除外交转型和变革持续发展之外,总体的政治考虑、战略规划、部门协调是不可少的。无论如何,在相互依存的现时代,一个大国如果没有宽阔的战略眼光,不能提供包括一定数量的国际公共产品在内的各种国际援助,是不可能在全球高地站稳的,即便短暂形成崛起气象也无法持续。

二、欧洲人如何扮演全球角色?——借鉴与反思

在国际舞台上,中国的崛起、中华民族的伟大复兴,如何造福世界、有益人类进步,而不是陷入"国强必乱""国强必霸"的西方周期律?欧美国家站在全球高地之后,如何使用它们的力量、维护它们的利益、实施对外介入与调解?为什么至今它们仍能保持强大的优势与辐射力,令国际社会及多数国家喜欢也好、讨厌也罢都不得不接受这种现实,这里面有何手段、设计等奥秘?用更加通俗的说法,需要探讨的问题是:相对人数很少的"老师",为什么、凭什么,总能指导、支配数量大得多的"学生"?

不难看到,在当代国际关系里,来自西方强权①的各种干预行为和动议,包括由此造成的诸多国际制度与规范,是影响最强烈、争议也最多的一种现象。欧美强权干涉,包括了军事、外交、政治、经济、文化、媒体诸多方面,范围之广、程度之深,几乎无事不及、无处不在;相比之下,俄罗斯、印度、巴西、南非、中国等新兴大国,以及非盟、东盟等非西方区域组织,只占有国际介入行为和国际规则倡议的很小比例。这一现象深刻折射出西方国家对当代国际

---

① 这里所指的"西方强权",是一个广义的政治地理称谓,它涵盖日本、加拿大、澳大利亚等西方发达国家,但一般不包括中东欧各国。

体系的影响力和主宰性质。

须看到,在"西方"范畴下面,欧洲的角色与美国有很大区别:美国经常使用武力等较粗鄙的干涉方式,给世人的印象更加直接和简单;欧洲则更多采取比较精致和多边的形态,如反倾销贸易诉讼、外交斡旋调解、人权和气候问题谈判、欧盟框架下向外发起的战略对话倡议、法德英等主要大国在联合国安理会的动议之类——用陈乐民先生的说法,欧洲人显得有"文化底蕴"[1]。欧洲不论大国还是中小国家都有自己的介入方式(后者如北欧一些国家在国际安全事务中的大量援助和倡议),不论政府还是民间(包括各种活跃的社团和媒体)都有相对强烈而持续的国际观和援外手段;欧洲人的干涉偏好不仅有军事压制和经贸制裁等强力表现,还体现为体制、舆论和观念等方面的优越感和"先手棋";当代世界的几乎所有领域和问题上都有欧洲人的声音、决议和印记。

当笔者使用"欧洲人"的称谓时,确实泛指处于那一区域的各个阶层和团体,指向的是这些阶层和团体普遍具有的态度。欧洲人的国际介入观是长期形成的,与它的近代化进程不可分割,有着深厚的积淀与根源,一定程度上变成了本能的冲动或本质的特征,其间夹杂着自信与傲慢、王道与霸道、进步与野蛮。欧洲人的对外干涉,是西方世界主宰当代国际关系和全球发展进程的重要体现之一。与其他地区相比,欧洲的方式更加多样和有力,它们是对区域外国家的制衡,是对全球进程的强力引导。无论"硬压制"或"软介入",欧洲人的国际角色尤其对外干涉,是十分引人注目的当代国际现象,对被干预对象产生了强大的压力,具有强烈的辐射传染效应,持久

---

[1] 参见资中筠、陈乐民:《冷眼向洋——百年风云启示录:20世纪的欧洲》,生活·读书·新知三联书店2007年版;陈乐民:《欧洲文明十五讲》,北京大学出版社2004年版。

深刻地影响着全球政治和外交进程。①

马克思说过,工业较发达的国家给工业较不发达国家所显示的,只是后者未来的景象。② 当中国人开始扬眉吐气,更多关心外部世界的变化及对自身的利害关系,有意愿加大参与全球治理的力度、更多介入周边乃至其他大陆的问题解决时,需要从西方老牌强国的长期做法和周密布局中吸取教训、取长补短。就欧洲国际角色而言,我想强调,不只应当看到它的问题和麻烦,避免重蹈覆辙,还要认真研究西欧国家优势与强项及由此带来的好处,在借鉴中弥补中国国际经验的不足。本部分打算扼要梳理驱动欧洲人干预国际事务的内在根源,从相互联系的六个侧面,对当代国际关系的这一重要现

---

① 对于中国来说,全面准确地研究欧洲人的干涉冲动,无论从哪个角度看都具有重要的意义。然而,在以往中国学界的探索里,这方面的成果似乎不多。陈乐民在《"欧洲观念"的历史哲学》(东方出版社1988年版)、《欧洲文明十五讲》(北京大学出版社2004年版)等著作里,第一次以"欧洲学"的视角及提法,系统勾勒出欧洲人国际干预冲动背后的历史渊源和民族性格。他特别强调了从文明进化角度客观看待"欧洲"心态的必要性。周弘主编的《欧盟是怎样的力量》(社会科学文献出版社2008年版),沿袭着陈乐民先生的思考路径,更加广泛细致地讨论了当代欧洲的整体形象,包括它的文化基因、政治体制、经贸能量和外交风格等,揭示了诸如"民事普及力量"和"规范塑造力量"等关键词的意义。宋新宁、陈志敏、陈玉刚等学者对欧盟一体化进程和欧洲对外干涉倾向的各自分析(宋新宁:《欧洲联盟与欧洲一体化》,中国轻工业出版社2001年版;陈志敏:《欧洲联盟对外政策一体化》,时事出版社2003年版;陈玉刚:《国家与超国家:欧洲一体化理论比较研究》,上海人民出版社2001年版),从不同角度提醒我们,欧洲人的国际观念和干涉言行,远比中国大众媒体通常讲述的情景复杂多样,值得认真追踪、谨慎应对。近年中国学者关于欧洲一些大国军事干涉利比亚、科特迪瓦的解释,关于欧盟的冷战后改造非洲战略和新世纪地中海战略的批评,关于应对俄罗斯、中国、印度、巴西、墨西哥等非西方新兴大国崛起的欧盟战略伙伴计划的剖析,关于打击国际恐怖主义、消除伊朗"核威胁"、解决包括中东和平问题在内的伊斯兰世界主要乱象的欧洲方案的说明,关于欧洲人在诸如全球治理提案、气候变化应对、债务危机防范、农业补贴政策、打击海盗行动、反倾销投诉过程、处置移民难民等议题上的国际倡议或对外发难,有不少新鲜有趣的讨论,限于篇幅,这里不打算一一评点。总体而言,尽管较从前有明显的进步,中国学界对于欧洲人为什么如此热衷国际事务、动辄"下指导棋"的深层次原因,探讨得不够。

② 马克思:《〈资本论〉第1卷德文版第1版序言》,《马克思恩格斯全集》第44卷,人民出版社2001年版,第8页。

象做出讨论；对照之下，看看中国加大参与全球治理力度、更加积极创造性介入的过程，怎样取他山之石为己所用。

（一）强大的军事政治势力

作为近代军事政治的发源地，欧洲国家曾相当迷信和滥用武力。西欧列强侵略征服世界其他地区的过程，便是一部以武力征服、用血与火洗劫不发达国家的历史。第二次世界大战之后，欧洲国家对外武装干涉的性质和次数，都与过去的帝国主义殖民主义有大的区别，尤其欧洲中小国家介入武装对外干涉的频率与意愿都有大幅下降。但像英法这样的主要欧洲大国，依然保留了相当强度的军事干涉，不管是作为美国盟友、在联合国决议下的出兵（如海湾战争和伊拉克战争），还是在带有合法性色彩的邀请下，对旧殖民地国家某些派别的宗主国式打压，如它们在2011年的科特迪瓦内战、利比亚战争和2012年马里内战中扮演的角色。现在的欧洲人不管看上去举止多么文明，且对外部用武行为做怎样的辩解，但他们的血脉里都流淌着野蛮、粗鲁和暴力的某些基因。近代世界历史上的欧洲，曾是帝国主义、殖民主义现象的"始作俑者"，是20世纪两次世界大战的策源地，长期扮演着奉行强权政治和霸权主义的主要国际行为体。从北欧的维京海盗到荷兰、西班牙、葡萄牙等海洋列强和殖民宗主国，从控制更大地理空间的"日不落帝国"不列颠到后来发动世界大战的德国纳粹和意大利法西斯，欧洲工业化以降的最近几百年间，国际上充斥着来自欧洲人此类"强权即公理"的占领和干涉逻辑，强大的"炮艇政策"始终承载着所谓的"白人使命"。近代国际关系史的几乎每一页，都书写着欧洲人的"第一次"：第一次发现美洲大陆并征服那里的各种土著；第一次踏遍包括赤道、南极、北极等地在内的全球所有大洲；第一次令历史上最强盛的文明古国如印度、中国、埃及等低头臣服且沦为附属地；第一次在世界范围推行海洋自由贸易与市场扩张政策；第一次强迫几乎所有不得不"开眼看世界"的域外国家接受欧洲人的宗教、法律、政治经济制度,乃至建筑、饮食和生活习惯……而所有这些"第一次"都伴随着军事镇压或其他形式的暴力征伐,无一例外带有"血与火"的深深烙印——这方面没有任何别的大陆和国家形态(包括美国、日本之类的"新帝国")能与欧洲军事政治强权相提并论。

如果说世界近代史见证了欧洲列强"军事开路、政治主导"的干涉外部路径,那么当代国际关系里更多呈现的是欧洲主要国家"政治先行、军事殿后"的路线图;后者尽管形式上多少有别于前者,精神气质上却毫无二致。英国在伊拉克战争中对超级大国美国的追随,就是一个典型例子:当时的布莱尔首相远比美国布什总统会讲政治,他用了"推翻独裁政权"而不是"搜缴大规模杀伤性武器"的说法,作为游说本国公众支持入侵他国军事行动的理由,而且在开战之前反复向国际社会宣示此战的必要性与合法性。法国主导的打击和推翻利比亚卡扎菲政权的联合军事行动,凸显出这个传统军事政治强权的多面性:时任法国总统萨科奇本来与卡扎菲家族关系密切、合作甚多,法国多年来一直力主欧盟发展新时期新样式的地中海战略①,试图以"民主/法治/人权"和"次区域经贸一体化"加"文化历史联姻"等多重手段,"充实""提升"、改造、演变北非-中东的相关国家;然而,面对始终棘手、不服管教的卡扎菲政权,遇上动荡的形势和插手的机会,法国乃至整个欧盟的中东-北非新战略"图穷匕见",军事暴力机器再次被放置于政治诱导过程的前头。2013年年初法国奥朗德政府在美国、英国等支持下对往昔法属非洲殖民地国家(马里)的强力军事干预,体现出新形势下西欧大国对外军事干涉的更典型特点:一是具有重大经济利益或战略价值,绝不在没有重大资源、市场和军事回报的地方轻易投入(比如同样是危

---

① 有关欧盟的地中海政策及新战略的内容,可参见倪海宁:《欧盟的中东-北非战略调整刍议——基于2011年中东-北非变局的思考》,《欧洲研究》2011年第5期,第40—57页。

险的战乱局势，同样受到当事国政府的邀请，法国对于中非共和国的内战，就没有军事干预的兴趣）；二是得到联合国或非洲联盟等地区性组织的授权，使出兵干涉行动不至于被国际社会多数成员批评为违反联合国宪章精神的"入侵"行为；三是在当事国找到代理人，最好由当事国政府出面邀请，以协助政府军打击反政府武装的方式推进；四是有在较短时间内完成军事干预行动预期目标的把握，不至于陷入美军在阿富汗那样的战争泥沼。这中间，第二、三条作为当代欧洲大国军事干预哲学的重要成分，是保证其国际合法性的关键，也使欧洲大国的决策当局多少有别于简单粗暴的美国当权者（比如小布什）。有了这两条，纵使存在各种国际批评和内部争议，英法等国政府的干涉大致畅通无阻。无论在伊拉克、利比亚、科特迪瓦或马里，虽然欧洲大国在完成主要军事打击目标之后都很快回到政治轨道，武力炫耀程度和伤亡水平比过去有所下降，但是欧洲人旧时的帝国心态与手法并无大的改变。这是一种源自历史的基因与冲动，时光改变的只是具体的程序和做法，骨子里与生俱来的某些传统性格仍在顽固表现，仿佛平日间人们见到的"返祖"现象。即便到了新的世纪、全球化相互依存的地球村时代，哪怕欧洲强权讲得再漂亮、姿态再优雅，需要的时候它们也会毫不犹豫地大打出手。欧洲作为现代国家的发源地和典型代表，其双重性质在此表现得淋漓尽致：一面是超越中世纪的国内法治、人权、民主形态，一面是类似旧时代的对外强权和军事压制的面目。

与欧洲干涉主义的这个特质相比，中国人在推进国际治理与介入时，具有一定的"先天优势"。中国外交风格柔软、低调、细腻，很少勾连贯通武力，向来不同于老牌西方强国，后者强硬刚性、崇尚实力和武力速决。在我们的传统文化精神里，虽存在诸子百家，但主流倾向是注重以理服人、道义至上，在对外交往上讲求耐心和慎用武力。即便是兵书讲兵法，中国古代多数军事家办注重心战而不喜蛮力，讲求"不战而屈人之兵，善之善者也"，有"上兵伐谋，其次伐交,其下攻城"的目标排序。这种精神渐已渗透积淀在中华民族的血液里,成为上至政治人物、下到平民百姓的认知。除了内战、革命和极"左"年代的特殊时期,中国当代外交,特别是改革开放以来的对外关系态势,一直遵守了邓小平奠立的新的时代、战略和国际大局观,遵循着和平、合作、协商、对话的精神,包括商务、军事、外交和民间的具体内容无不如此,重现了历史传统中"非攻""慎战""求势""中庸"的主干脉络。拿中国军队来讲,冷战结束以来的二十多年间,凡是涉及对外参加行动,都表现为辅佐性的、援助性的、后勤性的和非战场交火式的应用,很少直接用于制暴、交火、弹压、正面战场对抗等武装冲突,注重师出有名、符合国际规范。不过,也必须提醒,与欧洲国家的同行相比,中国军人在海外执行任务的经验较少,而且自身外语水平、国际法知识、国际公关本领等"软实力"严重不足。因此,在越来越多的国际维和、护航、撤侨、保卫使领馆安全等海外使命面前,应当仔细观察和适当借鉴欧洲国家这方面的做法与观念,避免在力不能及的情况下承担过多的使命。举一个例子:欧洲国家的特种部队,在执行海外作战行动时,不仅装备精良、擅长格斗,尤其善于伪装成平民模样、潜入目标地带,有的时候他们还雇佣干涉对象内部不同部族、文化和土语背景的战士,完成复杂而紧急的任务。长期的宗主国和殖民主义传统,使一些欧洲国家这方面的资源与条件相当雄厚而独特,这些东西从技术上讲是中国军队无法企及的。所以,站在外交后面,始终慎用武力,避免卷入过深,尽量不要树敌,是中国武装力量在维护自身利益和国际和平及安全时应当遵循的方针。

(二)现代工业的征服力量

马克思和列宁很早就指出,现代资本主义的本质特征之一,是国内过剩的资本和生产能力不断地对外扩张,跨越和征服更多的区域外地理国家,国家的军事政治强权多服务于资本内生的这一扩展过程。① 今天的欧洲人之所以热衷国际干涉，一个重要驱动因素是欧洲工业和市场的外向性与国际依赖。列举几个简明但能说明问题的数字：几个世纪以来，欧洲一直领先世界的科学发明、技术工艺和机器制造；如今虽被美国、日本和一些新兴国家在多个领域超越，但欧洲仍是全球成熟、强大的经济区之一；拥有27个成员国的欧盟，现在也是世界上最大的综合经济体，经济总量约占全球1/3，贸易实力约占全球市场的20%，在世界各地的投资总量仅次于美国；欧元还是仅次于美元的第二大国际储备货币，在世界各地越来越普遍地作为计量生活水平和贸易交换的金融工具。② 不过，虽然欧洲内部总体上市场规模庞大，但任何单一国家内部的容量相对有限，离开了外部的原料、销售、运输线和资本流动，多数欧洲国家将无法维系现在的生活水准和生产线。欧洲是比世界上其他任何国家和地区（包括美国、日本等国在内）更加依赖经济全球化和自由贸易的经济体，从而决定了欧洲人从政客到媒体直至公众，都高度关注国际事务、热衷参与全球治理、不惜动用资源干涉他国内政——不管是欧洲自主发动的军事外交（如北非中东政局动荡过程的表现），还是借助联合国框架的维和行动（除常年提供大量兵员和装备之外，欧盟财政捐款占到联合国维和行动总预算的四成以上，远超其他捐助方）。经过长期历史经验的积累，欧洲既是现代工业体系的主要发源地，也是国际交换和各种贸易规则的重要制定者，同时是对不遵循现行秩序的任何国家或地区实行贸易制裁、军事镇压、外交训斥和媒体讨伐的策源地。世界上很少有国家和地区拥有这方面的"软实力"；对于欧洲人来说，如今发动针对其他地区的各种商业战、关税战或反倾销战，就像他们的先人发起各种海上运输安排和自由贸易倡议，并在军事政治外交力量的辅佐下攻陷无数封闭国家

---

① 马克思和恩格斯的《共产党宣言》、列宁的《国家与革命》中的有关论述。
② 〔意〕马里奥·泰洛：《国际关系理论：欧洲视角》，潘忠岐、简军波、张晓通等译，上海人民出版社2011年版，第176页。

的城池一样驾轻就熟。欧洲是典型的西方工业与市场力量（industrial and market power）。

简要分析欧盟对利比亚局势的介入和欧洲人在若干国际事件的立场，可知经济或市场因素对欧洲国家之军事、政治、外交选择的影响。众所周知，确保能源安全具有特殊的战略意义，始终是欧盟外交和安全政策的主要目标之一。整体而言，欧盟80%的石油进口和1/3左右的天然气进口来自中东-北非地区，后者曾长期是英、法、意等欧洲列强的殖民地，有欧盟"南部后院"之称。利比亚作为非洲最重要的石油产地之一，优质油多半出口欧洲，是欧盟第三大石油供应方，意大利1/5、法国15%的石油进口来自这个国家①。几乎所有欧洲石油巨头均在利比亚有重要投资和产业，涉足勘探、生产、提炼和运输的各个环节；欧盟在把中东-北非地区视为出口和投资的重要增长点的同时，还有一石多鸟的其他目标（如与极端恐怖势力进行斗争，抑制大规模杀伤性武器扩散，防止对欧洲的大量非法移民以及有组织犯罪等）。而卡扎菲执政的四十余年间，始终表现出特立独行、"不服管教"的个性，常常挑战和质疑欧盟的政策与提议（利比亚在卡扎菲执政时期是唯一没有加入欧盟合作框架的地中海南岸国家），既让各个老宗主国十分不满，也损害了某些欧洲石油巨头的利益（如2005年利比亚政府强制外国公司重签石油分成协议，导致外资份额大幅下降）。② 说到底，法国牵头、欧洲一些国家出兵对利比亚的入侵和颠覆行动，是借利比亚国内反对派抗议和政府镇压以及中东-北非全面动荡的时机，惩办"首恶"、杀一儆百；在关键时刻，借用马克思的说法，欧洲传统列强"撕下了温情脉脉的面纱"。在看似不那么野蛮残暴的国际干涉举措或事件里，类似的

---

① 倪海宁：《欧盟的中东-北非战略调整刍议——基于2011年中东-北非变局的思考》，《欧洲研究》2011年第5期，第41—42页。

② 参见唐虹、顾怡：《试析欧盟地中海政策的局限性》，《欧洲研究》2011年第5期，第58—72页。

逻辑也在重复展示。比如，欧洲很多国家之所以成为全球气候排放新制度安排和会议的主要发起方和干预国，最重要的原因是，西欧和北欧的多数国家已进入所谓"后工业社会"，其产业结构、能耗结构和消费结构需要更多新的、有利的国际安排加以保障。为此它们不仅根据自己的水平与需求向全球推广新的"低碳排放动议"及优势产品和高端服务，而且越来越多地责备甚至惩罚那些刚刚进入工业化发展阶段、不得不保持合理必要的碳排放空间的多数国家，尽管实际上后者履行和追随的不过是"后工业社会"的欧洲人自己过去制定的制度，并且努力但艰难地朝着更加清洁高效的成长模式推进转换。可以想见，一旦新的国际气候公约实施，欧洲人的技术、产品、专利、咨询服务和培养模式，会很快占据世界相关市场和行业利润的各个"制高点"。在全球新一轮贸易谈判即世界贸易组织的"后多哈回合"进程中，也有相似的场景：欧洲人各种倡议及压力的背后，除了认识上、实践中有积极意义的一面外，另一面始终包含着切下更大"新蛋糕"的考虑及手法。

　　与欧洲相比，在经济贸易容量和市场拓展能力方面，中国有着后来居上的优势，特别是拥有巨大的经济资源供本国参与周边和全球事务使用。在过去的一二十年，中国是全球范围对外贸易增长最快的国家之一，从国际贸易体系比较边缘的位置迅速接近了核心圈。尤其自20世纪90年代后期加入世界贸易组织之后，中国的进出口贸易量大幅增加，十多年内从全球第五、第六的地位变为第一贸易大国。中国是全球范围内一百二十多个国家的最大贸易伙伴。由于贸易顺差巨大，中国人积蓄了大量外汇；中国政府拥有的外汇储备，在过去十年间一直高居各国榜首。上面这些因素，加上改革开放这些年来中国人在基础设施建设、全球航运能力、制造加工业方面积累的强大力量，使得中国既有巨大的国际经济利益，也有参与全球治理的强烈需求和能力。某种程度上说，中国现在同样面临工业产能过剩、国内需求不足、外贸依存度高的麻烦，但在扩展国际市场方面又面临了来自不同国家以不同理由开展的大量反倾销案件等贸易保护主义措施。这种两难局面在最近几年变得严峻，可以说，中国业已成为全球经济中受到责难和攻击的主要对象之一。欧洲国家的经验表明，发展到一定水平，不论内外有什么反对声音，国家决策部门必须加大保护海外经贸利益的力度。然而，欧洲人的教训也证明，凡事都有两面：外部收益增多的时候，可能是贸易战加剧的时期；经济体系的开放，既有助于国内产业的提升和民众生活品质的改善，也会加大各种对外依赖，暴露出新的脆弱性；维护海外利益的安全和外交手腕，运用不当的话，会造成其他国家的反感和反弹。几乎可以说，欧洲人以往几十年、几百年推进市场经济扩张时遭到的阻力与弊端，有相当的部分已经或将要成为中国经济巨人感受的烦恼和阵痛。当然，与欧洲资本主义国家不同，社会主义的中国，共产党领导下的政府，在21世纪到来的时候，明确承诺将实现"和平崛起"，推动"和谐世界"建设，最大限度创造互利共赢局面。这是一个美好的前景，是国际社会多数成员希望见到的一种结局，但实际的进程很可能充满摩擦与合作、猜忌与学习、曲折与纠错的复杂矛盾。还是列举中国读者熟悉的事例：姚明作为后来者和"小巨人"在美国职业篮坛的成长，提示了这个过程的不易。与欧洲相比，中国作为国际经济的新手，纵使体量庞大，经验却严重不足，尤其拓展"高边疆"的能力、提供新技术和制定国际经济规则的水平相对滞后——这些问题提醒中国人，我们国家仍处于驾驭全球经济贸易金融进程的初级阶段。必须深刻认知到，从全球观察，中国尽管发展速度较快，经济规模较大，但与欧洲国家多半活跃在中高端领域（如现代金融、服务贸易、技术标准、精密仪器、创意产业、高科技产品）的情况不同，中国人在全球市场及整个经济领域的地盘及优势，主要是中低端领域（如污染严重、能耗较多的化工钢铁等产业，低附加值和劳动密集型的玩具、家具、服装、鞋帽等简单日用品供应，道路、桥梁、港口等常规性基础设施建设，以及国际大宗能源资源的购买、提炼、加工和运输等普通贸易行为)。我们的决策者和媒体公众不能为 GDP 总量占世界第二的位置等表象模糊视野而沾沾自喜,不能忘却抢占全球经济之价值链高端的更高目标和艰难进程。

(三)现代文明的传播者

如果仅有上面的批评,对于了解欧洲人的干涉偏好,不免过于浮光掠影。笔者想强调的是,既不要光听到"人权""法治""民主"等词语,就以为欧洲人不会对外使用武力;也不要因为军事、政治、外交的某些霸权行为,而把欧洲各种现代制度包含的积极成分一概抹杀。两者都是真实存在的,像一枚硬币的两面,适用于不同场合和对象而已。相比美国超群的硬实力,欧洲人最大的优势不在器物层面,而是其积淀深厚、系统完备的现代体制和规范。欧洲国家实施对外干涉时,不光有基于利益和战略方面的考量,也有现代体制和规范方面的内因。这些现在被称为"软实力"的东西,确实给了欧洲人更多的优越感、自信心与干预底气。整体而言,与美国、日本等不同类型的西方发达国家相比,欧洲更像是一种"civilian power"。翻译和理解"civilian power"这个概念,并不是无需讨论的事情。现在国内学界多把它译成"民事力量",估计一是想区别于"军事力量"(military power),二是看重其对民众生活的渗透作用。其实,"民事"的译法是有问题的,不解释容易造成混淆和误导。这里面最大的问题在于,"民事"这个中文词,无法揭示欧洲人使用"civilian"词根时包含的现代风习及制度安排内涵,一种不同于中世纪或更早时代的社会气质。哪怕我们暂时没有更好的译法,也要知道"民事"一词包含的歧义与局限。例如,多数中国人做翻译时,并不十分在意把"civil society"表述成"市民社会"或是"公民社会"甚至"草根社会";但欧洲人讲"civil society"时,一定指个人须有私有产权和纳税方式,强调此类型的"公民"有自主、结社、选举等权利,构成个体的人与国家政府之间组织化的社会力量。它揭示出欧洲近代资本主义脱出旧时封建制的基石,也提示了中国学界谈到此类概念时的盲区。严格意义上讲,所谓"civilian power",虽然词义上脱胎于古希腊城邦居民行使权利的方式,却是近代欧洲文明的产物,它代表着输出欧洲生产方式及其衍生社会方式的力量。

现代国家始于欧洲,后来传出这个大陆,在不同地理方向引起深刻而持续的改良、革命或动荡;从最初的殖民地改良措施到20世纪后期的可持续发展议题,当代全球化进程肇始于欧洲工业革命。这是一个有特色的进程,越往后看特色越明显:与日本帝国主义在亚洲的侵略扩张不同,也多少有别于美国新帝国的全球霸权,尤其20世纪中叶以降,欧洲人的国际干涉行为在多数时候更多地承载社会含义,更多具备人的面孔,带有技术共享与自愿合作的形态,常常以"民事"方式自然传播,表达着普通人的内心看法,而不只是国家政府的专横决定,多半不是军事强权的粗暴使用;陈乐民先生精辟地指出,它更像是一种"文明扩张的进程"。从国际政治与安全角度衡量,"现代文明的传播者"本是一种内生的力量,可当它被欧洲国家政府掌控,用来有意识地向外输出时,它就成为所谓的"推广文明的力量"(civilizing power),一种典型的"欧洲中心论"驱使下的扩张强力。[1] 从老式的殖民主义意识形态(所谓"白人的使命"),到丘吉尔的强权政治主张和"铁幕说",直至近些年来萨科奇关于法国对非洲军事干涉政策的辩解,它都表现得淋漓尽致。"民事"与"军事"是可以转换、相互支持和增强的,"文明的"民间风习的传播过程,有时需要得到国家暴力"不得已运用"的保障。这是当代欧洲观念的一大特性,亦是人们观测欧洲国际角色的重要视角。

从全球范围考察,中国对于现代风习的传播过程,更多是一种

---

[1] 有关"civilian power"和"civilizing power"的含义差别,可参见〔意〕马里奥·泰洛:《国际关系理论:欧洲视角》,潘忠岐、简军波、张晓通等译,上海人民出版社2011年版,第178—181页。

接受者而非发源地的位置，但随着时间的推进，这种态势正逐渐发生积极变化。鸦片战争以后的百余年间，基本上呈现的是中国被西人野蛮炮火攻陷、中国政府与百姓屈辱被迫地接受开放口岸和不平等贸易的画面；经过毛泽东和革命军队艰苦卓绝的浴血奋战，中国变成一个政治独立、不受任何外部势力控制的大国，了解和接受现代规范的进程则变得曲折；到了改革开放时代，中国成为一个经济不断强盛的大国，其间融入国际体系、加入经济全球化进程、推动世界贸易和金融进步的表现令人称道。尽管曲折，这条线索是往上延伸的、越来越清晰的：从早期的消极反应到后来的坚持抵抗，再到今天的主动介入；从被迫接受外部制定的条件，到艰难探索学习适应国际规则之道，直至尝试把自己的理念与动议加入到人类进步的议程。与欧洲国家相比，必须承认，我们国家迄今为止在国际事务中的优势主要局限于经贸金融和基础设施建设领域，在"硬件"方面对于很多国家现代化的发展做出不少贡献，而在公民社会的新型表达方式、社会力量（相对于国家力量）的提升、现代科层制度和民事规范的创造等方面，尤其是让这些方面的努力为外部世界所感受所接受的程度上，中国乏善可陈，其他方面的长处与经济力量不成比例。例如，"和谐世界"是一个不错的口号，做得好它也可能成为现代文明的规范，成为解决全球性冲突的原则；然而笔者到很多国家与当地同行沟通后获悉，他们中很少有人认为中国领导人倡导的理念落到了实处，很难说清宏大抽象的政治哲学如何体现为具体有效的建言与措施。这种事情很让人遗憾。如果我们的有关部门和大众媒体对此没有痛切的感受和认真的反思，看不到与发达国家的内在差距，只是满足于更长的公路铁路里程、更大的进口出口能力、更多的国内生产总值等浮华的物质指标，中国的壮大就缺乏现代精神和人的面孔，我们国家就很难得到他国人民的由衷认可，中华民族就还没有实现文明意义上的理想"进步"。我感觉，只在国内纵向比较、自说自话，是很难看清这种差距的；只有当与外部世界广泛对照，尤其与欧洲这样的发达区域进行比较鉴别，方会知晓改进的具体方向。

（四）国际规范的制定者

上面的讨论给出启示，欧洲人的国际角色，是一种基于现代文明之上的自身规范的输出和自有体系的扩展。从国际关系的发展进程考察，这种作用相当精细而有效。事实上，欧洲人在国际事务中最重要的作用，是自觉和竭力充当国际规范的起草人、宣讲者和推广机器的角色。比起军事的保护或干涉、经贸的输出或制裁、传媒的赞美或谴责，"国际规范制定者"更是一种神重于形、内力发散多于外部强制、巧妙糅合了输出方优势的力量（normative power）；借用约瑟夫·奈的说法，它是"硬实力"加"软实力"形成的"巧实力"（smart power）。从当代国际体系观察，任何民族、国家尤其是大国强国都拥有这样那样不同的硬实力或软实力，如美国强大的航母编队，小国以色列超群的军事技能，日本发达的电玩和动漫制作，韩国传播甚广的电视剧和美容术，中国独步天下的医术和烹调，但很少有哪个国家和地区享有欧洲那样均衡全面的国际规范力量。美国虽坐拥发达的军事工业综合体和教育科研体系，但由于众所周知的原因，在许多国际场合，这个超级大国过分迷恋物质能力特别是军事力量，忽略外交及其他软因素，轻视联合国和多边机制的作用，无视中小国家和非国家行为体的声音，很容易失道寡助、陷入困境；当然，美国也有创建全球体系、运作多边机制、制定国际规则的强大能力，但其对军事、科技等硬实力的重视，明显强于对规范力、话语权等软实力的器重。欧洲人则不同，他们有更好的历史知识和文化修养，其社会宽容性和色彩丰富性都胜过美国，在对外干预时深谙"倡导""激励"而非"强迫""压服"的道理，在国际规则的制定、应用方面，已形成一整套的经验和做法。也许正由于欧洲人的军事和科技硬实力无法超越美国，甚至无法与一些新兴大国抗衡，他们更加看重设计、制定、引导国际规范的本事。

在当代国际关系里，欧洲与美国是当今以联合国为代表的国际组织体系的主要缔造方，是各种国际军控和裁军条约、国际贸易与反倾销条文、国际人权与政治权利公约的关键诠释者。由于有着不同于美国、日本的特殊历史经历，欧洲发达国家的公众、知识分子和政治人物相对而言更加注重对极端民族主义、法西斯主义教训的反思，更加注重自身价值与追求同国际法准则的对接，更加注重诸如保护民主和人权、反对死刑和酷刑、消除绝对贫困和悬殊收入差距、绿色环保和可持续发展理念等规范的实现；欧洲"重社会、轻军事"的政府预算结构与美国有大的不同，欧洲的社会思潮和工会运动远比大西洋另一端活跃，欧洲无论左派右派还是中间势力都有自己的政治表达机会和意识形态影响，欧洲的多元化和社会弹性对一些争取高品质发展的新兴国家颇有吸引力。欧洲是宗教改革运动、文艺复兴运动、现代思想启蒙运动的发源地，欧洲人今天依然是全球多边主义、自由贸易、绿色发展、反建造大坝运动、禁止全面杀伤性地雷公约、防止小武器滥售、新一期全球气候制度等新国际规范及进程的倡导者和推动者。我国大众媒体比较多地报道德国、法国、英国、意大利等欧洲大国的外交业绩，其实欧洲很多小国也有不俗的国际介入方式。例如，瑞士这样的欧洲小国，不仅有享誉世界的钟表和巧克力制作，拥有全球相对数量最多的国际组织总部驻扎，还创设了有"小联合国"之称、影响日增的达沃斯世界经济论坛。不管有怎样的争议，瑞典、挪威设立的诺贝尔奖，成为当代国际关系里最有声望和影响的一类奖项；北欧整体上也是为联合国提供维持和平经费、为非洲提供人道主义援助、为中东和亚洲冲突战乱地区提供各种调解①相对数量最多的一个欧洲次级区域。在不同

---

① 典型事例有关于中东和平的"奥斯陆进程"、关于斯里兰卡及印尼政治和解进程的北欧国家斡旋等。

国际规范领域的多层次、多手段介入，使得欧洲长期占据着当代全球政治外交舞台的要角位置。与美国式霸权的强权逻辑和外表特征很不一样，欧洲经常被视为和被说成是"温和的力量"（a gentle power）。① 这种力量更多带来的是"不战而屈人之兵"或者说"润物细无声"的成效。

有关欧洲规范能力的介绍提醒我们，对于包括中国在内的很多新兴大国来说，追赶西方硬实力的时间可以预期，但成长为国际规范制定者的过程肯定长得多。首先，作为一个发展中国家，中国至今依然是一个国内议程与事务占压倒性优势的大国，各方面对外部的关注及利害关系虽比改革开放之前增加了许多，但并未改变决策程序优先考虑内部事务的状况。其次，作为一个大国，中国的疆域、人员、资源、语言等条件，允许我们国家随时可以关闭大门，实行完全自给自足的政策，这种好处亦带来了许多民众与官员不太关心他国局势、不愿付出过多代价介入外部危机。实事求是地讲，与欧洲国家相比，中国人的全球视野和"国际主义"尚处于初级水平。最后，与上面的特点一致，中国参与和驾驭国际组织的能力，大大落后于欧洲国家尤其是西欧老牌资本主义强国。由于各方面原因，我国的国际公务员人数、高管人数、投票权和动议次数，按可比性分析，不仅少于英法德美日等传统西方发达国家，甚至不如韩国、印度、墨西哥、巴西等新兴国家。再说一个事例：2008年以来，世界普遍遭遇了严重的经济危机，一种始于华尔街金融危机的全球经济动荡与低迷局面，到现在也不能说得到了根本缓解和强劲复苏。在欧美日区域普遍乏力、自身难保的形势下，世界对新兴国家的发力和带动有更多的期待，世人也因而见证了八国集团（G8）的颓势和二十国集团（G20）的诞生。按说，新兴国家在这个新的国际金融和

---

① 〔意〕马里奥·泰洛：《国际关系理论：欧洲视角》，潘忠岐、简军波、张晓通等译，上海人民出版社2011年版，第177页。

经济平台上理应发挥积极作用，使之为预警国际金融危机、加强国际金融监管做出贡献。但遗憾的是，在过去近五年间召开的七次二十国集团峰会中，五次在欧美国家（美国两次，英国、法国、加拿大各一次）举办，只有两次放在非欧美国家（韩国和墨西哥），中国、印度这样的新兴大国始终无缘成为东道主，失去介入国际金融体制改革和增强自身话语权的良机。不仅如此，还有更加严峻的一面：据笔者的观察，有相当多的国家对于中国在国际规范制定和推广上的角色存在误解和疑惑，认为中国政府抵制某些普世价值及其制度安排，不愿意承担诸如维护人权、推进环保、反对酷刑、禁止地雷使用等领域的公约或国际规范所规定的义务；往深处透视，习惯了现有国际体系及其观念的这些批评者，实际上是对中国的政治制度和意识形态有担心有恐惧，担心中国强大后重新输出革命，恐惧13亿多中国人再度用斗争和造反的态度对待实力渐弱的其他国家。毕竟，多数国家已在欧美主导的近代国际体系中习惯生活了几百年，中国巨人昏睡不醒长达一个多世纪，我们国家新阶段主动介入国际事务的时间不过是最近的二三十年，担忧是不难解释的。什么时候中国能成为世界公认的"规范性权力"？没有人能算清楚，只能让历史来证明。无论如何，国际规范问题，既有技术层面，也有器物层面，还有观念和做法层面；适应和掌握它们，对于中国人而言，是一个复杂而长期的过程。

（五）观念创新的大机器

率先进入现代化进程和缔造国际性体系的欧洲，不仅在全球军事政治领域实施强权，在全球经济贸易领域推进市场，在全球社会文化领域普及"文明"，在全球制度法律领域建章立制，而且，这个在全球化道路上"先知先觉"、擅长"下指导棋"的欧洲巨人，同时具有现代启蒙者和观念缔造者的强烈意识，在全球思想理论领域大力创新，提出了无数引领风气的概念与学说。可以说，在当代国际关系范围内，欧洲与美国一道，是最擅长观念创新和掌握话语权的力量（conceptual power）。欧洲地区作为概念创新机器的能量与持续性，与欧洲主要语言（如英语、法语、西班牙语）的广泛使用有关，同欧洲早期海外开拓及殖民的历史不可分割，也根植于欧洲的政治人物、专家学者和媒体公众的欧洲中心主义及其文化自觉。

近代国际关系中，众所周知，法国人布丹最早发明了"主权"（sovereignty）一词，它成为近代国际体系（"威斯特伐利亚体系"）的核心概念。随着欧洲逐步占据世界政治舞台的中心，几百年间，欧洲人提出的各种"主义"和学说开始大行其道，如"改良主义""社会进化主义""社会主义""共产主义""社会民主主义""无政府主义""工团主义""重商主义""市场与经济自由主义"（斯密称为"看不见的手"），以及"边际效用说""比较成本说""国家干预说"（凯恩斯所谓的"看得见的手"）、"创造性破坏和资本主义周期进化说"（熊彼特的术语），乃至晚近更加激进和形形色色的马克思主义流派、革命的列宁主义学说、斯大林主义体系、意大利的法西斯主义、德国的纳粹主义等；其种类繁多，实难于言尽。它们或带来全新的进步气象，或毒化了国家间关系，或催生了大批的新产业，或推翻了大量旧政权……不管有什么不同，这些"主义"和学说都越出了欧洲的自然地理范畴，外溢至世界各个角落，造成各种反响与冲击波，带来国际体系的演进和质变。从历史上看，世界上没有其他任何国家（包括鼎盛期的美国和苏联）和地区，产生出如此繁多的"主义"，拥有如此持续的造词能量。

这里列举一些事例，看看欧洲人在当代概念创新及影响世界方面的实力：

• 在发展学说方面，著名的"罗马俱乐部"（Rome Club）早在20世纪60年代后期就发布了《增长的极限》与《人类处在转折点》等多份报告，第一次发出对现行资本主义增长模式的强烈警讯，成为90年代初期联合国千年议程和推广"可持续发展"理念的重要基石。无独有偶,"气候难民"概念亦来自欧洲,特别是德国的智库。

● 在国际关系学派方面,"英国学派"是美国重心之外当代世界唯一完备且有代际特点的理论学派,其对国际关系中的法理、公正、秩序的研究,具有广泛而深刻的影响力。这方面,英国学派与美国主流的战略和安全研究、威慑与博弈理论非常不同,前者具有历史社会学的深厚背景和政治哲学的潜移默化,而后者基础更多来自于国家中心思想驱动的系统工程理论。

● 在地区一体化思想方面,欧洲人早期有联邦主义、功能主义、泛欧主义及普世主义的人权理论,晚近的有新联邦主义、新多边主义、新功能主义和新主权说等理论。考虑到联合国及各种国际组织的深刻影响和强烈需求,欧洲的这些理论学说远比美国和其他地区的论述更加好用、适合。

● 在国际政治经济学(IPE)方面,英国著名学者苏珊·斯特兰奇(Susan Strange)对于"关系性权力""结构性权力"等概念的分析以及对"政治"等范畴的再诠释①,打破了美国人(如吉尔平等人的美式 IPE)的垄断地位,大大拓展了这个分支学科的视野。

● 在安全理论的最新建构上,有英国人巴里·布赞(Barry Buzan)有关"安全复合理论"(Security Complex Theory)② 的思想,有挪威学者约翰·加尔通(Johan Galtung)倡导的"和平学"③,有"哥本哈根学派"(Copenhagen School)对于国际安全范畴演化过程的独特探索,有和平与冲突研究领域所谓"北欧模式"(Nodic Pattern),等等,它们从不同角度为丰富国际安全与和平思想做出了贡献。

● 在外交政策方面,欧洲联盟是冷战结束后世界大国和国家集

---

① 〔英〕苏珊·斯特兰奇:《国家与市场》,杨宇光等译,上海人民出版社 2006 年版。

② 〔英〕巴里·布赞、奥利·维夫:《新安全论》,朱宁译,浙江人民出版社 2003 年版。

③ 〔挪〕约翰·加尔通:《和平论》,陈祖洲等译,南京出版社 2010 年版。

团中首先提出"战略伙伴关系"概念及框架的地区；从建立与俄罗斯的战略伙伴关系开始，冷战结束以来的 20 年间欧盟已建立起了十余个全球性战略对话伙伴关系和渠道。① 包括中国在内，很多大国都在仿效和借鉴欧盟的这一做法。

- 在全球热点解决方面，典型如关于中东和平的"奥斯陆进程"（Oslo Process），代表着北欧国家在主要热点区域斡旋、调解的重要努力；按照比例来讲，北欧是世界上人均捐献国际和平费用最多、倡导和平与调停冲突的贡献最多最持久的一个区域。

- 在周边策略方面，瑞典智库"斯德哥尔摩国际和平研究所"（SIPRI），最早提出重建北非及中东地区的所谓"发展—安全联动战略"（development-security nexus），并且使这一倡议得到了欧洲主要国家及欧盟的采纳；SIPRI 长期出版的《国际和平年鉴》，是全球裁军、军控和地区冲突领域最有权威性和影响力的一份定期出版物。

- 瑞士"达沃斯世界经济论坛"，从 20 世纪 70 年代初创建至今，对于各国决策层和智库产生了广泛的影响，现在它更在中国、韩国、印度、土耳其建立了各个区域论坛；它发布的世界经济展望年度报告，也以其严谨细密的风格，成为衡量各国竞争力和全球经济形势的一个参照文本。

- 欧洲的国际关系理论一向具有独特而扎实的根基，早期产生出爱德华·卡尔（Edward Carr）和雷蒙·阿隆（Raymond Aron）等思想大家，20 世纪后期激发出后来在美国和其他地区大放异彩的建构主义理论，康德哲学更是新国际制度主义、相互依存理论及永久和平论等学说的主要源头。

我们国家在当代国际政治、安全和外交思想理念方面亦有独特的贡献。譬如说，中国内战和革命年代毛泽东一代革命者在实践中

---

① 〔比〕托马斯·雷纳德：《战略的背叛：呼吁真正的欧盟战略伙伴关系》，《欧洲研究》2011 年第 5 期，第 13 页。

创立的游击战学说，曾在 20 世纪中后期亚非拉民族解放和反帝斗争中广泛传播；20 世纪 50 年代中国与印度、缅甸等国共同倡导的和平共处五项原则，成为当代国际关系中的重要原则；毛泽东在 70 年代前后提出的"三个世界"划分思想，曾发生过巨大的国际影响；邓小平为从英国人手中收回香港提出的"一国两制"设想，不仅打破了中英两国间一度僵持的局面，更为国际范围解决类似难题开辟了新空间；世纪之交，江泽民曾倡导"互信、互利、平等、合作"的新安全观，胡锦涛等中国领导人提出了建设"和谐世界"、实现中国"和平崛起"的理念，习近平提出构建"人类命运共同体"思想，如此等等，不一而足。与欧洲整体上相比，当代中国对于外部世界的这些思想贡献总体上数量较少，多半带有东方人的哲学思辨色彩，更加宏大高远，重道义而轻实利。另外一个问题是，中国的贡献主要来自政治领导人，而学者、大学和媒体的独特创造似乎极少，至少被国际承认的微乎其微。这里主要是与欧洲国家同行做出的那些广泛公认的理论学说及学派流派对比而言。尽管中国研究机构和大学数量多得多，研究人员和教师队伍在规模上远远超出欧洲任何一个国家，仔细思索一下：中国有没有能与达沃斯论坛影响力比肩的论坛？中国诸多智库有没有写出像 SIPRI 年鉴那样有公信力和被大量征引的报告？中国国际关系理论和外交学界有没有创造"英国学派"或"北欧学派"那样的流派？中国学者中有没有出爱德华·卡尔、雷蒙·阿隆、苏珊·斯特兰奇、巴里·布赞那样的世界级理论大家？我想，答案恐怕不理想。寻找原因时，不能仅是追究西方列强的嫉妒排斥，不能光看到英语、法语相对于汉语之国际传播垄断地位，也不只是发现中国总体上国际化程度不够、中国人对国际环境不熟悉尤其是先手棋意识不强的问题。虽然这些东西毫无疑问是大量的、有形的、起作用的，但还应承认中国的国际问题研究队伍起步较晚，处于思想理论发育的"初级阶段"，承认我们在"国家-社会关系"上的某些不恰当权重，导致政治人物可以有自己的思想创造和国际贡献，而学者、研究人员和普通公民难以做出不同流派及理论创新，承认中国博大精深的优良文化思想传统尚未完成创造性转化、古为今用的过程，看到妨碍这一过程的各种障碍因素。总之，我们必须承认国内还存在需要改革的诸多弊端。内外两方面的因素结合起来考虑，我们对于借鉴和超越欧洲的问题，就能做到心中有数。中国是拥有悠久历史和文明传统的国家，中华民族是勤劳而聪明的伟大民族，只要朝着正确的方向前进，给定现有时代环境并假以时日，我们国家终究会成为善于观念创新和掌握国际话语权的大国，中国巨人的成长也就有了一个比较完整的故事。①

（六）区域一体化的示范者

最后应提到欧洲联盟作为一个整体的示范效应，这也是欧洲人国际形象和作用的重要侧面，是欧洲不同于任何其他大洲的典型之处，是欧洲国家实施各式国际干涉行为的一个依托与枢纽。欧洲人之所以有很强的国际干涉欲望，很大程度上与他们对于"欧洲"范畴之整体性和向心力的自信不可分割，同他们对于欧盟作为世界上比

---

① 笔者曾参加在比利时的欧盟总部召开的"布鲁塞尔论坛"，在这个近年来影响力逐渐扩大的国际高层智库会议上，见证了中国议题的热络和国外人士对中国学者说法的不解。举例来讲，在一场关于新兴国家与欧美关系的专题会上，人们大部分时间围绕怎样看待中国在全球的投资布局及政府策略展开。一位知名的中国学者提出，中国目前并不存在严格意义上的"战略"，但在场的几乎所有人，包括主持人、同组外国学者官员（来自巴西、非盟和俄罗斯）和提问的听众（主要是欧美智库和官员），均不赞同他的意见。反对者列举出了不同事例，如中国政府对企业和个人进军非洲矿业和能源领域的支持，对巴西市场的"抢占"和政府间大量协议的签署等，说明存在"能源战略""市场战略""补贴国企战略"之类。我与这位中国学者很熟，理解且大体赞成他的意思，即：中国尚未发展出各个部门各层次有共识和相互协调的、具体步骤与总体方针一致的、有轻重缓急又面向长远的"大战略"。然而，看到眼前的一幕，真能痛感国际主流舆论对中国形象的定格（里面有相当多的偏见与误解），以及我方学者解说语言及方式的苍白乏力（既有使用英语表达中国意涵的困难，也有我们对外宣示范式的固有缺失）。过去的25年间，笔者到过近50个国家，一个逐渐增强的印象是：随着中国经济的快速崛起，国际话语权的缺失成了越来越突出的问题。这是中国处在国际经济舞台边缘、国内温饱问题得到解决之前很难感受到的。它是中国巨人成长的一大烦恼。

较先进和成熟的区域一体化形态的认知紧密相连。不论外部对于欧盟的干预与自傲有何非议,也不管欧洲一体化进程存在怎样的曲折,必须承认,多数欧洲国家对于欧盟作为一种整体的区域力量(regional power),保持了强烈的信心并做出了持续的推动。从最初的欧洲煤钢联营,到后来的欧洲共同体,再到今天的欧洲联盟,从少数精英的理念设计,到核心国家的启动,直至成员国的扩展,欧盟的制度化进程向世界其他地区展示了它的独特性和吸引力。

第一,与古代历史上的东方朝贡体系、近代国际关系中的殖民主义帝国主义体系、苏联时期华沙条约组织和经济互助委员会、英联邦组织等有广泛记载并产生重大影响的区域体系或国家联盟形态截然不同,欧洲联盟是建立在成员国自愿加入和平等合作基础上的现代区域一体化方式。同时,在尊重各国主权的前提下,欧盟理事会、欧洲议会和各成员国原有决策机制之间,建立起复杂制衡又能发挥各层次作用的特殊安排。① 欧盟框架下这种新的主权形态是对帝国权势的否定和对传统主权观的丰富,适应了大小不同的各个国家的需求。在当代世界各个大洲、各个地理区段、各种文明下面,"欧洲"率先发展成自我意识最为明确、认同感相对较强、区内国家整合效果得到公认的区域政治地理范畴。

第二,欧洲一体化过程几十年来的重大成就之一,是通过追求民主、人权与和平的价值,辅佐各种制度性保障与教育,实现了对传统欧洲列强野蛮争斗逻辑的否定,保证了欧盟内部成员不再以武力或武力威胁方式解决彼此间争端,从而使这一地区成为世界上唯一有制度化保证的不开战区域。欧洲人自己称之为"民主和平",我相信它更是一种精细复杂的制度和规范逐渐约束而成的和平状态,其中既有各国内部民主体制和人道价值的作用,也有欧盟针对历史

---

① 〔美〕安德鲁·莫劳夫奇克:《欧洲的抉择——社会目标和政府权力》,赵晨、陈志瑞译,社会科学文献出版社 2008 年版,可特别参考第七章"欧洲一体化展望",第634—672页。

教训而精心设计和稳健发展的制度成效。考虑到欧洲历史上不计其数的野蛮征伐，以及由它肇始的两次世界大战，欧洲团结的这个标志性成就具有相当的说服力，对于仍然无法排除地区内部战争纷扰的世界其他地区产生了强烈的吸引力。

第三，欧洲一体化的"共享政治"和公共领域，给社会力量的参与提供了广阔空间。欧盟内外政策的一个显著特点是，政府和议会不能垄断议事和决策过程，相反，商业集团、文化团体、知识分子、宗教组织、社会运动、游说机构以及各种跨国因素都有自己的存在与介入。如果同其他政治和经济区域联合体相比（如东盟、非盟、北美自贸区或独联体），欧盟成员国及政治领导人的执行力相对较低，而社会参与程度最高。欧盟既是霍布斯哲学意义上的传统国家联盟，也是卢梭哲学意义上的跨国社会契约，还是康德哲学意义上的和平合作共同体——世界上还没有任何区域形态同时具备这三个特征。正如马里奥·泰洛所指出的："欧盟具有其独特的权力能力，政治军事方面的权力在欧盟的世界角色中只发挥了边缘性的作用。欧盟国际影响力的灵魂和核心，是其内部的社会经济现实；这一点扎根于它的共同政策（竞争政策、共同市场政策、农业政策和商业政策等），及其通过多个合作协议与邻国和遥远的伙伴发展联系的方式之中。"①

第四，作为世界力量的一极，欧盟的存在也对传统的大国及其权势观念提出了质疑。欧盟及其主要大国的军事实力仍然强大，只是它不像美国那样隶属于军工复合体和大资本，而是受制于广泛的政治、社会、经济、文化因素。欧盟拥有自己的快速反应部队，以欧盟名义派遣了军队、警察和军事观察团执行联合国维和使命，欧盟海军同时是欧洲周边水域和东非打击海盗的重要力量，当然这些

---

① 〔意〕马里奥·泰洛：《国际关系理论：欧洲视角》，潘忠岐、简军波、张晓通等译，上海人民出版社 2011 年版，180 页。

离不开成员国，尤其是英、法、德、意等欧洲诸强的支持，而后者还经常不得不配合美国的全球军事战略（如北约在阿富汗的存在）。欧盟各国军费开支总体呈现缓慢而持续下降趋势，这一切又与欧盟安全与防务政策，包括反恐战略和诸如应对北非中东动荡的行动方案结合在一起，形成外交先于军事、软实力重于硬实力、规范作用大于强制效力的当代欧洲权势——一种具有进步动态但同时存在不确定性的国际权力。

第五，欧盟的示范作用，很像是一种探索性、前沿性的"制度实验室"。世界不同地区在观察它的一步步变革，借鉴它艰难行进却指向明确的一体化深度扩展。除了为人熟悉的完备的福利保障制度、发达的民主制度、富裕安宁的生活之外，欧洲联盟让人们见识了更多的特点：既让外部看到它的成就，如社会的有效参与和国家的良性再造、非战争方式解决内部分歧、经贸一体化的积极"外溢"、不断增强的集体认同感等，也让外界看到它的复杂矛盾，如欧盟扩大后的效率不尽如人意、货币指标与财政手段的不对接、对待本国公民和新移民的微妙差别、共同宣言与实际战略的不连贯、对内的多数民主政治法则与对外的强权政治逻辑不时地相互冲突等。长期来看，欧盟的存在和发展，对于新的主权观、公民身份、多边主义、决策过程、民主改革及内政外交分野等重大议题，均提出了自己的设计、尝试和修正，提供了有世界历史意义的样本、经验和教训。不管从什么角度观察，欧盟都像是一个位处前沿、不断投入新方案和新要素的试验场地[①]，给全球各地的区域一体化做出了示范。

在推动本地区一体化方面，中国与欧洲整体的差距不小。由于各方面的原因，现在的中国，多少有点像一个快速壮大但"孤独的巨人"。首先，现有国际体系仍然是欧美资本主义国家主导建立和支

---

① 〔美〕霍华德·威亚尔达主编：《全球化时代的欧洲政治》，陈玉刚等译，北京大学出版社 2010 年版，第 17 页。

配的，中国作为共产党领导的社会主义国家，很难完全融入这一体系，至少不被看成是一个起领导作用的成员。其次，改革开放之后，中国转变传统的革命目标和行为方式，逐步与世界主流对接，但是迄今为止它更多体现在经济、贸易、金融、能源等领域，而在政治、军事、安全、文化、价值观等层面则依然摩擦不断，磨合过程曲折艰难；这些状况多少约束了中国的整合能力。再次，就中国所处的亚洲太平洋地区而言，这一区域远比欧洲（包括新老欧洲在内）多样且对立，存在大相径庭的政治制度、社会文化、价值观念和生活方式，因而任何国家若想引导亚太地区的进步或维护它的安全稳定，都是不容易的事情。中国作为国际社会的新兴大国，作为国际体系的后来者和适应者，处在学习与适应的初级阶段，因而整体上还说不上是地区一体化的带动者或整合者。在中国的周边，还存在冷战时代的遗产（如朝鲜半岛），存在根深蒂固的历史恩怨（如南亚次大陆），存在微妙棘手的宗教教派冲突（如阿富汗和中亚一带），存在多国海洋主权纠纷（如东北亚和东南亚）。总之，存在着其他地区不具有的多重矛盾与冲突基因。中国目前采取的属于某种"撞击反射"式的区域策略，里面既有建立睦邻友好的尝试和探索，也不乏维护现状、避免出事的心态，但真正长期的地区战略和系统配套的手段乏善可陈。从未来看，理论上讲，中国作为本地区最大的国家，也是经济成长最快、综合实力最雄厚的国家，有一切理由借鉴学习德国、法国等欧盟主导国的经验，为建立符合本地区多数国家需求和特点的区域架构，为实现开放、进步和富有活力"亚洲人的亚洲"目标，做出重要的贡献。

小结：他山之石可攻玉

概括而言，欧洲人在国际关系里的角色，特别是干涉行为，并非单一现象，而是复合式的，即"传统霸权国家""经济扩张力量""现代文明传播者""国际规范制定者""国际话语权制定者"和"区域一体化示范者"六个侧面的集成。(1)它折射出欧洲国家固有的传统军事政治列强基因。尽管时代变迁导致欧洲人用武频率下降,欧洲总体而言仍然是使用军事频率仅次于美国的国家武力集团。当代多数时候和场合,欧洲确实把政治外交解决方式置于武力手段之前,但绝不是说放弃使用武力和武力威慑;在需要的时候,欧洲巨人马上显露出其祖传的某种可怕面相,像它近期对利比亚的军事干涉表现的那样。(2)它始终包含着经济利益和市场逐利的动机。作为全球最早的工业园区和成熟的市场经济,欧洲一向看重它在世界上的经济利益,善于用各种手段保障和推进这些利益。不管如何粉饰,欧洲国际战略和外交活动的中心目标之一,是使欧洲国家保持其在国际贸易、金融、能源和市场等领域的优势地位,以及欧洲人较高的和稳定的生活水准。(3)它代表着一种向全世界传播现代制度文明的无形力量。在欧洲近代几百年的进程中,启蒙运动、宗教改革和文艺复兴等革新,率先培育了人权、民主、法治、自由之类现代文明范畴,进而外溢至世界不同角落。这一过程无疑带有进步意义,体现了欧洲人的伟大贡献,但欧洲国家常常令推广的过程带有"欧洲中心论"的色调。(4)在国际关系和外交场景里,它特别表现为国际规范制定者和推动者的重要角色。与美国看重军事、安全、战略等器物或硬实力的规则制定有所不同,欧洲人更加注重在贸易、环保、公民权利和落实法制等方面的规范塑造。故在国际社会的很多中小成员内心里,欧洲的"软实力"更有特色和吸引力。(5)与此相关,它还体现为实际的话语权和概念的创新力。近代以降,欧洲人这方面的能力无与伦比,从无数有世界后果及影响的"主义",到当代层出不穷、新颖别致的学派和理论,都留有他们的手笔与印记。重要的是,欧洲人既有掌握多种国际语言的优势,更有独立于任何大国与强者的文化自觉(包括优越感)。(6)它最显著的特征或许在于欧盟的区域一体化示范作用。作为全球最早也是最成形的地区共同体,欧盟集合了上述军事、政治、经济、贸易、社会、文化的多种优势,形成嫁接主权国家、公民社会、跨国力量网络和区域治理平台等要素的特殊而强大的国际行为体，既为欧洲各国及国民创造了发展先机，也使这一地区在当代国际体系中发挥着日益增大的影响，赢得"全球最为先锋的实验室"的称号。动态、立体、均衡地把握所有这些侧面，人们才有可能全面深入地把脉欧洲人的全球角色。

了解欧洲人的干涉情结，不仅要分析一般意义上的国际安全、贸易和外交过程，还要对"政治文化"现象做出说明。单纯的、单一层次的观察，可能误导出与事实或趋势不符的结论。比如，单从近年来军费开支的升降和航母的数量增减观察，人们可能认为欧洲（包括英、法、德、意等主要欧洲大国）越来越没有能力干预国际安全事态特别是危急情势；学究式地列举一大堆统计报表和财政金融数据，加上"投入-产出"公式的计算和各种资源评估，大众媒体及读者也许以为 21 世纪将"继续见证"欧洲无法挽回的衰落与非西方新兴大国命中注定的崛起和取而代之；单向度和情绪化的解说，容易让听众甚至解说者自己既视而不见欧洲权贵表面堂皇实则阴谋的战略图谋，又无法真正理解欧洲近当代文明的进步意义和扩张必然，分辨不清欧洲人"自由""民主""人权"说教的表面与"里子"。最令人担忧的是，由于过分简单判定甚至完全错误地盘算当代欧洲的力量和弱点，欧洲以外的各种力量（不管是超级大国还是新兴国家，乃至非国家的极端势力），可能用鲁莽愚蠢或完全不必要的方式，对抗欧洲的国际干涉主义，给自身以及世界带来诸多麻烦。就中国学界而言，一种不利的潜在后果是，在更多关注欧洲、转向这一地区、确定新对策的过程中，被欧洲生动复杂的语汇和学说所吸引和诱导，一而再，再而三地引进或抵制的同时，始终缺乏中国人应有的文化自觉，始终无法建设我们自己真正独立且有包容力的理论学说。

在新的时代背景下，中国需要创造性介入世界，也可以从欧洲那里发现某些启示。在笔者看来，不管承认与否、喜欢与否，欧洲过去是、现在是、21 世纪将继续是国际体系不可忽略的"一极"，是全球化新阶段持续的一大动力源。它对于中国的压力和榜样作用同样重要。不妨说，欧洲人扮演的全球角色，是中国和平发展、推动自身进步的参照系，是我们在国际磨合与协调过程中实现历史性崛起的一块试金石。

三、中国外交能力：新的方位及议题

外交转型是社会转型的自然延伸。如前所述，中国社会的改革正在艰难前行，目前处在由传统向现代转变的关口。外交工作同样需要用这种视角加以审视。从对外关系分析，在中国海外公民和各种合法利益的保护方面，在适应全球责任与提供公共产品方面，在尊重国际法道义权威和参与国际仲裁过程方面，在尊重国际范围的人权思想、生态保护、知识产权等方面，在讲好中国故事的同时懂得全球故事的软实力方面，中国外交既有可圈可点的地方，也不乏落后他人、被动受制的时候。从国内方向研判，外交投入的适时增长与新增资源的有效利用，外交服务对象变化所要求的功能提升，外交与军事、商务等涉外部门间的分工协调，社会各界及公民积极性的调动和智库建设，外交人员知识更新与外交规划机制的中长期设计，新时期外交理论与概念的创新等，在笔者看来，都属于须检讨的体制机制性问题，都存在弥补改进的必要。

（一）外交投入问题

笔者首先问一个问题：中国外交的投入足够吗？

有关中国外交投入，国内外各方面的看法差别很大。不少人觉得中国外交经费太多，特别是"一带一路"倡议实施以来的这几年，超出了现阶段外交需求和国力允许的范围；也有很多人认为还不够，需要根据新的形势与要求适当增加。笔者个人倾向后一种意见。从研究兴趣出发，本人及其学生团队做了一些工作①，发现现在这方面的探讨很少，数据不全而且很难查找，很多议论似是而非、缺乏可靠依据。下面所说各点，仅仅是笔者根据有限的数据得出的初步印象，各点之间并无重要性的排序和必然联系，列举出来主要是为了引起进一步讨论和争鸣。

1. 基本概念

分析整体的外交投入，先要看看外交开支的类型。外交支出一般"包括驻外机构经费，党政机关、民主党派和人民团体出国访问等经费，外宾招待费和国际组织会费等"②，在公开中国外交支出的过程中经历了两次较大的变革。从中华人民共和国成立初期至2001年，中国的外交支出和行政支出、公安支出、司法检察支出等一道，构成每年财政支出中的"行政管理费"。中国每年公布"行政管理费"总额，至于外交支出具体数额，则不再进一步公开。从2001年开始，随着中国加入世界贸易组织，公共部门也开始了"国际化"的进程。在财政收支统计上，为了同国际通行办法接轨，中国政府也进行了一些调整，将已占到全国财政支出十分之一的"行政管理费"科目，拆分为"行政管理费""公检法司支出""武装警察支出""外交外事支出"和"对外援助支出"。以后，中国的外交支出才有数据可查。第二次重大的变革发生在2006年，国务院同意财政部制定的《政府收支分类改革方案》，对政府收支分类范围、分类体系和具体科目设置办法都进行了大范围的调整，试图更完整、准确地反映政府收支活动。对外交支出再一次进行了改革，在"外交"类分设了八款科目，分别是"外交管理事务、驻外机构、对外援

---

① 最近两三年内，我带领几个研究生，跟踪分析中国外交开支并进行国际比较，建立了初步的数据库。此节讨论主要依据这些数据。参与课题的学生包括：刘毅、崔圣、王婕、伍雪骏、陈然、戴帼君、宁艺晴、曾一。

② 陈光炎、叶青：《中国财政通史：中华人民共和国财政史》第10卷（下），湖南人民出版社2013年版，第515页。

助、国际组织、对外合作与交流、对外宣传、边界勘界联检、其他外交支出"。①

判断对外交往支出的多寡,不是一件容易的事情。这里面既有广义与狭义支出的不同,更有复杂的部门与渠道差异。单从官方公布的数据判断,按照全国人大批准的中央政府年度预算,中国外交经费最近这些年基本上维持在每年六七十亿美元的范围(如2012年342亿元,2013年355亿元)。其中,近60%属于商务部掌管的对外援助款项(例如2012年有192亿元是这类援外款,2013年商务部也掌握了164亿元的国家外交总支出),并非外交部直接使用的经费。虽然说援外与外交是很难截然分开的,但此处既然探讨的是外交转型背景下的外交投入问题,就须注意外交部掌握的经费与广义上的对外经费之间的联系与区别。同理,文化部主管的对外文化交流、教育部主管的孔子学院、国务院新闻办公室主管的对外宣传、中国国家开发银行对外提供的优惠贷款、农业部用于非洲农业示范点的支出、团中央在中央财政资助下发起实施的青年志愿者海外服务项目,都起到了对外公共外交和对外援助的功能,相关支出按国际口径有不少可纳入外交支出,但在笔者看来它们与核心部门外交部掌握的经费及其性质依然有很大不同。此外,一些在中国外交体系中扮演了重要角色的部门的支出难于获得,如中央外事工作领导小组办公室的经费支出不对外公开,负责党际交往的中共中央对外联络部所产生的国际交往开支并没有在政府预算中公示。特别是,分析中国这样一个内部省份众多、地方特色鲜明、开放水平不一的大国时,各级地方政府用于对外交往与合作的费用,是目前研究者难以估计的一个统计盲区。

还可从外交支出二级款项的分析,增进对问题的理解。中国外

---

① 参见财政部网站:《财政部关于印发政府收支分类改革方案的通知》,2006年2月10日。

交支出的人部分是由外交部和商务部两个部门花出去的,它们占到了全年外交支出的70%。例如,2013年,外交部的外交(类)支出为91.92亿元,占到2013年外交支出的355.76亿元的四分之一。不过,如果单从经费开支来理解的话,商务部的角色非比寻常,2013年商务部的外交(类)支出为164.18亿元,占到了全年外交支出的46%,是外交部的近两倍。除了外交部、商务部以外,产生外交支出的还包括教育部、文化部、科技部等设有驻外机构或在驻外机构有参赞等派驻人员的部门,通常列入"驻外机构"款。由于国务院各部门一般都会代表中国政府或以部门的名义参加相应的专业性国际组织或开展国际合作,所以诸如公安部、财政部、司法部、国家旅游局、海关总署等国务院大部分部门,都在"国际组织"或"对外合作与交流"这两方面有相应列支。至于"对外宣传"款,目前资料显示包括国家新闻出版广电总局、新华社等部门公开预决算中都没有涉及此项开支,国务院新闻办公室暂未公布其部门预决算状况,鉴于其与中共中央对外宣传办公室一个机构两块牌子,支出可能列入"对外宣传"。真正属于外交部直接掌管的,是中央财政拨款。2014年外交部获得的财政拨款预算总额78.37亿元,较2013年增加14.59亿元,其中主要是国际组织费用与维和摊款的增长。

综合考虑,从研究方便出发,我想去繁就简,把目前一年六七十亿美元外交开支,作为讨论中国外交投入的一个基础性数据。

2. 援外支出

再来说说援外支出问题。众所周知,从20世纪50年代起,对外援助一直占据着中国外交支出的很大比重。这方面,有值得自豪的数据,也有不小改进的余地。与外交支出迟至21世纪初才公布不同,中国的对外援助的透明度高出许多,从20世纪90年代初就对外公布(见图3.1)。中国的对外援助数额的绝对值增长迅速,从1950年至1952年三年合计2.29亿元,到2013年的170.52亿元,增长了70多倍。在20世纪60年代到70年代,中国的革命外交也在对外援助支出上得到了数量上的体现，1961年的对外援助是1960年的3倍多，并于1963年突破了10亿元大关，中国对外援助突飞猛进，到10年后的1973年，达到了55.84亿元。此后虽然有所回落，但还是保持在每年几十亿元的水平。随着中国开始改革开放，党中央做出了把工作中心转移到经济建设上来的决策调整，外交政策也随之做出调整，放弃了此前的世界革命优先策略，开始回归服务于经济建设的大局；相应地，对外援助呈现急剧下降态势，从1978年的17.21亿元骤降近一半，到了1979年不足10亿元。此后，中国对外援助数量保持着较为稳定的增长，2007年突破100亿元，目前已接近每年200亿元的水平。

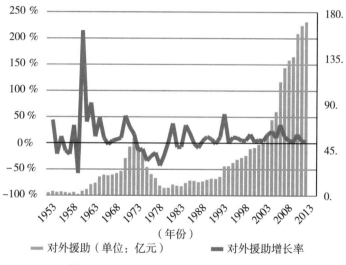

图3.1 1953—2013年我国对外援助情况

数据来源：傅道鹏：《官方发展援助（ODA）研究》，财政部财政科学研究所博士学位论文，第80页；《2013中国统计年鉴》，中国统计出版社2014年版；财政部预算司网站：《2013年全国公共财政支出决算表》。1953年数据为1950年至1952年合计。

不过，如果把中国的对外援助的增长放在大环境下探讨，其实还有较大的增长空间。因为最近三十多年是中国综合国力迅猛发展的时期，综合国力远非过去能比。例如，1980年中国还只是全球第

12大经济体,仅占全球经济总量的2.2%,而现在中国已成为仅次于美国的世界第二大经济体,国内生产总值已经超过10万亿美元,占到了全球经济总量的15%左右。1979—2013年,中国国内生产总值一直保持了高速增长,年均增长15.76%,同期的全国财政支出也保持与经济的快速发展相适应的增长速度,达到了14.81%。相较之下中国对外援助的支出增长则不那么显著,1979—2013年只有年均8.76%的增长率,只是同期财政支出增长的一半,更遑论与国内生产总值的增长速度和体量相比。

无论与中国的大国实力与地位对照,还是与国际上对中国日益增长的期待相比,中国实际的对外援助不是多了,而是远远不够。① 《中国的对外援助》白皮书显示,截至2009年年底,中国累计对外提供援助金额达2562.9亿元。国内许多民众认为中国援助额太高了、太大方了,那么中国的援助额到底高不高呢?

首先,需要正确认识中国对外援助的资金组成方式和资金来源。中国对外援助资金包括无偿援助、无息贷款和优惠贷款三种方式。截至2009年年底,中国累计对外提供无偿援助1062亿元,无息贷款765.4亿元,优惠贷款735.5亿元。其中只有无偿援助和无息贷款资金在国家财政项下支出,优惠贷款的本金由中国进出口银行通过市场筹措,财政只是提供金额较少的利息差补贴。优惠贷款在近几年发展较快,成为中国对外援助的一种重要方式,但并没有增加多少财政支出负担。因此,虽然中国对外公布的援助金额较多,但实际使用的中央财政资金并没有那么多。再来看看中国援外支出在中国经济中所占的比重。近年来,随着中国经济的快速发展,中国政府相应增加了对外援助支出。但即便如此,援外支出额在中国经济中所占的比重也是较低的。根据财政部公布的数据,2010年,中国对外援助财政支出额为136.11亿元(约合20.11亿美元),占当年

---

① 本处数据主要引自毛小菁:《正确认识中国的对外援助》,《经济》2012年第6期。

全国财政支出的0.15%，占当年国民总收入的0.034%。中国对外援助在国际发展援助中大致处于一个什么位置呢？2010年，经合组织发展援助委员会（DAC）的23个发达国家成员累计提供援助1287.28亿美元，占其国民总收入的0.32%，这一比重是中国的近10倍。其中美国是世界最大的援助国，提供对外援助301.54亿美元，占其国民总收入的0.21%。其他几个主要援助国援助占国民总收入的比重分别为英国0.56%、法国0.5%、德国0.38%、日本0.2%。此外，有5个国家援助占国民总收入的比重超过了联合国规定的0.7%的标准，比重最高的卢森堡达到了1.09%。当然，作为发展中国家，中国不可能也不需要承担跟发达国家一样的义务。但即使是与同为发展中大国的其他金砖国家相比，中国的援助也没有什么优势。根据经合组织公布的各国援助数据及世界银行公布的各国国民总收入计算，2009—2010年间，巴西的对外援助占国民总收入的比重为0.023%，印度为0.035%，俄罗斯为0.06%，南非为0.038%。事实上，与任何大国（无论是发达国家群体还是新兴大国群体）相比，在我们国家综合实力快速增长的大背景下判断，中国的对外援助都有提升的余地。这也是未来新增外交经费的一个使用方向。

这里特别要指出一点：很多人觉得，现在新一代的中央领导层，通过宣示和推行"一带一路""丝路基金""亚投行"等政策，已占用了中国太多的资源；在这种情况下，不能再说中国援外太少。笔者觉得，对此要持"两点论"：一方面，中国政府确实动用了不少财政储备，但这里面大部分是通过银行系统运作、按照国际金融和投资标准实施的，尤其是信用贷款之类必须偿还、有本息计算和回报的，何况它们基本上是用于中国与有关国家合作的项目建设和经济合同，服务于由中国施工队伍和项目管理人员经营的、瞄准中国产能和装备"走出去"的宏观经济目标，简言之对于中国发展是非常有利的事情。另一方面，对这方面的投入不光要算经济账，更要有外交和战略方面的考量。美国在第二次世界大战结束后实施的"马歇尔计划"，单从账面上看当时让美国纳税人付出了200多亿美元（按今日价格计算至少有2000亿美元），为盟友和其他一些国家各种战后重建提供援助（包括改造德国和日本），但它换来了近70个维护美国与有关国家的双边政治军事盟约，奠定了二战后70年间美国的世界领导地位。"马歇尔计划"给人一个启示：中国新的全球重要地位的取得，必须建立在更大规模的战略援外和国际公共产品的基础上——首先是周边，而后是世界其他区域；没有这种战略投入，就不会有中国人期待的全球话语权和影响力。

3. 低的投入

中国现在的主要问题是，即便算上援外支出的总体外交预算依然偏低，尤其是与快速增加的军费和教育经费相比偏少，占国民生产总值的比重太小，制约了外交人发挥作用的天地。

笔者的学生团队用收集到的数据做成一个表格，展示了一组可对照的数据（2013年世界主要国家的军费、外交费用、外交人员数量之比，见表3.1）。不难看出，无论怎样比较，中国外交所占国家可用资源的情况都不尽如人意。在外交人员的相对数量、外交经费所占国内生产总值的权重、外交预算在整个国家财政支出中的比重等方面，在世界上较有影响的国家行列中，中国多处于垫底的位置。无论如何，这是需要提醒政治高层和公众媒体注意的一个严重问题。例如，美国人口比中国少十个亿，但外交官数量却几乎是中国的三倍，外交经费更是我们的十倍；日本国民数量不到中国十分之一，而外交官数量基本与中国持平，外交经费差不多是中国的三倍，这一切都发生在日本经济停滞二十年、中国同期快速成长、两国经济实力此消彼长的大背景下。中国与八国集团相比，除个别数字略强于俄罗斯，其余都大幅落后。不难发现，中国最大的差距之一，是在外交官数量方面，极低的数目和比例显示出我们国家制度建设尤其现代科层管理设置方面现代化水平的严重不足。世界各国现代发展的进程显示，一个国家的工程师、会计师、医生、教授、外交官

第三部分 能力建设

表 3.1 2013 年世界主要国家军费、外交费用、外交人员数量情况比较

项目 国别	GDP (十亿美元)	财政支出 (十亿美元)	军费 (十亿美元)	军费占GDP比重 (%)	军费占财政支出比重 (%)	外交及外援支出 (十亿美元)	外交及外援支出 (十亿美元)	外交支出占外交支出比例 (%) 外援支出占外交支出比例 (%)	外交及外援支出占GDP比重 (‰)	外交及外援支出占财政支出比重 (%)	人口总量 (百万)	外交部门人员编制数量 (名)	每十万人拥有外交人员数量 (名)
美国	16768.1	6133.7	639.7	3.82	10.43	46.23	13.72 / 32.51	29.7 / 70.3	2.76	0.75	316.7	28505	9.0
中国	9469.1	2750.9	191.2*	2.02	6.95	5.74	2.99 / 2.75	52.1 / 47.9	0.61	0.21	1360.7	9000	0.7
日本	4919.6	1958.5	48.7	0.99	2.49	18.12	6.33 / 11.79	34.9 / 65.1	3.68	0.93	127.3	5753	4.5
德国	3731.4	1618.4	47.7	1.31	2.95	18.69	4.63 / 14.06	24.8 / 75.2	5.01	1.15	80.8	8046	10.0
法国	2807.3	1604.1	62.4	2.28	3.89	17.87	6.49 / 11.38	36.3 / 63.7	6.37	1.11	63.7	9334	14.7
英国	2680.1	1109.6	56.9	2.24	5.13	21.11	3.23 / 17.88	15.3 / 84.7	7.88	1.90	64.1	6530	10.2
意大利	2137.6	1129.7	33.9	1.64	3.00	5.69	2.44 / 3.25	42.9 / 57.1	2.66	0.50	59.7	4215	7.1
俄罗斯	2079.1	794.5	87.8	4.19	11.06	4.42	3.71 / 0.61	86.2 / 13.8	2.13	0.56	143.7	11708	8.1
印度	1875.2	510.5	47.4	2.45	9.29	2.00	0.81 / 1.19	41.5 / 59.5	1.07	0.39	1243.3	4024	0.3
墨西哥	1262.3	342.0	7.8	0.62	2.29	0.54	0.54 / 不详	100 / 不详	0.43	0.16	118.4	3807	3.2
阿根廷	622.1	225.4	5.1	1.06	2.28	0.40	0.40 / 不详	100 / 不详	0.64	0.18	41.5	1460	3.5
南非	366.2	114.2	4.1	1.18	3.62	0.59	0.54 / 0.05	91.5 / 8.5	1.61	0.52	53.2	2694	5.1

* 本处采用了斯德哥尔摩国际和平研究所（SIPRI）的 2013 年中国军费数据，但与财政部预算司所公布的 2013 年中国国防预算为 7410.62 亿人民币（约合 1195.53 亿美元）存在较大出入，特此说明。

等职业的数量及他们占人口之比，包括他们受到的政治尊重和资源配置方面的所占次序，是这个国家及社会的发达或落后程度的清晰指标。外交人员占比越高的国家，国际化程度和发达程度越高。各国历史也表明，当政治人物和社会大众认为他们比职业外交官更懂国际关系的时候，会不自觉地让这种自负情绪带来国家对外谈判和国际协议制定上的失误。中国外交经费的短缺，突出表现在它占政府预算比例的水平低，同其他部门经费（如教育部门和军事国防部门）近年的快速增长与权重上升形成鲜明对照。这里面的原因很多，值得分析研究。除了上面提到的现代化发展水平不足的总体背景外，其中之一是极"左"年代支援世界革命的费用过高留下的大众心理后遗症，公众担忧甚至厌恶官员做出的超出国力许可的对外承诺；另一点是媒体宣传报道的片面性，很多时候只讲当一个世界大国的好处（譬如说更多的发财机会和更多的旅游机会），却不讲或很少说充当全球性角色必须付出的代价和义务（例如更多的国际组织会费、更多维系国际和平与安全的责任）；第三个可能的因素是，相较于政府其他部门，外交主管部门不太勇于为自身争取更多的预算份额，不太善于运用时下国内流行、各界普遍存在的"政治游说"或"市场营销"策略，因而这些年外交人员的增加和外交经费的增长均处于乏力的状态。

从表 3.2 中可以看出，欧洲主要国家的外交预算占 GDP 的比重都在 0.1% 以上，占政府财政预算在 0.2% 以上。与军费开支相比，外交预算占 GDP 的比例要远低于军费。除瑞典以外，其他几个国家的军费开支都是外交预算的 10—15 倍左右。这几个欧洲国家对教育经费的投入都高于军费，更远大于对外交的投入，教育经费基本上是外交经费的 20—40 倍（瑞典除外）。需要指出的是，本报告的外交预算指的是该国负责外交事务的中央部门的年度预算，如英国的外交和联邦事务部、法国外交部等。因此，外交预算的多少除了取

表 3.2　2013 年五国外交、军费开支及占比情况[①]

（单位：十亿美元）

国家	外交预算	占总预算	占 GDP	军费	占 GDP	教育	占 GDP	总预算	GDP
英　国	3.23	0.29%	0.13%	57.02	2.29%	151.72	6.10%	1126	2490
德　国	4.63	0.29%	0.13%	48.86	1.36%	154.03	4.29%	1624	3593
法　国	6.49	0.43%	0.23%	61.08	2.23%	104.77	3.83%	1522	2739
意大利	2.44	0.23%	0.12%	32.67	1.58%	64.51	3.12%	1052	2068
瑞　典	5.17	1.75%	0.94%	6.36	1.18%	7.19	2.52%	294.7	552

决于一国对外交的投入，还取决于该国的机构设置，尤其是国际援助这一项支出是否归该国的外交部门直接负责管理。譬如，英国2013 年度用于国际援助的预算是外交预算的 4 倍，但国际援助归该国的国际发展部管理，因此这一部分经费就没有被算在英国的外交预算里。而瑞典则恰恰相反，瑞典外交部的权限非常大，不仅负责

---

①　外交预算均以所在国货币与美元 2013 年汇率采取四舍五入保留小数点后两位进行计算，由此可能产生一定的误差；外交预算占比采用四舍五入保留小数点后两位，由此可能产生一定的误差；军费以及军费占比直接采用斯德哥尔摩和平研究所数据。数据来源：英国财政部，"Budget 2014"，https://www.gov.uk/government/uploads/system/uploads/attachment_data/file/293759/37630_Budget_2014_Web_Accessible.pdf；英国外交和联邦事务部，"Foreign and Commonwealth Office-Annual Report and Accounts 2012-13"，https://www.gov.uk/government/uploads/system/uploads/attachment_data/file/210136/HC_32_v0_2.pdf；德国联邦外交部，http://www.auswaertiges-amt.de/EN/AAmt/00Aktuelles/1211_22_Haushalt_2012_node.html；"Entwurf eines Gesetzes über die Feststellung des Bundeshaushaltsplans für das Haushaltsjahr 2013"，http://dip21.bundestag.de/dip21/btd/17/102/1710200.pdf；联邦预算，http://www.bundeshaushalt-info.de/startseite/#/2013/soll/ausgaben/einzelplan.html；德国教育经费，http://news.xinhuanet.com/english/world/2014-02/27/c_133145729.htm；美国中央情报局，"The World Factbook"，https://www.cia.gov/library/publications/the-world-factbook/geos/as.html；2013 年度欧洲国家教育经费，http://eacea.ec.europa.eu/education/eurydice/documents/facts_and_figures/National_Budgets.pdf；斯德哥尔摩和平研究所（SIPRI），"SIPRI Military Expenditure Database"，http://www.sipri.org/research/armaments/milex/milex_database。

外交部门常规的外交外事、对外援助事务，同时还负责对外贸易与投资，而单国际援助一项就占到瑞典外交经费的90%以上，因此虽然瑞典的外交预算占GDP之比高达0.94%，大部分都被投放到外援这一项目中去了。

根据欧洲主要国家的外交预算明细，可以归纳出以下三个特点：第一，这些欧洲发达国家的外交投入相对稳定，每年在相同的项目投入的比例变化不大，除了受2008年经济危机的影响，意大利削减了部分外交经费以外，其他国家的外交经费是稳步增长或基本保持不变；第二，这些欧洲国家对软实力的投入很大，而且都是长期性的，如意大利每年投入外交经费近10%来进行其海外形象宣传，英法等国的外交经费很大部分都投放到文化、传媒、教育等提升软实力的领域，如英国文化教育处、BBC国际频道、法语联盟等，而瑞典则选择在自己关心的议题和区域投入大量科研经费；第三，国际发展援助占这些国家外交投入的很大一部分。

再参考一份在国际上有广泛影响的报告①，尽管与上一个表格的年份时间及计算方式稍有不同，但大体能看出类似情况。例如，这份报告提示，中国2012年的外交预算为55.5亿美元，为同年GDP（82600亿美元）的0.0672%，而同期军费预算（1143亿美元）占到GDP的2.2%。美国同期的相应数字分别为外交预算550亿美元，占到GDP（156600亿美元）的0.3514%，军费为7110亿美元，占GDP的4.70%；日本外交预算为67.5亿美元，占GDP（59840亿美元）的0.1128%，军费为514.2亿美元，占GDP的1%；德国外交预算为40亿美元，占GDP（31230亿美元）的0.128%，军费为468.5亿美元，占GDP的1.4%；英国外交预算为30亿美元，占GDP（25000亿美元）的0.133%，军费为574亿美元，占GDP的

---

① CIA, "The World Factbook", https://www.cia.gov/library/publications/the-world-factbook/geos/as.html.

2.7%；法国外交预算为 54.8 亿美元，占 GDP（2580 亿美元）的 0.212%，军费为 612 亿美元，占 GDP 的 2.5%；印度外交预算为 17.8 亿美元，占 GDP（19470 亿美元）的 0.1128%，军费为 348 亿美元，占 GDP 的 2.8%；巴西外交预算为 10 亿美元，占 GDP（23620 亿美元）的 0.044%，军费为 281 亿美元，占 GDP 的 1.6%；南非外交预算为 6 亿美元，占 GDP（3910 亿美元）的 0.1535%，军费为 37.5 亿美元，占 GDP 的 1.3%；土耳其外交预算为 8.8 亿美元，占 GDP（7830 亿美元）的 0.1124%，军费为 156 亿美元，占 GDP 的 2.7%；韩国外交预算为 17.9 亿美元，占 GDP（11510 亿美元）的 0.09%，军费为 243 亿美元，占 GDP2.9%；澳大利亚外交预算为 26 亿美元，占 GDP（15420 亿美元）的 0.17%，军费为 198 亿美元，占 GDP 的 1.9%；俄罗斯外交预算为 6.2 亿美元，占 GDP（2504 亿美元）的 0.0248%，军费为 526 亿美元，占 GDP 的 4.3%。

从比照中不难发现，在这些有世界影响的国家里，中国与俄罗斯、巴西一起垫底，外交预算占 GDP 比重极低。俄罗斯现在底气不如从前超级大国时的苏联，尤其对外援助大幅减少，整体国民经济元气大伤，数字难看是可以解释的。巴西与邻国之间没有什么主权争议，至多在争夺联合国安理会常任理事国席位问题上与阿根廷有矛盾，外交预算不大也说得过去。中国有全球数量最多的邻国，包括最复杂的主权争议，有唯一来自发展中国家的安理会常任理事国位置，有新兴大国最显著增加的金融和经贸实力，有全球增长最快的海外利益（包括领事保护任务），有供应中国国际公共产品及获取话语权的强烈需求，有各种国际谈判中承担要角的大量外交任务——给定这些背景和条件，份额甚小、数量有限的外交资源配置，是无论如何说不过去的。

最后再拿印度为例做个对照。中印这两个位居世界人口第一和第二、经济总量分列全球第二和第八的新兴大国，经常被国际国内某些观察家拿来比较。单就外交开支分析，印度人有理由感到高兴。进入 21 世纪以来，印度外交经费持续上涨。根据印度财政部预算中心报告，2001 年，印度外交经费仅为 262.5 亿卢比，到 2015 财年已达到 1473 亿卢比，增长近六倍。这与 21 世纪以来印度经济的高度增长密不可分。可以看到，同期印度的国防、教育预算也在以更快的速度增长。相对外交经费绝对值的持续上涨，外交经费在财政总预算中的占比在近 15 年来呈现出波动的状态。在 2005 年到 2012 年间出现逐年下降的趋势，从原来的 0.76% 降至 0.56%。之后迅速回升，并在 2014—2015 年达到近 15 年来的峰值，达到 0.8%。但相对同期国防、教育经费占比情况来说，外交经费在财政预算中占比总体保持平稳状态。这也印证了外交经费大幅上涨与经济总体增长基本保持同步。反观中国外交投入情况，则无法让人乐观：基数不大且增长缓慢，与经济总量的成长不对称，更无法与教育经费和国防经费的快速提升相比。

4. 部门对比

教育和国防是中国国家财政支出中日益受到重视的部分，通过将外交支出同两者加以对比[①]，可以在一定程度上反映国家财政对不同方面重视程度的差别。

自中国政府在 1993 年制定的《中国教育改革与发展纲要》中，首次提出"逐步提高国家财政性教育经费支出（包括各级财政对教育的拨款、城乡教育费附加、企业用于举办中小学的经费、校办产业减免税部分）占国内生产总值的比例，20 世纪末达到百分之四，达到发展中国家 80 年代的平均水平"，自此国家财政性教育经费占国内生产总值的比例情况，作为衡量国家对教育投入的标准被纳入了

---

① 参见教育部财务司主编：《中国教育经费统计年鉴 2012》，中国统计出版社 2013 年版，第 2 页；2012 年、2013 年数据引自教育部网站，http://www.moe.edu.cn/publicfiles/business/htmlfiles/moe/s3040/2014 11/178035.html。

统计，国家对教育的支持力度不断加强，4%这一目标在 2012 年首次实现。无论从其已超过两万亿元的绝对值，还是 18.21%的年均增长速度，足见国家对教育的重视程度。

与教育经费变化曲线不太一样，国防支出在半个多世纪的时间经历了大的起落过程。中华人民共和国成立以来教育经费在全国财政中的比重，明显呈现出上升的趋势。它在中华人民共和国成立后的头 20 年有所反复，从 1970 年开始进入了较快增长的时期，特别是在 1981 年突破 10%以后，教育支出一直保持上升态势。1984 年，教育支出第一次超过了国防支出。到 2013 年，教育支出为 21405.67 亿元，占全国财政支出的 15.27%，接近国防支出的三倍。在中华人民共和国成立初期由于面临巩固国家政权的需要以及随后发生的朝鲜战争，国防支出一度占到了全国财政支出的很大一部分，在 1951 年占到了惊人的 42.99%。在 20 世纪 60 年代至 70 年代，国防支出虽然比重有所下降，但依然保持在全国财政开支的 18%左右。随着中国转向以经济建设为中心，从 20 世纪 80 年代中期开始，中国的国防支出跌至不到全国财政的 10%，一直延续到今天，中国的国防支出在全国财政中的比重都呈现下降趋势。但是，近年来中国财政支出的绝对值增加很快，使得中国国防支出相当可观。例如在 2013 年，虽然国防支出仅占财政支出的 5.29%，但绝对值依然达到了 7410.62 亿元，使中国军费开支全球第二，仅次于美国。

现在回过头来看外交支出方面的情况。对外援助支出占据外交支出中最大份额，呈现出大起大落的态势。在中华人民共和国成立初期，对外援助在全国财政中的比重比较稳定，基本维持在 1%左右。自 20 世纪 60 年代起的 20 年中，随着"革命外交"占据主导地位，对外援助在全国财政支出的比重也大幅增加。在 1971 年到 1973 年的 3 年时间里，每年的对外援助支出都超过了全国教育支出，1973 年的对外援助达到 55.83 亿元，史无前例占到了全国财政支出的6.90%。改革开放以来，对外援助方面支出的绝对值虽然也有所增加，但是其增长速度远落后于全国财政支出的增长速度，导致其在全国财政支出中所占的比重越来越小，在2013年仅占全国财政支出的0.12%，与同时期庞大的教育和国防开支相形见绌。从数量上来说，外交支出同国防和教育支出相比，一直存在很大差距：国防支出是7000多亿元的规模，教育支出更在2009年突破了万亿元大关，外交支出则始终是两三百亿元的低层级。从三者在全国财政支出中所占的比重就能看出，在2002—2013年中，教育支出平均每年占全国财政支出的16.27%，而国防支出占到了6.64%，相较之下，外交支出则仅占这段时期全国财政支出的0.41%。2002—2013年，国家对外交的总投入为2751.97亿元，只相当于2013年一年国防支出（7410.62亿元）的三分之一，不及2002年一年的教育支出（超过3000亿元）。从发展趋势上来看，外交支出在全国财政支出中的比重还有下降的趋势，在2002年还占据全国财政支出的0.57%，到了2013年只有0.25%。在外交、国防和教育同全国财政支出增长的对比中，从增长的速度上来看，在过去十余年中，增长超过同期全国财政支出的是教育支出，年均增长率达到了19.15%。由于中国经济的迅速发展，全国财政支出也保持了较高的增长，在有些年份都超过了20%，年均增长也到了18.31%。随着中国国防现代化的持续推进，国家财政对国防的支持力度加大，中国的国防支出保持稳中加快的增长速度，2006年一度到了20.38%的增长率，年均增长率也达到了14.27%。在这些高增长曲线之下，则是中国外交的缓慢增长曲线，可以说，自2002年至今，包含了对外援助支出的中国外交支出也有一定增长，年均增长率为9.89%。不过，给定很低的基数，相对于目前的中央政府教育预算和国防预算，国家在外交方面的投入明显偏弱，而且增加预算的前景缺乏法律和制度的支撑。

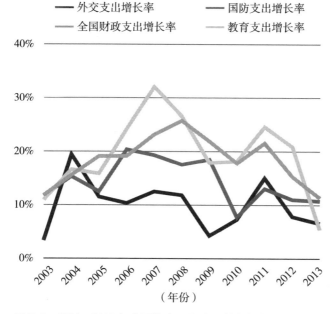

图 3.2　2003—2013 年我国外交、国防、教育与全国财政支出增长率

数据来源：2000 年至 2013 年《中国统计年鉴》（中国统计出版社）；财政部预算司网站：《2013 年全国公共财政支出决算表》；楼继伟主编：《新中国 50 年财政统计》，经济科学出版社 2000 年版，第 124—127、147—148 页；教育部财务司主编：《中国教育经费统计年鉴 2012》，中国统计出版社 2013 年版，第 2 页；《中国财政年鉴 2013》，中国财政杂志社 2014 年版，第 707 页；教育部网站：《教育部、国家统计局、财政部关于 2013 年全国教育经费执行情况统计公告》；财政部预算司网站：《2013 年全国公共财政支出决算表》。

5. 增长需求

从经费使用实际情况分析，我国外交预算中直接用于部门本身管理事务的比重很小（占外交预算的 2% 左右，即 342 亿元外交开支里面，仅有不到 6 亿元用于部门自身管理的费用），大部分预算（包括近几年新增的开支）主要是用于驻外机构建设（使领馆馆舍的更新及人员编制扩大、海外中国文化中心建设等，约 65 亿元），缴纳国际组织的会费或专项费用（如不断提高的联合国会费与维和经费摊款，2012 年为 50 多亿元），以及对外援助数额的增加（这部分最重要增长也最快，例如2012年比上一年增长20%以上，2012年为192亿元）。对于增加外交支出这个问题，公众和领导人不必过于顾虑，担心增加的经费会变成外交部门"自肥"的蛋糕，或变成国民的沉重负担。实际上，一年援外所占中央政府年度总体预算的比重不到0.3%（2012年政府总预算为64000亿元，援外金额为190亿元），相对"文化大革命"时期（如20世纪70年代初）援外一度高达国家预算支出7%的局面，完全不是一个性质。笔者认为，从各方面情况评估，未来五到十年外交经费在国内生产总值中的比例，应当从目前的0.06%左右，逐步提高到0.12%～0.15%的水平。这样才与中国新兴大国的地位相称，才有助于我们的外交人员和国际战略家有较为充裕的资源去积极作为，才能在外交资源差不多的前提下与其他大国的外交展开竞争较量。

需要仔细研究的是，如果得到高层首肯和公众支持，全国人大批准增加外交预算，那么新增的部分如何使用，怎样参照国际上的做法增强外交手段与标杆，实现外交能力的提升？这里首要的一项工作是，由外交部办公厅牵头，组织专家学者、研究人员，根据统一部署，对世界各国的外交经费使用情况进行一项综合全面的调研，在比较中发现新的增长点和设置区域，或者增强原有部分中的缺失和不足。

笔者在此列举五个方面的需求，说明外交支出增长后经费可能的用途：

● 新增的外交经费，首先要满足中国的全球利益，尤其是领事方面的人手需求。现在中国外交方面的人手严重短缺，大大制约了我们的行动能力。根据笔者的统计，中国外交官实际数目约为9000人，与德国（6750人）、日本（5753人）、印度（6398人）、法国（6004人）大体相同，澳大利亚和韩国分别为3329人和2577人，美国和俄罗斯外交人员分别约有20000和12000人，无论怎么衡量，中国都算是世界大国中外交官配备相对较少的国家之一。所以，增加这方面的人员培养,是中央政府和整个社会要重视的一个预算投入方向。比如,应当考虑在现有的外交学院之外,建立若干个大专性质的外事职业学院,像一般部属院校那样同时受教育部和专业部委(外交部)指导管理。这类院校与外交学院的培养目标(高级外交官)要有分工和区别,可以缩短学制(一到三年),主要用于培训领事工作急需的各种中初级人才;课程设置上更多以外事公文、领事业务、各类语种、世界各国风习与法律知识等内容为主。地点可考虑放在对外交往密切、财政条件充裕的沿海发达省份。办学经费主要来自国家新增的外交预算,也可以自筹(来自地方政府和社会各界)。在全面深化改革的国内大背景下,不妨胆子更大一些、步伐更快一些,可以考虑社会办学、企业办学、地方政府办学和国外华人华侨参与办学的各种新思路、新途径,总的目标是尽快弥补外事队伍的短板,源源不断地供应更多实用的对外交往人才,特别是基层领事干部。谈到干部培养和"旋转门"机制,前面的章节曾探讨过外交部与国内重点大学研究所合作、建立驻校外交官和学者赴使馆工作机制的可能性,这也应当是新增外交经费的用途之一,即加大在职干部的进修培训力度,扩大学界、研究界参与了解外交实务的机会。至少笔者从北京大学国际关系学院的角度观察,如果外交部门有此专项费用,学院完全可以每年接收3—5位外交官作为访问学者(近年来已有多名韩国、美国、日本的高级外交官来我院做访问学者,访问时间从半年到两年不等),也非常乐意挑选和派遣年轻教员甚至优秀博士生到使馆研究室和外交部对口的司局工作一段时间,提升这些年轻人的能力,让他们的课程和课题更加"接地气"。事实上,非洲司、军控司的有关领导已经表达了这方面的接收意向,主要缺乏的是专门的经费开支。

- 与此相关,另一项重点投入,是在世界各地增设使馆领馆。中国当前的问题是,现有涉外机构或部委涉外开支不少,如中联部的党际交流经费、商务部的援外经费(是外事经费中最大的组成部分)、农业部的农业专家海外示范项目开支、团中央的青年志愿者海外服务项目、军队和公安部门的维和基地维系及人员培养等,但彼此间的沟通协调配合不够,缺乏协同效应;另一方面,外交部门本身经费有限,无法设置更多的外交斡旋手段,无法承诺更多的国际义务,无法直接实施更多的战略外援,尤其一线的使馆领馆只有微薄的机动性费用,无法及时有效对当事国发生的事态做出介入性反应。因此,在未来增长的外交经费中,应当有相当大一部分是弥补这方面的不足,即一方面在国内发展相应的协调机构与专门费用,另一方面设置更多的领事机构、代办处等海外利益保护的专门机构,以及为换取对方国向我提供的领事事务援助而发生的相关经费、物质援助和基础设施建设。讲到使领馆数量,不妨与其他金砖国家作个比较:中国目前有近170个驻外使馆、90多个总领事馆;俄罗斯驻外代表机构(包括使馆、领馆、代表处)有252个;巴西驻外使馆共计139个,领事馆72个;南非对外派出了126个外交使团,分布在全球109个国家;印度驻外机构在近10年间持续增长,从2000年157个使领馆增加到目前的183个。与这些金砖国家相比,我们的使馆数量实在有必要扩展。考虑到总体的人口规模、出国各类人员增长的速度、"一带一路"这类大项目所要求的外交服务等要素,笔者个人以为,未来几年中国应当增加30至50个使领馆,且每个使领馆都应有更大规模和更好设施。

- 借鉴他国经验,增设有特色的项目与优先资助的领域。一些发达国家的外交预算,除常规行政开支和人头经费(工资、补贴、高危区域津贴等)之外,还有许多承担大国特有责任、发挥国际影响与谋求特殊利益的部分。例如,美国国务院(负责对外关系)的开支里,分设了两大类:一类是"行政性外交管理支出",包括"民用项目提升"(如美国"和平队"和某些官方背景基金会的后援)、"美国国际开发署的建设"(侧重经济领域的对外援助及其能力建设)、"人员、设备与信息"(包括某些专用采购与人员培训等事项);另一类是"对外援助"大项,包含对所谓"前线国家"(伊拉克、巴基斯坦、阿富汗等)的特殊援助、"预防冲突与经济安全""支持盟友与伙伴对我国安全的作用"(例如对以色列、埃及等国的年度性大量军援与民用项目援助)、"帮助发展中国家应对全球性挑战"(这是一项较灵活、有弹性的范畴,可涉及有关气候变化、贸易谈判、军控与防扩散等方面的重大需求与专项支出)。法国的对外援助开支,还包括"法国在欧洲和世界的行动""国际文化交流""保护在外公民与领事事务""G20、G8筹办费用"等事项。德国外交部总预算也很有特点,包括了"常规拨款""驻外机构运行""外交部运行""公务人员开支"和"德国考古机构"等主要类型。瑞典外交部每年给斯德哥尔摩国际和平研究所(SIPRI)资助370万美元,让这个全球最知名的国际安全与军控研究所研究出版被广泛征引的《SIPRI年度报告》。英国外交部每年单是资助BBC国际频道的经费,就高达4亿美元左右(2011年3.7亿美元,2012年4.2亿美元,2013年3.9亿美元)。就金砖国家而言,南非外交部有"非洲复兴专项基金",在非洲维和与次区域治理方面投入甚多;巴西外交部门把越来越多的精力与经费用于推动建立金砖国家合作机制,尤其是将"金砖国家"概念转换为各成员国的外交实务,形成了定期的外长乃至首脑会议机制;印度外援的重点传统上是南亚周边区域,近年加大了对非洲方向的投入,特别是集中在人力资源培训、能力建设、远程建设、远程诊疗技术等有印度特色的软实力领域与问题上;俄罗斯虽然近年经济衰退、遭遇外部制裁因而财力大为下降,但这个老牌国际角色始终重视援外的战略价值,在独联体和处理国际及地区热点威胁问题的外交与军事投入仍不遗余力。因国情与历史不同,上述各国的数字与情况并不一定适用于中国,但至少可以给我们一些启示。像前面指出过的那样,我们的政治高层和外交部门应花更多时间规划设计战略投入,外交部与教育部合作推广的中非"20+20计划",或"10+10"智库合作项目,或海外撤侨专项基金,诸如此类,把中国的经贸与财政外汇实力的一部分有效转化为外交杠杆与安全手段。就目前热议的"一带一路"规划而言，仅仅靠发改委、外交部和商务部的牵头协调是不够的，须让它逐渐变成制度化、常设性的外交单元。

- 还有一项开销在未来肯定大幅增加，那就是中国向联合国等国际组织缴纳的会费以及联合国维和行动的摊款。以维和行动为例：1990年4月中国向中东停战监督组织派遣5名军事观察员，标志着中国军队首次参加联合国维和行动；25年来，中国参与联合国维和行动实现了派遣维和人员从无到有、兵力规模从小到大、部队类型从单一到多样的历史性跨越。迄今中国已参加联合国24项维和行动，累计派出维和官兵3万余人，其中包括2名少将级维和部队司令，有10名中国维和官兵在执行任务中牺牲。目前有2000多名中国官兵正在刚果（金）、利比里亚、黎巴嫩、南苏丹等9个任务区为和平值守。这一维和兵力在联合国安理会常任理事国中居首位。中国派出的维和兵力涵盖步兵、工兵、警卫、运输、医疗、军事观察员和参谋军官等多种类型，人员来自五大战区。2015年年底，中国维和兵力规模达到了3100人左右，还第一次向联合国达尔富尔派团派遣维和直升机分队。中国是121个维和出兵国中派出保障分队最多的国家。中国承担的维和摊款居联合国成员国第六位，在发展中国家中居首位。中国维和人员在修路架桥、扫雷排爆、运送物资、接诊病人等任务中表现卓越，受到联合国和当地民众的高度评价。目前中国人均国内生产总值在7600美元左右。按照联合国的规定，这个数字一旦超过8000美元，缴纳的比例将大幅提高。从全球范围观察，维和经费的需求也在不断增长，未来几年中国这方面费用可能超过德国和日本，成为仅次于美国的第二大户。

- 增设更多的司局、特使和全球性代表。21世纪以来的十余年间，中国外交部门派遣和设置了多个大使级别的特使、特别代表和专务办，如中国政府朝鲜半岛事务特别代表、非洲事务特别代表、中东和阿拉伯问题特使、亚洲事务（缅甸问题）特使、阿富汗事务特使、东盟事务特别代表、拉美事务特使、北极专员等。未来10—20年间，我们完全有理由预见更多的中国特使出现，更好维护中国的全球利益、更多承担中国的全球责任。比如，随着中国在南极的科学考察站数目的不断增长，随着中国申请北极观察员进程的加快，中国在南极的角色会日益重要，中国与北极圈国家的外交互动将更加复杂，很可能5—10年内中国外交部需要设置极地司。中国目前已是公认的宇宙开发大国，尤其是在航天民用和军事领域与美国、俄罗斯名列世界前三位，未来中国外交部可能需要将条法司和国际司的部分功能分离出来，加上新的业务与专项，向着外空司单独设置的方向过渡。中国是全球外汇储备最多的国家，也是国际金融领域举足轻重的新兴大国，不管是传统国际机构如世界银行、国际货币基金组织等话语权方面的再分配改革，还是如亚投行、丝路基金这类中国牵头的国际金融组织的成长，都需要外交部的直接介入，需要外交与金融的联手，需要外交机构改革议程上考虑建立专门的金融外交人财物制度安排。全球互联网的飞速发展，网络安全问题的严峻化，都要求高层认真考量在外交部司局层次里，继国际经济司之后，建设发展更加专门化的信息网络司局之类单元。近几年从利比亚撤侨到也门撤侨等重大事件，揭示中国海外领事保护这方面业务不断增长的前景，也令既有的领事中心、领事司机构不堪重负，提醒有关方面思考分解职能、增加人手与机构、设置部际联席新机制的可能性。20年前中国外交部没有军控司，那时中国不过是国际安全与军费开支系列里无足轻重的角色，由此联想，全球气候变化对中国加大的压力与改革动力，很有可能今后几年让中国外交部门跟发改委气候司一样感同身受地迫切需要专门的人才与机构处理气候外交事务。在人文和教育合作、农业与制造业品质提升、地方政府间交流合作等领域和专题方面，都有可能涉及外交博弈。这就要求外交部有专门的预算，有合适的人才，有评估的指标，有常设的机构，而且它们应当有别于传统的各部委外事局的工作，正如外交部军控司有别于军方自己的相关部门、外交部边界海洋司的工作有别于国家海洋局一样,前者既要与后者沟通协调,也要在外交总体的思路、国家利益观与对外战略安排下开展工作。总而言之,通过这些专项、特使及司局的不断设置,外交部将逐步更新,完善自身,提高国际国内的地位与影响,适应成长崛起的中国对外关系的新需求。这里笔者马上想到美国的事例:第二次世界大战刚结束时,美国国务院管辖的职业外交人员仅600多人,完全不能适应美国的全球利益与地位;经过半个世纪的扩展,特别是进行有意识的政府规划并得到国会批准,现已达到20000多人的规模,与这个超级大国的全球需求相匹配。我们同样有理由相信,经过统筹规划和若干年的努力,在各种特使和专项安排逐步完备化的基础上,中国外交人员比现在的数量翻倍,外交经费在国家预算支出中的比重有大的提高。

以上五个方面作为事例,提示了未来外交部门新增涉外经费使用的方向。应当增加的外交开支还有不少,需要早些布置调研和分类规划,避免临到关口匆忙反应,造成决策层的措手不及和媒体、公众的不理解。就外交部门本身而言,不能单纯指望自上而下的照顾,而要通过自身努力,增进公众对于外交的理解,改善外交在国人心目中的形象,为提高政治地位、增加投入创造条件。例如,可以学习借鉴军队这些年来的一个成功经验,即大力向社会和媒体介绍军费增长的目标及具体使用(有多少用于官兵的补偿性待遇改善,有多少用于新的武器装备的研制,我军官兵为国际和平做了哪些贡献,为维护国家安全做出哪些牺牲,官兵现在的待遇与国际上多数国家相比仍有哪些差距等),从而使公众和政治高层对于军费的持续增长有一种预期,在法律层面获得更好的保障。就我国外交的未来发展而言,同样可以通过多种渠道,向社会发出类似的信息,比如:大国、中等国家和微型国家各自的外交人员配备是什么情况,各国外交经费占国家财政和GDP的比重平均水平是多少,中国的相关数字及比例是多少,中国外交人员在低于全球外交官平均待遇水平及资源配置的条件下做出了哪些贡献、存在哪些急需弥补的地方，等等。对于外交决策部门来说，要为新时期的中国大国外交争取应有的地位与资金投入，在比较研究各国情况基础上，制订周密的计划并通过持续的推动，使外交投入达到更加合理的水平。大国外交能力的建设问题，是一项重要而长期的任务。

（二）外交为民问题

尊重人，敬重百姓，做好领事保护，展示中国社会的丰富性，同时让公民政治权利得到落实，应当是中国外交的最高要求，也是外交转型能否推进、是否成功的重要尺度。这里主要有如下意思：一是外交人要深刻理解"人"的命题，二是完善"外交为民"的方针，三是保障公民的知情权、参与权，四是防止少数利益团体占用过多外交资源。

1. "人"的逻辑

传统外交有三个基本特征：隐秘性（少数人的内幕决策）、国家中心（由中央政府高层议事和决定）、"高阶政治"（议题基本是革命、战争与和平之类的大事）。现代外交的潮流是：外交更加公开透明，神秘色彩渐渐褪去；国家（政府）与社会（公民）分享部分权力，承担不同的对外交往职责，看上去"国家渐渐变小，社会慢慢变大"；"低阶政治"议题在决策日程的位置前移，如气候变化、贸易谈判、生态保护等问题的重要性上升。这些变化的实质，是"人"字被大写，具体的生命、寻常的百姓成为关注的焦点，束缚人的、压制性的官僚做法被否定，围绕公民权益和权利的创新不断涌现。有自觉意识的社会，开始规范国内政治过程和对外交往方式。

在中华人民共和国成立后的头三十年，中国对外战略的基本目标是，让新生的红色政权站稳脚跟，使中华人民共和国得到尽可能多的国家承认。政治独立和生存要求，使得第一代领导人不得不把目光放在国家层面，尤其是与亚非拉新独立国家的联络和同西方国家的斗争上。中国外交总体是为推进世界革命、反帝反殖民主义目标而斗争。这一时期"高阶政治"议题和国家重心占有绝对优势，基本上没有太多关注政治之外的内容，经济手段也服从于政治目标，普通人更是无法了解外交决策的过程。中国形象更多是一个政治巨人，像挑战世界秩序的斗士。

在第二个三十年，即邓小平开创的改革开放时代，以经济建设为中心，实行对外改革开放政策取代了以前的革命路线，中国外交为国内发展及民生改善争取了一个和平发展的国际环境。从积极方面看，中国社会经济的活力大为增强，个人的主动性和社会自主性开始生长；不足之处在于，社会的组织性依然不够，公民的政治和外交参与度很低，外交议程被过多的经贸议题占据，忽略了个人政治表达、公共外交形态等层面。中国这一时期给外部的印象更多是中央政府的"大手笔"，来自于国企强大的收购实力，来自于全球航运业、贸易进程、金融机构和基础建筑领域的"中国印记"，却很少来自普通百姓或民间社团，很少来自非政府的艺术家、作家、环保团队、青年志愿者等个人。世界各国很少知道中国社会丰富动感的形态，很少懂得中国人民的政治自由追求、幸福生活目标和社会参与方式。中国形象主要是一个经贸巨人，其他方面乏善可陈。

经过几十年的改革开放，中国政府在内政上提出了重视增长的质量、人本与民生的价值、社会管理作用的新目标，外交上提出"以人为本、外交为民"的口号，更加重视海外利益及民生工程。这与世界进步的总体潮流是一致的。以适合本国国情的方式，推进政治和外交的民主化，实现"人"（公民个体）的大写，是发展更高阶段的目标。中国梦的实现过程，既是国家的、民族的，也是个体的、每位公民的。这是中国外交体制机制变革的认识论基础。为了人民，服务百姓，尊重生命，敬重社会，保护公民，发展个性——它们不是可有可无的任务，而是新时期外交人的使命。

2. 外交为民

不可否认，这些年来中国外交部门做了大量努力，落实"以人为本、外交为民"的精神，取得了不少成效。比如，强调外交工作要接地气、懂民情、惠民生，打造好"海外民生工程"。领事工作在提升服务品质方面，出台了护照工作服务和领事认证窗口便民的新举措，领事服务网还发布了《申办因私出国签证手册》。新推出了"外交部全球领事保护与服务应急呼叫中心"，尝试推进生物识别签证项目。在处置大量领保案件的同时，推动预防性领事保护的教育，会同多个省、自治区、直辖市和教育部留学服务中心等，举办面向企业、高校和民众的领保宣介活动。近期领事部门在提高护照"含金量"上做了不少事，与更多国家签署了互免签证协定或简化签证安排，方便了出国人群。尤其是当中国公民海外遇险时，中国外交部门这些年花费了大量心血与人力投入救援，其工作量达到史无前例的强度。

然而，现实里的一个困境是，有限的外交资源与日益增长、几乎无限的领事保护需求之间的矛盾，不仅让在外中国公民难以获得高质量的服务，也令中国外交人员饱受指责、苦无良策。中国外交官总体规模约有九千人，而每年出境的国人超过一个亿，单是新增人次一年就高达一千万。借用王毅外长的一个说法，这种局面像是"小马拉大车"。前面已用专门的篇幅证明，资金方面的短缺，制约了对于海外利益特别是公民安全加以保障的能力。另外，在外交资源有限的前提下，如何用好人财物也是一门学问。

下面举例说明，什么是可能的改进线索。

第一，如何重新配置外交资源，提高用于普通百姓的那部分？现在要求公布"三公"预算的呼声越来越高，外交部相关财政情况却始终像是一个谜。也许外交部门有难言之隐，可能用于政治安全目标和领导出访的比例不宜公开。但从发展趋势看，这方面的透明化是迟早的事情，外交部应当未雨绸缪、适当跟进。

第二，如何就增加外交经费和加强人才培养方面的建章立制，在制度层面适应新的需要？现在看，全国人大和中央政府的立法建规工作相对落后，现实中很多矛盾的解决缺乏法律依据。尤其是，应该像20世纪末以来增加国防费用和教育费用那样，给外交现代化制定合适的财政目标，保证每年一定比例的经费增长，从而为外交能力特别是领事保护能力的提升奠定基础。鉴于前面已专门讨论外交经费问题，这里不再展开讨论。在外事教育和队伍建设工作上，现在仅有外交学院一家是远远不够的，国家应考虑在有条件的省份（比如沿海地区），建立若干个外交外事领域的大专院校，瞄准领事保护需求培养输送更多实用型人才。自然，这些非外交部能决定，需要政治高层和全国人大的决定，需要各方面的理解与支持。

第三，如何在资源有限的情况下，利用驻在国的军警和民间保安力量（类似"黑水公司"），为我国在外人员（留学生、打工者、游客等）提供应急协助？国际上各种经验教训很多，国内走出去的企业和地方政府也有一些自我防护的尝试。应当把它们好好总结、统筹考虑，建立更多我方经贸援助换取对方安保协助的安排，在全球各地一些友好国家和区域那里通过试点取得成效并逐步推开。这也是领事保护工作更多利用市场化和国际社会参与的一种新思路。它的出发点是，利用庞大的外汇储备和财政资源，以及外交长期工作奠定的基础，调动各种潜力与积极性，使之参与维护新时期不断扩大的海外利益。过去十余年间中国已在世界各地建立了七十多对国家间的战略协作、战略对话、战略伙伴之类的关系，这些战略互助关系不应当停留在口头纸面上，或仅是"高阶政治"的内涵，而须充实进保护公民、维护百姓权益的主题。

第四，如何引导公民个体更好理解自身法律权利和在外各种权益，增强自我防范意识？要看到，在每年出境的上亿人次的中国公民中，确实有很多人不了解国外情况。他们往往想当然地用在国内习惯的思维与做法，处理在境外遇到的各种险情或个人麻烦。有的人出国旅游或经商前,从不对对象国做"功课",不了解外国的风俗人情和法律法规,缺乏风险意识及对自己行为及生命高度负责的态度。有些人遇到了麻烦(不管是什么事情,无论是否违反当地法律),总认为使馆和驻外机构必须也肯定会提供帮助;或者通过贿赂、"打点"、找关系等不当手段,试图破财免灾、化险为夷。笔者认为,对这种现象不必大惊小怪,应当避免用旧时的思维与做法处置,而要用公民权利、公民教育等现代社会一般路径,培养教育中国人的国际意识、个人权利法律意识和风险规避习惯。外交部门特别是驻外代表机构,应当通过耐心的帮助让同胞懂得,什么是正当的权利,什么是不合情理的要求。

第五,学界和智库能否做些事情,比如说与有关方面联合研究和发布海外风险的经常性报告?从发达国家的经验看,在国民的海外保护方面,政府是有限作为、起导向作用;社会各界则大有可为,尤其是以深度分析和创新思维为专长的学术界理论界能起独特作用,比如风险的评估与预警。可借鉴过去几年北京大学等在评估地方政府创新和企业社会责任上的一些做法,利用研究机构和大学专业人员开展这项工作。具体建议是:(1)外交部政策规划司等部门设立专项基金,用于在高校和研究机构开展海外风险评估的事业;(2)挑选有条件、有基础的合作伙伴,如著名高校的国际关系学院或研究所,交流合作意向并确定具体责任目标;(3)试行年度报告(蓝皮书形式),面向社会和企业公开出版发行,成熟后再推半年版和季度版;(4)召开专题研讨会,分析这类风险评估报告的成绩与不足,借助媒体向更广范围的社会公众传播知识,帮助提高中国公民的国际化水平。新时期的"外交为民"方针,要落到实在的思路和举措上。

3. 社会参与

在今天的外交实践中,"社会世界"(societal world)正在崛起为继"政治世界"和"经济世界"之后的第三种力量。把社会世界包括进来的大外交格局势在必行。我们政府能否重视调动社会、民间、地方、学界、商界、媒体、体育界、科技界、工青妇等方面的积极性，把它们各自的对外交往特殊渠道，与外交主管部门统筹协调、相互配合，是形成多层次、多色彩的大外交格局的关键。

就中国目前的情况而言，首先，需要更加巧妙灵活地应用社会的自组织能力，使新时期中国在海外的扩展不只来自国家（政府）的作用。比如，未来中国外交实施对外援助时，不必事事都由政府出面或由使馆等官方在外代理机构直接组织，相反，可以让民间慈善机构、教育部门特别是有基础的高校、农业大省的技术指导部门、医疗单位的专家和技术人员、共青团或全国青联的各级干部参与其间，以其各自有专长、有基础、有优势的方式推进。外交部非洲司和教育部在落实中非峰会精神中的尝试，就很值得肯定。所谓"20＋20"计划（中国的20所大学与非洲大陆东西南北的20所大学对口合作）和"10＋10"方案（中国的10个研究机构与非洲的10个智库建立合作关系），是由外交部指导、财政部资助、教育部要求、有关学校和研究机构落实的新举措。根据笔者个人的具体观察，北京大学非洲研究中心作为其中一个参与方，在选择合适伙伴、拟定合作方案、确定自身参与人员及方式的工作上，相当用心也有创新（如每周推出的《北大非洲电讯》）。

上节提到的领事保护工作，也是好的案例。解决这个矛盾的一个思路，是调动其他方面的积极性，让国人"高高兴兴出国，平平安安回国"的目标成为整个社会用心的事情。商务部和行业协会可以开展企业的人身保险教育，建立个体经营者出国的自保培训；中联部、统战部、全国侨联等可以强化民间组织的危机援助体网络，鼓励各种慈善机构在海外危险地点进行协助工作，提供国际安全领域各种NGO的联系网络；公安部和安全机关可以在这方面协助外交部，确立国家间警方和信息系统在领事保护方面的沟通互助；有能力的大学和研究机构可以为有关人员和单位进行培训或开设课程；诸如此类，不一而足。只要有要求、有鼓励，各部委和社会各界在对外交往上就会有无数的创意。

其次,作为一个地域广阔、富有各地特色的多民族国家,中央政府特别是外交部应当鼓励各级地方政府的外事机构有更大的创造性。举例来说,中国西北的五个省区,一向与俄罗斯和中亚国家有密切联系,它们在打击"三股势力"、推进中外宗教理解与能源合作方面的地方努力,构成中国整体对外安全和经贸合作关系不可或缺的要件;西南各省与湄公河流域各国在这条多国水域的复杂关系(既有合作也有分歧,如水利开发领域),是外交部门必须重视的一个方向,也是中国与东南亚国家整体关系的组成部分,在这方面地方政府的积极配合(地方对外经贸平台、边境安全合作安排)很有特点;北部战区和东北三省,一直承担着维护东北亚地区稳定、防备不测局部危机事态的艰巨任务和压力,工作卓有成效。说到底,地方外事有其独到的意义,有中央外交无法代替的内涵,发挥与否、作用大小,对于国家大局、地方发展与稳定都不一般。从目前情况看,还有很大的改进余地:几乎所有地方外事部门,尚未建立与外交部和高层对外决策机构的机制化联系方式;一些有充足经贸资源和多样交往平台的省份,并没有将这些优势与国家的大战略对接;地方政府的外事权限十分有限,因而无法开展一些本来想落实的计划;一些偏远省份和落后地区缺乏外事人才,当地高校和研究机构基本上没有这方面的专业设置和课程体系。这是就一般情况而言的,实际情况更为复杂:比如北京、上海、广东少数地方高校和研究机构与外交部的联系就比一般省份要多得多,研究力量和水平也不可等量齐观;国家社会科学基金和教育部重大课题的涉外项目,这几个直辖市和重点省份承接的分量也远非其他地方能比,从而加剧了研究力量和人才配置的不均衡局面。

今天世界的社会和政治结构正在转型,从比较简单的结构向更加复杂的方向演进。外交的形态、目标、来源、路径、工具、实现方式等,不论主动自觉与否,都在产生相应的改变或调整。"多轨外交"学说（multi-track diplomacy）① 讨论的正是这样一个趋势。它表明，处理冲突和缔造和平，发展国家间关系，并非职业外交家和官方程序（即"第一轨"）的特权，正式的政府体系之外的外交多轨渠道也可以有效发挥作用，比如宗教团体、教育机构、社会组织等。随着冷战的结束和国际形势的深刻变化，世界相互依存的整体性日益加强，传统主权国家显示出更多局限性，新的问题和真空大量出现，各种可供选择或替代的方案层出不穷，新的行为体和积极性大量增加；这时，"多轨"可以更好地涵盖公民和社会参与外交的多样性、广度和深度。概括地说，可以把当代新外交的参与者、解决问题的渠道以及观念的扩展，归纳为九个层次（所谓"九轨"）：第一轨，政府传统渠道，如议会、行政部门、联合国代表处等，使用官方正式交往方式；第二轨，非政府的专业人士，如研究国际问题的专家学者，更多使用专业知识与技能分析问题和提出建议；第三轨，商业渠道，如企业家利用自己的财力与市场手段，提供就业机会或产品，缓解国际冲突或调解国家间矛盾，这也被称作"商业和平进程"；第四轨，公民个体的参与，如私人志愿组织或交流计划，为和平发展做出贡献；第五轨，培训和教育过程，通过广义的"学习方式"缔造和平，大学在这方面起着关键作用；第六轨，社会行动与倡议，如人权、裁军、环保方面的社会团体和利益集团所发挥的国际影响；第七轨，宗教教化方式，如各种宗教团体和非暴力倡议信仰团体的道德宣扬活动；第八轨，慈善与资助活动，如各种基金会和私人慈善家推动国际和平的努力；第九轨，信息传媒的角色，如公共舆论、电影、电视、广播、艺术等领域人士的国际倡议及活动。这九个轨道各有专长与目标，彼此间相互联系，可以共同追求与合作，弥补传统官方外交的不足，开辟新的国际空间。人类世界

---

① 参见〔美〕路易丝·戴蒙德、约翰·麦克唐纳：《多轨外交》，李永辉等译，北京大学出版社 2006 年版。

本是一个整体，在过去因各种原因而支离破碎，现在的多轨外交重新加强要素间的联系与能量的释放，在填补传统外交缺失的同时，朝着体系化的和平与合作加以推动。

不难看出，"多轨外交"学说与"大外交"格局是互补的。与理想局面对照，中国现实的距离依然很大。在世界很多国家和民众的心目中，中国的声音更多是由政府和政治领袖表达的，中国的形象主要来自于经贸领域吃苦耐劳、四处奔波的中国工程队，中国的对外影响渠道不如其他欧美强国多样、灵活。这些形象与声音多少显得单薄、片面，与中国深厚的文化历史底蕴和当代飞速的进步不相称，与国人的想象与外部多数国家的期待有距离。设想一下，假使我们的工青妇和社会团体有更多自己的表现方式，假使我们的艺术、宗教、文化、教育工作者更多在国际场合提出倡议，假使像马云这样的民营企业家在调解国际热点问题上想出自己的巧妙点子并全力付诸实践（像比尔·盖茨对消除世界范围艾滋病问题所做的努力那样），假使《南方周末》和《环球时报》能像《纽约时报》和BBC那样在达沃斯论坛上主办有关全球治理和头脑风暴的专题辩论会，假使中国的科学家在国际气候大会上拿出不一样但特别有说服力的新减排方案，假使北京大学、清华大学等著名中国高校的智库研究出了堪比《奥斯陆和平协议》的朝鲜弃核路线图并得到有关各国决策部门的重视，假使海南"博鳌亚洲论坛"上出现了像地中海岛国马耳他首倡的"人类共有遗产"或罗马俱乐部提出的"增长的极限"那样的新概念新思想且得到国际社会采纳……诸如此类，假使我们能一口气列举出更多出自当代中国社会和公民的国际关系倡议和国际法先例，中国才算一个真正的风范大国和全方位的世界强国。我们的外交部门和高层政治决策者，不应把外交领域日益增多的社会因素和公民表达，看成是可有可无的东西，而应将之视为新时期外交发挥作用的有机组成，看成是外交转型的重要目标。

4. 协调不同利益

前面的探讨证明了社会变迁的积极影响，证明了人的因素特别是社会影响力的上升。但是，正如事物都有两面性一样，社会结构的分层化多元化，同样包含了消极的、复杂而不确定的后果。近年来国内政治学界、社会学界广泛讨论了利益集团现象，提示了许多有趣的看法和启示，很值得外交部门和外交学者借鉴。总体而论，随着中国改革开放的不断深入，中国社会政治结构将会发生静悄悄的演进和层化过程，带来过去从未有过的新情况、新问题，其中既有好的动向与成就，也存在值得注意的后果。例如，就业和个人发展专长方向，一改从前那种只有工农商学兵少数几种类型的局面，出现了层出不穷的新岗位新职业；各种人群不仅自我意识强烈，还有了更多增进认同、促进社团建设的组织化倾向；尤其在逐渐富足起来的地区（如沿海省份）和受过更好教育的人群（如城市居民或年轻白领）那里，人们开始寻求政治上的更充分表达和促进本群体利益的施压方式（如特定事态上的法律保护或媒体曝光）；比较有经济实力和善于运用大众传媒的部门、企业和阶层，越来越多直接或间接地要求得到政治参与和决策考量的机会。此类变化甚多，限于篇幅，就不展开论述。关键是，这些都属于一个国家现代化发展进程中必然形成的社会层化、结构分化、政治变迁的重要内容，是开放和进步时代的积极后果，一般而言是值得肯定和鼓励的现象。但必须看到，社会层化和多元化也有其特有的弊端，其中之一是，在各种利益集团中，财力雄厚的或政治联系广泛的那些部分，会竭力利用自己的优势与长项，在"帮助"各类官员和各级政府的过程中，争取本企业、本利益集团甚至个人的利益得到优先照顾或优惠。这就是所谓的"利益相互输送"（委婉的表述）或者说"权钱交易"（更直白的说法）。现在媒体已经揭露了发生在国内政治社会生活中的大量类似现象，那么外交部门或外交官能够"免俗"，或者说对此类现象有先天的"免疫力"吗？说实话，我不太有把握，虽然感觉上外交领域至少比国内政治领域情况好一些。"以人为本、外交为民"是一个大的要求,具体到实践中如何落实它?所谓"人民",抽象意义上指的中国的所有公民、整个民族,实际分析起来就不简单了。一个相对落后地区的人群是人民,相对发达地区的也是人民;贫困的农民工、外出打工者是人民,富有的石化钢铁企业的职工也是人民。如何代表大相径庭的各种"人民"?如何保障在海外的国企员工、个体经营者和打工者、留学生和游客等万千中国人,为他们提供必要的法律咨询建议和外交领事保护?在某些紧急情况下,例如撤退某个战乱国家的所有中国工程人员和家属时,在给定的资源面前,谁能获得、如何得到外交官和军队及政府各部门的援手?如何区分合理的、必要的、可能的诉求,与不合理、不必要、无实现可能的诉求?西方一些著名的大型跨国油气公司,在投资对象国出现危及本公司的事态时(例如当地新政府宣布将外资油气田国有化或没收部分外国资产),直接游说美国国务院、中央情报局,甚至借用五角大楼的力量,让美国政府机构保护美国垄断财团的海外利益,甚至不惜以牺牲国家利益和外交形象为代价做到这一点;在拉美和非洲过去半个多世纪的历史上,充斥着此类少数利益集团绑架政府议事日程、占用大量军事和外交资源的丑闻。当然,中国是一个社会主义国家,我们的政治制度绝不会允许也没有可能让这类肮脏情节在国家对外关系上重演;中国外交人员的高素质和敏锐的大局观,也是避免重蹈西方同行覆辙的重要条件。但是,如何服务各类人群,尤其是如何在外交人员和资金有限,而出国人数和各种海外利益都在飞速扩展的前提下,推进为人民服务的事业,却是真真切切的外交难题,是需要确定先后次序、"把好钢用在刀刃上"的新型课题,是外交部门和政治决策层需要严肃对待并细致处理的艰巨任务。

(三)外交规划问题

一个与时俱进的外交体制,必须具备自身的长远规划,能够吸纳各方面的杰出人才，同时善于协调与其他涉外部门的关系。从这个角度分析，中国外交有自己的特长和成就，也有一些盲区与改进空间。除了前面分析过的外交投入问题外，还有一些值得探讨之处。

1. 预见与计划

历史上的外交与今天的外交，有着巨大的差别。几个世纪的演化，使得早期的形态让现在的人看起来觉得可笑，而现在的形态可能在未来几百年完全变样。从这个意义上讲，顺应全球性的外交变革，主动推进中国自身既有需求也符合国情的外交转型，是中国外交理论研究和外交实际工作的重大任务。

各种文明在不同历史阶段的差异且不论，一般研究者都同意，现在各国公认的外交形态，始于近代西欧。15世纪晚期，意大利半岛最先出现了由主教代表教廷或国王进行的对外沟通活动，通常是代表皇室或教会进行有关信仰、皈依、皇室联姻的对外联络与谈判，这样的专门代表履行了类似今天政府领导人特使或外交家的使命。1626年国王路易十三时期，法国成立了世界上第一个外交部，派出和管辖着驻重要国家的大使。英国、美国等国在18世纪后期建立了分管对外事务的外交部和国务院。19世纪以降，较发达的国家陆续建立了这样的专门机构，外交部门成为现代国家制度化的科层组织的标志性部分。礼宾司、条约司、侨务管理、签证安排、国际法律的审视与执行等成为最早的业务部门和内容，领事、国际会议的组织、对外贸易、收集不同国家与区域的信息、高层次的沟通交流、向国家政治高层提出政策建议等，越来越成为外交部门不可或缺的工作内容。今天，联合国体系内的多数国家沿袭了这样的体制，虽然叫法上仍有差异，功能也不尽一致。例如，有的国家叫"外交与联邦事务部"，有的叫"对外关系部"，有相当的国家把外交与外贸放在一个部门，也有很多国家把它们分成不同的部委。外交部有专门的级别、头衔、财政预算及工作方式。外交部代表国家及其领导人执行的使命一直很重要。"直到今天，在几乎所有国家，这一点保证了它是中央政府中最显赫的部门。"①近代意大利和教皇属下的外交特使大使之类，多半由皇亲国戚担当，讨论的主要是皇室间的联姻、土地分割、宗教归属及宣战等事宜。20世纪以降，一百年间，全球冲突、世界革命、民族解放、帝国主义等"高阶政治"议题，长期占有各国外交的中心位置和资源的主要配置；最近几十年，随着信息化和传媒革命的到来，全球经济一体化和相互依赖进程加速，各国内政出现了民主化、科学化、专业化趋势，对外关系形成又一轮调整与变革浪潮。

不管各国有什么细微差别，外交机构内部分工的日益细化，新设置不断增加，适应内外形势做出微调，是外交机构发展的趋势。从功能和任务的变化看，信息化时代带来的最显著改变是，传统的秘密外交受到公共外交及各种透明外交方式的冲击，职业外交官之外的各种非政府行为体扮演了日益活跃的角色，多边外交成为旧的双边外交活动的重要补充，非传统的议题所占的比例逐渐上升；外交实力、外交风格、外交官承担的信息交流等使命继续存在的同时，外交部门不得不熟悉昔日不太熟悉或没有必要了解得更多的业务知识，如恐怖主义、经贸协定、气候变化。不过，外交的经典内容依然存在：代表整个国家的利益；促成首脑会晤和达成国家间的重大协议；在任何时候体现着国家的形象，象征着民族的对外声音；促进或保护海外利益尤其是侨民和国人在外的利益；获取驻在国及国际上的各种重要信息，及时、准确、充分地传递进来；参与政府最高决策层重大事务的决定，尤其在内政外交密不可分的今天。② 一般国家如此，大国强国更是这样。从国际经验看，一个大国的外交，至少包含以下目标：（1）保护本国的海外公民；（2）塑造自己国家的

---

① 〔英〕杰夫·贝里奇：《外交理论与实践》，庞中英译，北京大学出版社2005年版，第8页。

② 〔美〕康威·汉德森：《国际关系——世纪之交的冲突与合作》，金帆译，海南出版社2004年版，第187—219页。

海外身份与影响力；(3) 维持稳定或防御外部威胁，维护领土完整与社会和谐；(4) 促进国际贸易与区域经济的繁荣；(5) 必要时干预涉及国家利益的海外危机；(6) 与其他大国共建稳定的国际秩序；(7) 保护全球公共事物和提供国际公共物品。大国外交部门的设置与预算安排，与这些目标或功能密不可分。①

值得注意的是，从欧盟等较先进地区的情况观察，发达国家的外交机制正在发生一种"扁平化"现象。其表现为，传统的官僚系统功能依然存在，但不断受到精简的压力，而新的组织机构及功能的形成，多与信息化时代的趋势对接，与国际化的新动向适应，与专业领域出现的新挑战关联。例如，气候变暖问题在议事日程上的前移，使各大国的外交部门建立了与科学评估和分析相关的应对机构；联合国事务和对外援助事务重要性的上升，使一些国家的外交部门建立了与联合国及国际组织相关的司局；极地开发前景的出现和有关国家竞争性的加强，使邻近极地的国家开始设立北极大使专员、极地特种部队；国际金融危机和相应改革压力的增强，促使发达国家的外交决策部门吸收金融专业人士加盟团队。外交任务的多样化、复杂化和专业化，要求外交领导部门安排专门的预算、机构和设计单位规划新的布局，培训（轮训）在职人员，强化外交部门自身的学习与适应能力；社会与公众（包括媒体）各种压力的增加，迫使政治决策层和外交首长思考这样那样的公共外交手段与策略。总之，外交机制的变动，像章鱼的触角，伸向更大范围。

中国作为全球利益日益增多的大国，外交部门应当在外交规划中增加保护海外公民、塑造海外身份、提供全球公共产品的内涵。在未来全球变化（及不确定）的大背景下，能否增强自己的介入能力，能否提高塑造全球变革的能力，能否预设目标、下出"先手

---

① 〔英〕克里斯托弗·希尔：《变化中的对外政策政治》，唐小松、陈寒溪译，上海人民出版社2007年版，第46—47页。

棋"、防范于己于人不利的势头,让历史学家最终判断说中国成为21世纪初期带动国际政治良性化的积极因素?如果答案是肯定的,我们的外交体制机制需要做出哪些规划,资源投入和人才培养需要做出哪些调整,现有的构造里哪些合适、哪些不适、哪些缺失?尤其考虑到国内新的改革前景与社会变动,我们的外交规划如何能既服务于国内需求,又在国际上趋利避害?这些问题都值得好好思索和统筹。

就中国外交部自身最近一二十年的变化来说,不难看出同样的趋势:比如,传统的科层体系在各方面压力下没有大的增长,纵向层次的人事、资源、编制在国务院机构改革的大背景下被要求或者压缩或稳定不增。据笔者所知,外交部每年进人的指标非常有限,仅仅按照一般部委的规格安排,更上层的人事部门这方面完全没有考虑外交部的特殊功能,尤其是当下急剧增长的领事保护任务。当新一届政府领导人向社会承诺不增加机构编制和人员指标时,外交部门自然也无法强调自身的特殊性,期待有什么重大幅度的进人指标增加。但另一方向上,在横向层次,则由于实际工作的需要,不断建立新的机构,对人员、配置和战略做出新的安排。最典型的是领事机构及相关使命的扩展,包括全球呼叫系统的设立、便民窗口的增设、生物识别鉴定的护照签证方式的尝试、更多领馆及领事人员的规划与招募、救助方面的需求所推动的部门联动和协调方式的机制化等等;看看外交部的网页及新闻发言人面对记者时宣布的内容,就可知领事保护方面的业务有多么巨大的增长、体制机制方面的内涵有多么复杂的变化。再一个事例,是外交部一些新的司局与专门机构(特使)的设立。看看最近十几年外交部下属司局的名册就会知道,除传统的分管地区和国家事务的司之外,政策规划司是原有政策研究室的扩大,新闻司是早期新闻发言人制度的提升,涉外安全司、裁军与军备控制司、边界与海洋事务司、国际经济司等均可谓新世纪的产儿;"中国政府中东问题特使""达尔富尔问题特别代表"(后来提升为"中国政府非洲事务特别代表")、"中国驻东盟使团及大使"、主要负责调解缅甸问题的"亚洲事务特使"、朝核问题办公室、上合组织秘书处等常设专员及组织机构,都是近年间设立的,反映中国外交之全球角色的不同侧面。可以说,这种扩展势头,反映出中国外交机构的进取,也是对世界潮流的跟进。

现在的问题是已有的努力远远不够。笔者的观察是,很多变化并非精心研究、前瞻建言的结果,而更多来自高层领导的要求或外交首长出国访问期间的"灵感",属于某种"撞击反射"的调整;我们的外交部门及领导处理的日常事务太多、任务太重,坐下来仔细思考、学习、分析的时间相当有限,无法做出系统长期的规划。笔者个人认为,现在迫切需要研究的是,根据国际国内变化趋势,未来五到十年乃至更长一段时间里,我们的外交体制机制还会出现什么样的"增"或"减"?例如,世界大国现在越来越重视"高边疆"的价值及开发,也有更大的投入。所谓"高边疆",指的是物理的、地理的边界之外的新处女地,指国家发展、民族强盛的新高地,如海洋特别是深海大洋、极地特别是北极、外空特别是近地空间,以及金融和电子等非物理的重点攻关领域。瞄准这类高边疆的大战略,才能收事半功倍之效。俄罗斯 2014 年 12 月增加了北极地区的军事存在,建立了最早的北极军团;美国国务院 2014 年也设置了北极事务特使,安排专门的经费与人员照料极地事务;北欧国家和加拿大也有类似的动作。上述国家在未来可能成为热点的极地事务上,不仅有更多关注,也有更大投入与外交布局。与发达国家对比,我们的外交功能机构有哪些短板?外交如何有相应的研讨、设置和资源安排,在新人招募和现有外交官的培训中增加这方面的要求?如何变不自觉的适应为更加主动、未雨绸缪的战略调整与先期投入?尤其是,如何让社会公众和媒体广泛认知外交体制机制"扁平化"的必然性,如何向政治高层和决策者解释推动相应改变及革新的重要性?古代先贤讲得好:凡事预则立,不预则废。

这里，再讲一个事例，说明放宽眼量和长远规划对中国外交的必要。2013年九十月间，随着中央"一带一路"倡议的提出，外交界和国际关系理论界有关中国公共产品的讨论显著增多。但在笔者看来，多数人并没有搞清楚什么是国际公共产品，"一带一路"与公共产品有什么异同，中国已有的外援里哪些有自身优势、哪些需要补足或增强。严格地说，公共产品具有非竞争性、非排他的特点，是指所有人（国家）可以享用的、主要由政府提供的物品（或服务）。在世界范围，公海上的灯塔、联合国的会费或南极条约就是一般的国际公共产品。据此标准衡量，"一带一路"最多是准国际公共产品，是区域性公共物品；或者，它更像介于我国战略对外援助（投入）与我国提供的公共产品之间的一种形态，类似于过去我们国家对非洲援建的"坦赞铁路"，或者说是上海合作组织战略投入的某种扩大版。应当说，这些战略投入是必要的、有中国优势的，但同时要看到，与世界强国，尤其是美欧主要大国和地区比较，中国的这些战略投入无法完全代替国家对于国际公共产品的设计与投入；在后面这个领域，西方发达国家几乎垄断了全球性公共产品的生产和供应，而我们国家没有多少贡献，我们的干部与媒体也缺乏足够的意识。全球性公共产品的典型事例，有GPS等面向全球各国的卫星导航系统，有各国电脑和手机软件使用的通用程序，有防止全球油轮泄漏和其他海洋倾倒废物方面的国际准则，有麻疹疫苗、天花疫苗等产生广泛治愈成效的药物及知识，有阻止小行星等宇宙物体撞击地球的手段，有各国飞机、船舶相互间沟通所用旗语及标准信号的确定，有国际法庭处理各类海洋纠纷的通用法理，有保护臭氧层和限制温室气体排放的《京都议定书》《维也纳公约》及《蒙特利尔议定书》，有《全面禁止核试验条约》和各种核安全标准，有禁止国际恐怖主义言行扩散或禁止生殖性克隆的国际协定，有本初子午线、闰秒、格林尼治时间等世界时方面标准的确定，有《国际海洋法公约》和其他禁止过度捕捞某些海洋生物品种的规定，有联合国安理会关于免遭种族灭绝、战争罪、危害人类罪的决议案等等。① 仔细观察它们就会发现，这些方面中国人的贡献不多，与我们国家的人口比重、经济权重和历史文明完全不对称；真正形成全球性公共产品和服务的动因创意、草案决议、公共产品和服务，多半出自美欧等发达国家和地区。中国的决策者和规划部门应当懂得，真正的全球强国，不止能够给朋友提供帮助、对敌手施加威慑，更可以向所有国家和整个国际社会提供所需要的物品、服务与规则（包括思路和智慧）。

我们过去援建的"坦赞铁路"和今天规划的"一带一路"，是逐渐崛起阶段的新兴大国的区域性公共产品，但还算不上全球性公共产品，尚不足以让国际社会充分感受中国的意愿与引导。市场化的环境下，中国人目前比较熟悉和愿意提供有经济收效和看得见成果的战略外援，这类战略外援占有比重太大，而容易忽略着眼长远和国际制度层面的、可惠及全球其他地区和人群的国际公共产品，后者迄今为止只在我国援外战略投入中占据非常小的比例。也许，这就是新兴大国与老牌强国的某种差距吧。

2. "旋转门"问题

新时期外交规划的另一内容，是外交队伍来源如何多样化，外交官如何具备更宽广的知识和更好的协调能力。当下在中国，有越来越多的人讨论如何借鉴发达国家的"旋转门"（revolving door）机制。"旋转门"是一个形象的说法，指外交人员的来源有不同方向，现实里它在发达国家比较常见。所谓"旋转门"，形容一个不停旋转的大门（入口），便于各个方向的人员进出。在美国，众所周知，外交官不仅有一部分毕业于外交学院或外语专业，还有相当一部分来自其他部门和社会领域，比如从企业、军队、商务机构、政府其他部门、高等院校或研究部门的精英中选拔。这样的做法有利于外交

---

① 参见〔美〕斯科特·巴雷特：《合作的动力——为何提供全球公共产品》，黄智虎译，上海人民出版社2012年版。

官的视野扩展,也有利于增强外交机构对各方面的协调性,有利于扩大各方面对外交的关注和参与。

这里不妨再回顾一下外交史。

在世界的不同角落与发达程度不同的国家,随着时代的不同特点及要求,有关外交人员的知识结构和背景的标准可以说大相径庭:在16世纪晚期,欧洲国家担任大使的人,"应当是训练有素的神学家,对亚里士多德和柏拉图的学说应当了如指掌,而且随时都能以正确无误的辩证方式解决最深奥的难题。他在数学、建筑、音乐、物理以及世俗和宗教法规等方面造诣甚深,能用流利的拉丁文交谈和写作,同时必须精通希腊文、西班牙文、法文、德文和土耳其文。他既应是熟读经典著作的学者、历史学家、地理学家和兵法学家,也必须具备欣赏诗歌的素养。首先他必须出身名门望族,家财万贯,而且仪表堂堂"①。这反映出近代早期西欧国家对选择外交官的极其严苛的贵族式标准。

到了20世纪,特别是第二次世界大战之后,外交官逐渐变成了跟教师、医生、工程师一样的专门性职业,有专门的学识素养、入职标准、工作规范、晋升台阶的国家公务员,也是受到大众社会尤其是年轻人广泛尊重的一种就业方式。不论背景或知识如何,所有外交人员的一项本质要求在各国是相似的,那就是:外交人员属于社会精英,而且能够代表国家。"他们是国家在海外的象征,在天资和训练所能做到的范围内尽可能给人以积极的印象。他们应当了解、欣赏并在某种程度上体现本国的文化传统、科学成就以及政治制度建设的成就。当然,他们必须是本国公民(除美国近年制定的法律改变了有关规定外,他们的配偶也必须是本国公民)。外交官非经本国政府批准不得与外国人结婚,除非他们不想继续当外交官了。(在

---

① 〔美〕马丁·梅耶:《外交官》,夏祖煌、吴继淦、张维、朱美德译,世界知识出版社1988年版,第151页。

任何国家）政治审查一直存在，有时还正式宣布。"①

不过，经过仔细比较和分析就会发现，在如何选择外交人员，外交官应有什么知识结构与社会经历（背景），哪些渠道是可以想象和预期的、哪些仅仅是少数国家特有的方式等诸如此类的问题上，各国仍然存在极其不同的理解与做法。比如，有不少国家的高级外交官有军事背景（要么有过从军经历，要么毕业于重要的军校）；有许多国家要求从特定的涉外院校中挑选，如法国的全国行政管理学院被认为是重要的来源，牛津和剑桥两所大学直到20世纪70年代前期一直占据英国外交部人事政策司录取考生的三分之二左右，在东欧剧变前的匈牙利，所有希望进入外交界的人首先必须考入卡尔·马克思大学；非洲许多国家的外交官事实上来自所谓"酋长级"的人物（中学或大学校长、铁路工会领导人或部落酋长本身）；也有一些国家只要求大学文凭（例如，在以色列，只要获得大学学位，无论专业如何，均可报考外交职位）；有的国家考虑到外交官可能奔赴地点的艰苦复杂与危险而不太鼓励录用女性求职者；有的国家事实上鼓励外交世家的子弟（子女继承父母外交生涯的比重相当大）。即便在明文规定考试录取外交人员的国家，实际做法也很不一样：苏联和东欧国家的外交人员，早期的知识背景基本上不脱世界经济、国际法和外交史加上外国语这几项，而有些国家录取时更加看重电信、文秘、档案、财务、外语、行政管理这类业务能力（以及所学知识课程之类），因为录用后的主要方向是外交部内的行政单位和领事机构。

对外交人员的录用制度，还与特定国家关于外交的职能、外交部门的权限的设置联系在一起。例如，在美国，由于二战结束之后制定的《外交人员法》把政府在战争期间获得的几乎所有国家职能

---

① 〔美〕马丁·梅耶：《外交官》，夏祖煃、吴继淦、张维、朱美德译，世界知识出版社1988年版，第162—163页。

归到国务院掌握,因此国务院负责人事录取和选拔的部门,除了既有的考试录用渠道之外,大量起用了其他来源和渠道的人员,并根据当时美国的全球需要,强调"必须吸引并保持经济、农业、公共事务、行政管理、政治事务等方面的第一流专门人才",尤其在实践中大量增加了在国务院总部任职的外交外事人数(1946年时美国外交官总量仅为825人,其中多数在国外工作)。从目前情况看,应聘美国外交职位的人在申请时,除了如实填报个人信息之外,还需要在五大类外交岗位中做出选择。美国国务院将其外交岗位分为五大类,即领事官员、管理官员、经济事务官员、政治事务官员和公共外交事务官员。所有符合报考条件的应聘者都将参加无差别的选拔考试。应聘者在通过一系列考试后,国务院将根据驻外岗位需求和应聘者的职业倾向将他们列入不同的候任序列。外交官测试(笔试)类似于中国的国家公务员考试,只是更偏重于考查与外交工作有关的内容。笔试主要包含4项内容,即工作知识测试、英语能力测试、生活阅历考察以及写作水平测试。其中的生活阅历考察,主要是了解应聘者解决疑难问题、处理人际关系和接受其他文化的方式和能力。而在工作知识测试中,既有对美国基本政治制度、政府管理、法学、经济学、传播学以及世界历史和地理等基本常识的考核,也有对基础数学、计算机等应用科学领域的测验,内容相当全面。相当多的美国普通民众对外交工作存在误解,以为只有国际关系或政治领域科班出身的高材生才有资格担任外交官。事实上,美国外交工作涵盖的范围非常广泛,也招揽各种各样的人才。除了传统意义上的政治和国际关系人才,还强调需要法律专家、经济管理人员、金融学家、IT工程师、建筑师、新闻工作者甚至医学专家。美国国务院设有面向外交人员的语言培训项目,同时根据美国的相关规定,熟练掌握阿拉伯语、汉语、普什图语等稀缺语种的应聘者将在应聘外交官时获得特别加分。

总体观察,近年来随着各种需求的增多,上述"旋转门"的特点显现得更加突出，有越来越多的驻外大使或驻外人员来自于职业外交领域之外的领域，而且其中一些与政治权势人物的偏好、竞选期间获得的赞助有关；自然这也引起争议，包括职业外交官圈内的不满。很多发达国家和新兴大国也在采纳类似的办法，即一方面依然倚重传统的外交人员录取渠道和晋升方式，另一方面为推动外交变革与创新，促进外交部门与政治高层新方针的对接，或者加强各主要涉外部门间的沟通协调，也采取了多种做法补充丰富外交人员来源与晋升路径，比如在行政官僚上面设置政务官、适当选择其他部门和大型企业的高管担任高级外交官、加强初级外交官选择时的多元选送途径、改变只是凭借外语和简单的国关知识录取新人的做法等等。特别是随着前一段提及的世界信息化多元化浪潮的到来和各国内部社会层化过程的加强，外交人员录取和晋升机制的"扁平化"扩展趋势在持续推进。

比较而言，中国现有的外交官录用、招聘和晋升制度，更多还是源于所谓"苏联模式"：初级外交人员主要来自于外交学院、国际关系学院或少数重点高校的外语或国际关系专业；国家公务员考试是录取的主要标准，考试内容是一样的，不特别涉及外交与国际关系领域；学生在校期间的课程（理论上）主要包括国际政治、外交学、当代世界史和世界经济；外交部的人事机构更多期待依靠入部培训特别是实践经历造就合格外交人才；晋升台阶严格遵循资历、年限、部内的工作表现及主管部门评价等路线；除开"文化大革命"前后的特殊时期，部外单位出身的高级外交官数量很少。这种录用机制的主要优点是：不同阶段外交总体方针、内容及风格有很好的连续性；各个层级的人都有稳定的晋升预期；录用者通常具备优良的外语条件。但它的不足也显而易见：知识结构比较单一，不太了解其他部门的情形与思路，有时无法适应新的国际谈判领域和博弈技巧；无形中造成中规中矩的保守做法，对有创新的思想、做法及"新人"缺乏激励。在国内新一代政治领导人重视打造改革发展"创新版"的氛围中，上述机制的优点容易变得暗淡，而缺失的部分则更容易受到关注和质疑。

发达国家的经验表明，一个国家的国际化程度越高，国际责任越艰巨、越复杂，外交人员本身的素质要求越高，其来源变得更加多元。美国和欧洲一些国家就是这方面的典型。众所周知，美国的政府、企业、学界、军方、大型基金会和重要咨询机构之间，存在千丝万缕的联系，交叉任职、互相渗透又相互支持的人事现象极为普遍。大学里的著名教授可以到白宫担任总统国家安全事务助理或者国务卿，政府部长和阁僚退下后回到高校任教更是常见；驻外大使里面既有职业外交家，也不乏总统直接从社会、企业或国会挑选的代表；在华盛顿各个游说集团、智库和研究机构那里，有关当下某个重大事态或政府决策的批评、研讨，不仅有这些机构的常务人员和专家参加，还有很多来自高等学府、政府部门和外交一线的相关人士，会上的讨论与国会相关的听证会一样，多半是面向社会和媒体公开的，公众可以旁听。在此意义上，外交政策不只是外交部门的事务，同样是社会精英的议程和媒体争辩的焦点，公众的国际意识和参与程度都有提升。

反观我国的外交人员构成、来源情况和外交决策咨询过程，不可否认的是：

第一，以往很长一段时间，实际工作与外交的教学研究基本上是"两张皮"。外交一线的人员不关注学术进展，外交部门不太重视研究成果，而外交教学基本上坐而论道、隔靴搔痒，外交研究过于"干巴"，距现实甚远。最近十几年，情况有所改善，政府（包括外交部门）开始建立与研究界的咨询联系，有了越来越多的项目课题、定期研讨和通气会，学者和教学人员通过多种渠道开始了解实际政治和外交运作的知识。但比较而论，这方面的相互联系与深入沟通依然不够，外交咨询很多时候形式多于实质，高水平的互动缺乏。

第二，尽管近年来外交部在改善人员结构、加强职业培训方面做出重要努力，例如在新招录人员（非通用语言岗位除外）时加大具有国关、国政、法律、经济、金融等专业背景毕业生的比重，但外语条件相对其他技能而言依然是最主要的录取及考核标准；同时，近十几年间外交部门根据中央领导的要求和地方政府的需求，筛选了少量非外交系统出身的干部担任驻外使节，不过总的说来数量很少，还谈不上高级外交官的多元推选机制。

笔者的判断是，在我国，公众、各部门和各级干部虽然对于国际事务有很大兴趣，却很少真正了解外交的难处与苦衷，而外交官在繁忙的日常事务之外，也不太有时间和兴趣认真追踪国内变革或问题的由来及走向。外交对于一般人始终存在神秘感，加上缺乏了解和参与的渠道，只能从报纸或电视上听一些"真假专家"的评说，因而公众的知情权没有保证，外交的社会基础相对薄弱。上述不尽如人意局面的形成有很多原因，改进的途径同样不止一种。中国有自身独特的政体和国情，不会也不可能照搬他国模式，但从世界各国外交的发展历史比较，外交人员来源的适度多元、外交决策过程的适度公开，是不可避免的大趋势，也是增强外交的国内支持和社会基础的有效方式。中国不是例外。就改进的大思路及方向而言，最重要的是组织制度方面的安排，即规定比目前更高比例的外交干部，必须是从其他方向选调而来。大型企业、地方政府、高校院校、军队和商务部门都应当给予这方面的机会。"旋转门"的另一方向，是一定比例外交干部的转岗轮训和外出进修，让外交人既有休养放松的机会，也有自我提高的可能。外交干部同样应当有机会到其他部门和单位任职，尤其是涉及外事及国际交往的地方。

第三，录用外交人员时，要注意考试科目的多元与新鲜，一方面鼓励外语类、外交学和国际关系专业的学生在学业期间开阔视野、增加各种知识储备，另一方面吸纳非外交专业的优秀年轻人施展才能，特别是进入各个新设置的部门及功能机构，总之是让中国外交体制具备更大的吸附力和延展空间。

参照各国特别是发达国家的经验，中国外交部门应注重人才的奖励机制，建立健全有关法律法规和制度安排。现在军人可以获得军功章，科技人员有国家科技奖，大学和教育机构更设计了名目繁多的奖励手段，而外交人员显然缺乏同样的激励和法律保障。我国现有的《中华人民共和国公务员法》也只是泛泛地谈到对国家公务人员的要求及晋级或退休规定，而对于外交官这一特殊职业的升迁和奖惩却无专门说明。公平地说，从对外事工作干部的一般素质和要求而言，中华人民共和国成立后确有原则性的规定。比如，周恩来早在1951年就明确对外事人员提出"站稳立场、掌握政策、熟悉业务、严守纪律"的十六字要求，它迄今为止仍然是外交部本部人员素质的基本要求。外交部在建部初期的人事守则中曾规定："德才"是选择干部的基本标准。外交部在20世纪50年代曾经制定过《培养外交干部的十二年规划》（后来修改为《培养外交干部的七年规划》），以中国人民大学、北京外国语学院和北京大学东语系作为干部轮训和进修基地；1955年在中国人民大学外交系的基础上成立了外交学院，作为外交部直属的培养中初级外交官的单位。从20世纪90年代中期起外交部建立了对新进外交人员的入部培训制度，内容包括外交办案、外交调研、外交公文、翻译技巧、领事业务、礼宾业务及一些专题讲座。最近这些年，外交部党校主要针对高中级外交官（大使、参赞和处级干部之类）办了一些培训班，邀请部领导和部外专家做分析讲座，也收到一些成效。有关外事人员的录用、考核、晋升和待遇，外交部在过去的半个多世纪的实践中，也摸索出一套行之有效的办法与规章。

最近这些年，有关部门在建立有中国特色的外事公务员制度和外事立法方面做出一些探索与立法尝试（如2010年实施的《中华人民共和国驻外外交人员法》），但国家制度层面的保障并不完备，已有的法律亦未得到广泛传播理解。要看到和承认外交部门这方面与军队国防现代化、教育事业飞速发展进步等领域的差距。实际生活里，现在的中国正在急速地国际化，各方面都迫切需要更多更好的外交干部，外事人员已经不限于外交部下属的外交官与领事干部，而是实际扩展到所有涉外工作、在国家机关或企事业单位中担任外事行政职务的人员。所以，一方面要努力完善外交部自身更完善更有法理依据的奖励机制，另一方面须逐步探索建立符合中国国情又与世界通用做法对接的外事公务员制度及法律法规。这类制度及法律法规应当是系统全面的、透明可期的，包括外事外交人员的录用考核、职务升降、退休安排、法律责任、辞职辞退、奖惩规定、申诉控告等方面；它们一方面要与国家公务员法衔接、避免任何大的冲撞与不协调，另一方面要考虑外交外事工作的特殊性并参照国际范围同类法律法规。比如说，应当规定外交的投入（预算增长）如何与国民经济的增长及领事保护工作的增加保持相应紧密联系，尤其是以人大立法的形式将它机制化和常态化；必须特别说明为何外交官有特别严格的纪律和甄别要求，为何在外的外事外交人员待遇应大大高于国内水平，为何外事外交人员的伴侣和婚姻不同于一般的公务人员，为何外事外交人员的辞职辞退和转业转行需要经过特殊的时限与审核等。放宽眼界，面向社会扩大参与入口，提升外交人员声誉地位，做好相关法律和政治准备，是新时期中国外交能力建设的一个重要方面。

3. 部门协调问题

各个涉外部门间的沟通协调，是中国外交工作日益突出的一个问题。例如，在援外事务方面外交部门与主管的商务部之间的协调配合，或者军方与外交部门之间的关系，就存在值得检讨之处。

国家的对外援助，历来被认为是衡量这个国家的国际影响和综合实力的重要指标。数据显示，中国最近几十年，正在从全球最大的受援助对象之一，变成世界上最重要的援助方之一。这是当代国际关系最有意义的一种变化，也是中国外交、国际战略和商务能力的综合影响的一种展示。但是，与此同时，我们的组织机构和协调能力也有越来越多的问题，用中央外交外事工作的大政方针加以整合的需求，与外交部实际具备的指导力、协调力不足之间的矛盾日益严重。

不难察觉，随着近年我国政府对外援助的数额不断增加，进入对外援助进程的角色也越来越多，涉及的协调内容变得越来越复杂。仅就参与单位而言，光是国家部委这一级的，就有外交部、商务部、财政部、农业农村部、教育部、国家卫生健康委员会、交通运输部以及能源管理机构，有难以计数的中央企业、私人公司、地方政府、民间团体、社会组织、学校医院和研究机构，还有许多目前无法进入统计报表的诸多单位与个人。

不过，以商务部为主和牵头建立的援外协调机制，包括近几十年行用的商务部主导的中国政府对外援助布局和实施方式，在实践中暴露出不少问题：第一，由于专业性质的原因，商务部的同志及驻外代表机构（如使馆商务处），无法准确判断和及时预警不同地区和国家的政治动荡与安全危局。迄今为止，我国政府的商务部门（包括商务部本身及下属研究院所）从来没有发布过一部国际上的各种风险评估报告，"走出去"的企业和公众所能依据的，只是中国出口信用保险公司自2005年以来不定期发布的一份《各国国家风险分析报告》，它大致讨论了100多个国家的经贸状况、商务条件、经济增长情况，而对政治和安全事务的探讨基本缺失。理论上，这类分析评估报告当然应当在中央外事工作总体精神的指导下由外交部门组织专家、协调安全机构编制推出。

第二，中国政府的对外援助，主要目标之一是维护和保障不断增长、已经具有全球规模和指导需求的中国海外利益，这些利益不只包括双边贸易、商务投资和国际经济规则修订等事务，更多还涉及我国在外大量公民保护和人身财产安全问题，后者恰恰是外交人的重大专项使命——领事保护，是外交部和驻外使馆领馆的中心工作内容之一。理论上，按照政府传统职能分工，涉及外派劳务和境外中资企业人员的权益保护工作,是由商务部牵头协调的;问题是,每年近百万人次走出去的中国商人和劳工,像占到世界七分之一留学生数量的中国学子,尤其是每年到世界各地观光的八九千万中国游客一样,涉及的绝非只是商务纠纷问题,而是典型的外交领事保护业务。

第三,从现有援外的实际情况判断,各部门不时出现各行其是、与总体方针不同步的情景,它证明了建立统一的"援外总署"或外交协调机制的必要。笔者到过五十多个国家,经常见到听到这类情况:国内有的单位只管投资,对投资之后效果如何、是否符合当事国国情与技术水平等则不闻不问,事后使馆外交人员陷于"擦屁股""收拾乱摊子"的忙乱之中;有时国内一些大型企业在某些国家投下巨资和建设大型工程,却由于忽略当事国的政治情势,最终出现的是这些工程被迫中断和损失惨重,甚至这些企业的员工和家属撤退回国都无法保证,只好向使馆求助,国家被迫动用宝贵外交资源。在国内也遇到类似的问题:笔者曾参加有关部门"十二五规划"的专家论证会,看到那些属于中国的气势恢宏的全球最大规模投资计划,看到遍及全球各个角落的中国政府商务投资和工业区规划,一方面让人兴奋与期待,另一方面也有些担忧,毕竟这些规划没有与军方、外交部门通气,更谈不上相互照应和统筹,会场上甚至没有来自外交部门或军方的人士。说到底,这些不如意现象的发生,多少与现有的商务部门主导援外体系有关:在商品市场长期渗透的国内风气下面,在只讲赚钱和买资源、不算安全利益和外交账的背景驱动下,很多人有意无意听凭商业机构和指导部门管理国际事务(包括援外事务),而忘记了世界各国一个通用做法,那就是:对外援助应当成为国家的战略杠杆,外交部门应当是外援工作的直接规划者和指导者。

更紧要、更敏感的,是外交部门和军事部门之间的关系。应当说,在世界各国,这两大部门之间都有复杂微妙的联系,常有摩擦与不协调的状况。中国也不例外,显而易见,它们的通气与配合存在值得改进之处。比如，军方近年的反导实验、防止太空军事冲突的战略准备、海洋方向防空识别区的设置等，看来并未与外交机构商议甚至没有让外交部门及时了解，造成外交人员在一些国际场合的被动；外交部门似乎也缺乏向国防军事部门定期通报外交形势与我方应对之策的机制，例如在朝核问题上就有类似的情形。一些军方将领明里暗里批评外交部门很多时候过于软弱，而多数外交官私下里对于某些军人的过分强硬或电视上军事评论员的评论相当不屑。南海问题近年凸显，国内各方面意见纷争，外交部门与国家海洋局、军事专家在"九段线"定义和主权问题上的底线就有多种声音，经常让国内公众、媒体和其他国家一头雾水。考虑到中国崛起的态势和周边国家的各种反应，也从中国新时期新领导层国际大战略的需要出发，笔者认为，十分有必要建立更加机制化的外交—军事沟通协调机制。

以近年来出现的撤侨任务为例，可以看出主要涉外部门之间沟通与协同的必要。众所周知，走出去的中国人已经遍布全球各个角落，每当他们所在国家发生重大战乱、流行病、天灾或反华排华骚乱事件时，中国政府都有可能采取撤侨行动。这种重大国家行为不只需要紧急调动国内民航客机和客轮，而且需要动用国家武装力量（如军舰、情报部门、军机和特种部队），需要国家财政紧急支付；尤其是，它还需要与有关国家、国际组织甚至跨国网络协商合作，比如为战乱中丢失护照的中国在外公民提供应急旅行证件，租用外国邮轮和客机，飞越与我本无民航协定的国家及战乱区域（拿到有关国家的特殊许可证），通过某些区域性国际组织的安保力量及信息网络为我撤侨行动提供协助，与有关国家海关部门、检疫单位、货运公司等展开紧急协作，向有关国家外交部等发紧急照会，诸如此类，不一而足。在所有这些行动中，驻在国的中国使领馆是启动国家撤侨行动的第一关口，外交部及下属领事保护中心是代表国家统筹整个行动的中枢神经，军队和商务部门则必须按照国家高层决策和外交指令展开协作配合行动。这种重大战略行动不是单一的军方或商务部能够定夺的,但若离开它们的积极协助,外交部同样无能为力或事倍功半。

往另一个方向思考,部门之间意见不相同、对重大国际事务和外交问题存在分歧,并不是绝对的坏事,而是多元化社会和开放时代的一种必然现象,学会适应并且处理好了,能使国家决策过程变得更加科学有效,决策者更加高明智慧,决策本身更好地体现大国民意。

有人也许认为,中共十八届三中全会提议建立的"国家安全委员会",是加强外交与军方及有关要害部门之协调关系的重大举措。笔者部分赞同这种意见:一方面,新设立的这个委员会,符合了国际上的一般趋势,其显而易见拥有的强大权限,使之有可能解决过去一段时间各部门各行其是、某些重大事态处理不及时的毛病;但另一方面,须看到,国家安全委员会的基本职能,是应对国家安全危机和社会重大不稳定事态,而非解决外交事务和广义对外关系的重要难题,因而它也无法完全代替外交决策机制本身所需的规划与协调。细细研读《中共中央关于全面深化改革若干重大问题的决定》就会发现,习近平特别强调,当前中国面临对外维护国家主权、安全、发展利益,对内维护政治安全和社会稳定的双重压力,各种可以预见和难以预见的风险因素明显增多;现有的安全工作体制机制还不能适应维护国家安全的需要,需要搭建一个强有力的平台统筹国家安全工作。所以,"国家安全委员会主要职责是制定和实施国家安全战略,推进国家安全法治建设,制定国家安全工作方针政策,研究解决国家安全工作中的重大问题"。安全事务与外交事务毕竟是两个不同的范畴,正如社会问题与经济问题既有联系又有区别一样。安全事务的重点是威慑,外交事务的本质是沟通,它们各自的统筹机制理应有所区别。新的改进办法其实很简单,基本思路是:增强外交部门高管在党中央和国务院的数量,它不光涉及外交部的主要领导，还应当考虑涉外的其他部委和机构，如中联部、国务院侨办、国务院港澳办和国台办；尤其要参照历史上的一贯做法，今后在中共中央政治局、书记处和国务院副总理级别上，设有分管外交的专任领导，其职责是协助总书记和总理，对外交、外事、外援以及涉及中国的全球事态进行统一筹划、应对和处理。

（四）外交学习问题

1. 思维的盲区

历史和理论都表明，以往我们意识形态和传统认识论里的一种看法是有偏差、可能造成误导的，那就是：只要掌握了历史唯物主义和辩证唯物主义的法宝，就能预见未来的一切，驾驭甚至战胜任何可能的突发危机。然而，事实是，许多关乎人类命运和国家福祉的事件并没有任何预警和先兆，政府和国民对此毫无思想准备（更不必提实际工作层面的防范），最终的后果严重而持久。远的不说，20世纪90年代初期苏联的解体、新世纪初期的"9·11"事件、近五年的全球金融危机、中东地区所谓"伊斯兰国"的崛起、2018年7月西非地区一些国家发生的埃博拉病毒疫情，都属于这类事态。理论上讲，随着信息化进程的深入和所谓"大数据时代"的到来，尤其随着各国内部社会政治的分化层化，以及传统的国家间政治逐渐为多元的世界政治所替代，现在的国际关系更加难以测定，各种国家与非国家行为体的变动及行为模式愈发扑朔迷离，人类预料自身命运的准确性受到削弱，习惯于传统思维和事态的各国政府应对所谓"战略意外"的能力明显不足。有鉴于此，新的外交变革与转型任务里，提高对突发事件的应对能力建设变得日益重要。新的外交学说和研究工作中，也有必要充实这方面的内涵，将国际国内的前沿探索成果引入其中。例如，如何应用自然科学的新理论，解释国际关系里的"混沌"（chaos）和"湍流"（turbulence），如何借用航空动力学的思维与方法，处理外交进程中的"突发事件"（emergency），如何掌握现代复杂性科学思维,勾勒世界发展进程日益增多的"复杂性"图谱,如何参照发达国家做法,建立适合中国需求的危机预警和管控纠错机制,就是属于这方面的努力。

研究此类课题,需要借用当代一门新兴科学"复杂性学说"。1977年诺贝尔化学奖得主、所谓"耗散结构"(dissipative structure)理论创立者伊利亚·普里高津(Ilya Prigogine)通过他多年的研究与传播,带来了一种重要的观念,那就是:传统科学信奉的确定性世界观,可能是容易产生重大错觉的思维定式。科学家们发现,不稳定和涨落现象,在从宇宙学到分子生物学的所有存在之层次上产生演化模式。时间可逆过程在现实世界是罕见的,不可逆过程却在我们身边频频发生。它颠覆了传统科学的一个常识,即:人们倾向于认为每一事件总是由在先的某些事件所引起,所以每个事件是可以解释或预言的。与强调有序和稳定性的经典科学不同,新的见解是,所有事态、进程、层次上都存在涨落、不稳定性、多种选择和有限可预测性,包括对经典物理学和量子力学的基石——"混沌"现象——的解释。用普利高津的话说,人类"正在目睹一种科学的诞生,这种科学不再局限于理想化和简单化情形,而是反映现实世界的复杂性,它把我们和我们的创造性都视为在自然的所有层次上呈现出来的一个基本趋势"①。如今,这门新学科、新思想被越来越多应用于多个领域与学科,包括宇宙学、化学、生物学、生态学乃至包括社会学、经济学和国际关系理论在内的整个社会科学领域;它既是对宏观物理学、化学、生物学前沿问题的回应,更是对人类自身实实在在于每日每时发生的现象及困惑的更高层次的理解。这种新的科学哲学思想试图阐明:人类存在由不断创生、不可预测的新鲜事物组成,我们见到的和我们周围的宇宙,只是许多"可能"世界

---

① 〔美〕伊利亚·普利高津:《确定性的终结——时间、混沌与新自然法则》,湛敏译,上海科技教育出版社1998年版,第6页。

中的一个。不确定思想不等于对宇宙的任意解释，相反，它告诉我们，人类生活在一个可确定的概率世界，生命和物质在这个世界沿时间方向不断演化（非线性的），把一切事物想象存在确定性，才是真正的错觉。在这种新思路的引导下，人们更加重视（譬如讲）概率而不是确定性，重视非对称过程而不是对称性，重视自组织的状态而不是经典还原论，重视对危机和不可预测事件的管控而不是对传统模块的线性模拟。在这种新的见解指导下，科学不再等同于确定性，强调概率不等于无知。它也解释了国际战略和外交工作中一种看似矛盾的现象：为何有那么多的专家和机构，出版了那么多貌似严谨的著述，却没有一个人准确预见了苏联解体和两极结构终结的方式，没有一本书在事先确实谈到"9·11"事件或 2008 年以来的全球经济危机。但另一方面，没有哪个政府因此而取消科研资助，没有哪个媒体和公共团体会觉得研究工作和战略对策无用——毕竟已有努力仍然提供了对部分事件部分问题的答案（包括预测）。现在的趋势是，聪明的、视野开阔的研究部门和政策制定者，更加倾向于建立新的复杂性理论和应对之策。人们期待，通过运用近几十年来的知识发现和分析工具，特别是在神经网络、生态平衡、人工智能和混沌理论这样一些领域取得的成果，逐渐熟悉和掌握分析不确定世界的方法及思维。对新思想新工具新路径的探索，可以从过去无从知晓的广度和深度，来认识和处置看似自发的、自组织的、经常无序的和难以确定的世界。从全球范围考察，这种态度已经并且将继续对经济和商业行为，对政治和军事活动，对外交和国际关系，发生或显著或潜在的深刻影响。简言之，新的研究"正在冲破自牛顿时代以来一直统治着科学的那种线性的、还原论的思维方式"①。

---

① 〔美〕米歇尔·沃尔德罗普:《复杂——诞生于秩序与混沌边缘的科学》，陈玲译，生活·读书·新知三联书店 1997 年版，第 6 页。

在经过冷战结束之后的短暂过渡期之后，国际关系与外交斗争进入了更加不确定、更加扑朔迷离的阶段。不只是上面提到的国际恐怖主义、全球经济危机这样大规模、全局性的不测事态超越了传统的线性思维与预测，而且人口与难民的全球变动、气候谈判的戏剧性变化、局部冲突的此起彼伏、互联网作用与安全隐患的急剧增长，都让各国决策部门疲于应对，让各种智库信誉下降，让专家学者无所适从。笔者个人觉得，这些与其讲是糟糕的现象，不如说是好事：它们不仅证明了旧的确定性思维与线性应对方式的无效，还鞭策具有创新意识的思想者和行动者脱颖而出。现在是测试各种变革与保守国家的关键时刻，是全球范围外交转型与创新的新机遇。在此意义上说，中国外交的决策机制和研究过程，应当超越过去那种看似信心满满、实则经常漏空的经验哲学状态，充实以新的复合思维并且将之建立在不确定的世界变化之上，保持必要的自信，面对外部压力和质疑而不卑不亢，同时充分容纳对不确定性和复杂现象的心理准备和体制安排。不确定性是一种"新常态"，我们的思维和战略也应以此为前提。

2. 外交学习的必要性

上面的讨论已提示了新形势的错综复杂，揭示了外交部门适应变化和加强学习的重要。笔者想强调的是，中国是当代变动性最大的一个国家，是国内经济、政治、社会格局不断出现新局面的一个国家，也是内部变化对外交提出最复杂要求的一个国家。随着国内社会政治的进步，必然要求外交体制机制发生相应的调整变革；也因此，外交人的自觉学习与体制上的努力适应，是极为必要的。从中国总体的变革趋势看，习近平这一代人属于中华人民共和国成立之后出生的第一代政治家，他们更加懂得继续改革开放对于中国成长为世界大国、实现民族复兴梦的重要，他们会有更大力度推动一些内部难题的解决和外部挑战的克服。就国内发展和改革目标来说，比如，收入分配制度改革、土地制度改革、户籍制度改革、福利保障制度改革、经济反垄断进程和政治反腐进程等,正在加紧推进。在未来5—10年,与这些社会经济变革相适应的政治体制改革和意识形态调整重大措施,也将逐步稳健地推出实施,从而使社会和民众关注的监督机制、权力制衡、消除垄断等方面得到落实。在未来几年,我国民族边疆地区的政治稳定、经济社会加速发展和多民族关系的摸索调节,也将是艰巨而必要的改革方向,对于新一代领导人智慧与能力同样会有大的考验。可以说,给定中国的规模与政治特性,上述领域的重大改革,必然产生强烈冲击波,其进展或困难将产生广泛的国际影响。外交是内政的延续。外交工作最重要的使命,便是保障整个民族国家在世界的地位得到维护和尊重,为国内既定议事日程的稳步推进争取尽可能良好的外部环境和条件。

外交人应当理解国内重大现象及改革趋势,在工作中自觉配合新的气象与要求。否则,外交人就会变成"只拉车、不看路"的具体办事人,变成庞大官僚机器中缺乏能动性和创造性的部分,也无法在国际交往中赢得国外同行的尊重。比如,不了解中国经济发展的新阶段新常态,不知道国内产能的富裕过剩、外汇储备的急剧增长及中国制造业的某些技术优势,就无法懂得中央"一带一路"对外经贸合作倡议的起因及路线图;不了解中国社会层化、地区分化、收入差距扩大的现状,就不可能理解党和国家高层经济上推动收入分配制度改革与政治上大力反腐倡廉的考量,就无法向国外恰当解说中国经济与政治改革的下一步方向;不了解土地制度改革和户籍制度改革的重大思路举措,就无法理解消除现阶段城乡差别的攻关战役性质,就无法向驻在国的公众和媒体解说中国工业化、城市化、现代化的特色路径;不了解国内民族政策的起源及现有困难的严重性,就无法懂得达赖集团或涉疆分裂集团的危险与国际上各种对我有关政策误解的背景;不了解国内媒体和学术界有关"北京共识""亚洲价值""普世价值""公民社会""依法治国"等问题上的争论,就无法回答国际范围广泛存在的有关中国崛起目标的疑惑;不学习进修有关国际公共产品、战略投入及援助、商务类型援助的各种知识，就容易混淆我国政府对外援助的不同种类，实际工作中就不会有拾遗补阙、分类推进的谋划；不了解国内社会学和政治学界关于既得利益集团的前沿见解和政治高层强调经济领域反垄断的思路，就不会在驻外使馆活动和对外活动中自觉谨慎地同私人资本和国有企业保持合理距离；不了解沿海省份陆海经济的份额变化以及中央转型升级的重点要求，就无法恰当界说"海洋强国""防空识别区""三沙市和三沙警备区"等目标与步骤的战略意义；不了解国内主要媒体之间的重大争论，就无法叙说增强国民之国际主义意识的紧迫性，也无法找出外交人赢取更大社会支持与信任的切入点。这些方面及问题，都是需要外交人不断观察、分析、学习的对象。墨守成规，只会使外交部门更加被动，丧失驾驭进程的机会。更好的学习、机制化的学习，是中国外交人占据先手之机的前提。

3．"三不原则"的创新

"不干涉""不结盟""不当头"长久以来一直是中国外交指导原则中的核心内容，也是中国置身复杂国际事务之中始终立于不败之地的法宝。然而，笔者想指出的是，如果把这些原则固化甚至僵化，不以新的形势和任务丰富创新它们，好的原则也可能变成束缚我们奋发有为的框框。我们的外交人员如果没有对这些原则的创新思考，复杂局面下就可能自缚手脚、丧失良机。

"不干涉内政"原则实际上是历来国际体系和国际法的一项基础性法则，那就是：主权国家不论大小强弱，应当享有基本的自决权，在民族国家的重大事务上不受任何外部势力的蛮横干涉。事实上，没有这一法则，就不会有《联合国宪章》和当代国际体系的存在，世界政治肯定是一种比现在更加野蛮的、无序的、受所谓"丛林法则"支配的糟糕状态。六十多年前，中国、印度、缅甸等新独立国家所倡导的"和平共处五项原则"，其核心的诉求正是获得不再受西方列强干涉、自主决定本国事务的权利；它之所以能长久坚持，受到广泛拥护，恰恰是因为它代表了刚刚摆脱殖民主义和帝国主义枷锁的新独立的亚非拉各国的普遍愿望。今天非西方国家的需求重点，是在早已获得政治独立的条件下，加强国家间合作和参与全球化的能力；尤其中国和印度这样的新兴大国，更是需要积极参与全球和区域治理，提高发言权和引导力。因此，可以说，目前创新"不干涉内政"原则的重心，是在保持各国尤其是中小国家基本权利的前提下，想方设法保证和加强"参与度""决策力""话语权"。中国外交学界和决策部门正在探讨的"创造性介入""建设性参与""积极作为"等理念，由此应运而生。它们也是现阶段中国海外利益不断增大、中国能源资源海外依赖程度上升、中国国际责任和压力不断增大的必然要求。

"不结盟"原则始于20世纪80年代初期，它是邓小平审时度势，根据美国、苏联两霸称雄世界的特殊环境，考虑为中国改革开放和经济建设创造有利条件而提出的一项大战略，其关键内容是中国不与世界上任何一种政治军事集团结盟，在独立自主和"不树敌"的基础上，发展同所有方向、所有国家的全方位合作关系。正是有了全然不同于改革开放前三十年的哲学世界观和战略中立位置，中国才有了后来三四十年的良好安定外部条件，有了与美国建交、与苏联解决边界分歧、与多数国家展开大规模交往的新型对外关系，有了国内聚精会神谋发展、一心一意搞建设的可喜进步。今天中国面临的环境与任务则有所不同，新的重点在于：如何在我们国家快速强势崛起的进程中，既不失去大大小小的朋友，又能拓展新的战略支点和合作平台。在这种情势下，传统的同盟理论和战略学说值得我们细细咀嚼，分清里面的各种层次，提取有效成分为我所用。例如，在继续坚守不与任何大国和国家军事集团结盟方针的同时，努力开拓"准盟友"式的、友好互助型的或防范战略风险所需的国家间战略关系，积极寻找战略对话与协作的国家和区域行为体（如东盟、非盟或欧盟），在全球范围或实施战略援助，或加强商务基础设施建设，或发展类似海外军事基地的补给维修网，总之建立起适合我需要、辅助以多种强力杠杆的全球战略支架。假使拘泥于对"不结盟"方针的简单化、机械化理解，我们的战略规划宏图和实施部署过程就会过于谨小慎微，无视重要的战略窗口，失去某些战略性时机。实践中观察，最近十余年间中国与六七十个国家及区域组织（如欧盟、东盟、非盟）建立了这样那样的战略协作、战略对话、战略交往关系，对我们的全球及地区目标的实现起了不可或缺的作用。这些战略互惠关系就是创造性地坚持"不结盟"原则的明证。自然，战略互助关系也要仔细规划，防止不必要的负担和压力。凡事都有两面。过于紧密、不加防范的国家战略安全联系，亦可能造成国际危机时刻令我方进退维谷的局面。必须牢记：没有战略盟友和友好国家的支持，没有世界各个区域方向特别是要津的战略支点，中国不可能成为真正的世界大国；同时，建立全球性的战略协作与伙伴关系，需要高度熟练的外交技巧和灵活多样的备选方案。"结伴而不结盟"，是中国必须守住的底线。

同理，"不当头"原则也需要与时俱进、实现创造性转化。20世纪80年代末期，在复杂严峻的国际环境下，邓小平制定了包括"不当头""不争论"等内容在内的"韬光养晦"总方针，指导我们国家度过一段艰难时期。今天来看，这一方针所体现的谦虚谨慎、避免对抗等基本精神，符合中华文化传统和改革开放以来中国外交一贯的风格，仍然需要中国外交人和外交学者认真领会、长期坚持。但另一方面，任何国家都很清楚，中国的实力与地位已经到达新的层次，中国的态度与目标是21世纪初期国际关系的最重大变量之一，所有人都渴望看到中国对全球发展和国际和平的负责任态度；中国更加年轻一代的公民和媒体，也期待中国政治家和外交部门不要老是在国际重大问题的表决中投弃权票，而应主动出击、大胆发声、积极营造于我有利的国际事态与事件结局。在这种内外压力下，对外交部门和政治人物来说比较好的策略，是在坚持谦虚与合作风格的同时，更加清晰主动地表明中国的态度，提出有中国印记的方案，做出更多有中国风格的国际贡献。例如，在国际领域的"新高地"或者说"高边疆"（如外空、极地、电子、金融的开发与规则确立），一个想立足其中的大国，必须学会下先手棋，有独特的布局和倡议。很多人说，中国这么大的国家，没有也不可能"搭便车"，相反只会给别的国家提供"搭便车"的机会。我个人认为，实事求是地说，在经贸领域，现在的中国确实越来越多地提供了让其他国家"搭便车"的机遇，例如"一带一路"倡议。但是，在安全领域，迄今为止中国也在搭别国的便车，比如我们那么多的国际运输船只，却没有足够的护航力量，不得不借助其他国家的海军，在印度洋、太平洋和其他水域保障海上通道安全。给定上述大背景，我们的政治家和外交人，要从习惯于少说话、不发力，向更加积极作为的方向转变，加强能力建设，学会主动出手，于人于己更大的方便。

4. 复杂学习

在外交学和国际关系理论中，20 世纪 70 年代以降，出现了一种被称为"学习与适应"（learning and adaption）的新理论，以吸纳其他学科学说的前沿成果和适应复杂的国际现实。[①] 它教会我们，政治领导人和政府部门也可能而且应当从历史中汲取经验教训和自我改进，这种学习过程会影响到他们的对外政策的看法与决定。"学习与适应理论"指出，学习不只是对一般的个人有用，也是国际政治和外交研究的改进路径之一。专家们发现，政治家和外交官事实上离不开学习的帮助，学习与适应是经常性的现象。各种教材常常提及，朝鲜战争的教训，影响了美国人有关干涉 60 年代印度支那的争论，而越南战争的结果，更潜移默化地左右了当代美国政治家和公众对于海湾战争和波黑冲突的认识。阅读丘吉尔、尼克松、基辛格等人

---

① 有关国际关系和外交研究中的学习理论，可参见拙著《西方国际政治学：历史与理论》，上海人民出版社 1998 年版，第 455—483 页。

的回忆录，便不难发现，这些欧美政治家、外交家多半以他们对既往事件的感受和分析，确定对于当下局势的反应和决定。历史是外交家的一面镜子，外交政策的制定事实上就是不断学习和改善的过程。不仅如此，按照国际周期理论家莫德尔斯基的说法，整个国际关系和世界政治的演进，都表现为学习基础上的进化。20世纪70年代末至80年代中后期有关学习理论的研讨重点，是处于冷战状态下的美国和苏联两个超级大国，如何在势力范围、军事干涉、核问题、军控和其他各种安全机制的建立问题上学会"相互适应"；90年代之后的一段时间，随着两极格局的结束，尤其是苏联集团的解体，人们注意到，以沃尔兹为代表的结构主义模式，无法充分解释冷战的结束尤其是苏联外交政策的根本变化。最近十多年，专家们列举的典型事例之一是，奥巴马总统从布什当政时期在伊拉克、阿富汗遭受的失败中吸取教训，不仅逐渐从这两个国家抽身，而且明显调整了原先那种在中东强行推行美式民主化的方针，逐步实现从布什主义的强权风格向奥巴马时代美国版本的"韬光养晦"方向转变。现在的特朗普新政，同样可以看成是奥巴马时期美国全球战略收缩的继续，看成是从此前的霸权失败中吸取教训的一种形态。

在国际政治的语言中，所谓"学习"，是指观念和信念上的改变，或者指人的想法变化的程度，也可以指新的思想及其实现过程的出现；不论哪种情况，它们都应当是人对实践中的经历进行观察和加以解释的某种结果。学习会带来政策的改变，完善对于人类世界的认识，或使人的思维结构变得比较复杂及灵活。学习过程与人的努力、人的目标是分不开的；而且，"择善固执"并不能保证"从善如流"，信息环境有时起关键的作用。这里特别应提到两组特殊的学习：一是复杂学习与简单学习，一是个人学习与组织学习。

"复杂学习"（complex learning）不同于"简单学习"（simple learning），后者指人们仅仅利用新的信息使自己适应现状，而不是主动地去改变它。"复杂学习"则积极得多，行为者承认手段与目标之间有冲突，并且设法用自己的努力造成某种变化。简单学习当然比较容易实现，而复杂学习更加困难，尤其涉及目标的改变时。这方面常被人征引的国际范例，是20世纪60年代初"古巴导弹危机"前后两个超级大国的相互算计。在那之前两个核大国并不懂得如何彼此相处，而在那之后有效威慑或双钥匙系统变成大国战略关系不可或缺的组成部分。

复杂学习也是多要素的组合共进方式，是反复修正、不断调整、自我评估加外部促进的复杂过程。就当前我们国家的形势与需求而言，特别需要加强对重大外交政策出台前后的探讨及评估，把它作为外交复杂学习的紧迫内容之一。例如，"一带一路"倡议在获得广泛国际反响和国内跟进的同时，存在哪些风险与麻烦，需要做出什么样的防范与修正？近些年来中国一些企业和个人在缅甸、委内瑞拉、津巴布韦、俄罗斯、印度等国遭遇的重大财产损失事件，给予我们深刻教训和改进提示。这里，不仅需要决策部门更加全面地考虑对外重大战略投资的布局安排，还需要把建立失误修正机制、风险预警与发布机制、相关公务的信息公开机制、政协人大等民意代表的参与机制等提上日程，把这些机制的建设作为中长期的外交学习目标组合。复杂学习的概念，也有助于我们更好理解新的时代外交进步的性质与路径。

"个人学习"（individual learning）与"组织学习"（organizational learning）也有重要意义。我们通常理解的"学习"，是指个人的观念进步或改善的过程，但国际政治学家所说的学习，主要是在政治组织尤其是政府的层面上的想法变化或观念进步。"组织学习与个人学习不太一样，前者只是通过服务于组织的个人，并且以将个人习得转化为组织程序的方式完成的，组织的程序可以包括正式的形式、规章制度、传统惯例、战略技巧等内容。"当然，不是所有的组织变化都源于学习。只有当个人的认知变化及各种来自实践的心得体现在组织的程序和"记忆"中时，才能说进行了"组织学习"，或者

"组织的变化来自于学习"。组织的学习包含若干个阶段，首先是个人思想对环境因素做出反应，其次是个人的学习改变组织程序，组织变化造成进一步反馈效应。这个链条可能在任何一环上断裂，比如：个人可能失于从环境中吸取教训；个人的学习心得可能无法转化为组织的变化；组织的变化可能不够有力，影响不了领导人的对外政策等等。个人学习是组织学习的必要条件，但显然不是充分条件。

"政府学习"比"个人学习"和"组织学习"更复杂，它是后面两种学习的综合和积累。在政府的学习过程里，包含了较多的组织和个人，层次更加复杂，程序也更加多样。在不同的政治体系下，政府学习的方式是不一样的。高度集权的政治体制下，最高领导人及其最有实力的决策层既从他们的智囊团那里了解和借鉴历史，也凭借当权者个人的经历与智慧观察和分析环境；在权力比较分散的政治体系中，各种权力相互制衡，使学习过程显得更加多元和有力。究竟是"个人学习"更重要，还是"组织学习"或"政府学习"更重要，要取决于具体的情况、具体的国家和具体的问题。值得注意的是，学习理论十分重视领导人的代际变化对学习的内容、质量和方式所带来的影响。通过代际更换，能够使政治决策层具有新的面目，新的政治决策者更愿意也更容易将新的观念、思想和学习过程引入决策过程。与学习过程相比，政治家的代际转换，对于国家外交政策的改变起着更大的作用。每一代人都有他们特有的信念、观念、想法，这些东西源于他们那个时代的环境、意识形态、政治结构、知识水平；因此，每一代人都会学习，从他们的过去、他们的前人那里学习，但他们同时会有自己的局限性，会给下一代人的学习与超越造成新的可能。

中国这方面也有好的事例，例如，1996年的台海危机，不仅警示中国军队加强危机管控机制的建设，而且促使中国最高决策层做出加速军事和国防现代化进程的重大决策。1999年以美国为首的北约轰炸中国驻南联盟使馆、2001年4月1日中美南海撞机等事件，几乎每次危机以及中国决策层对它的反思和研讨，都转化成中国高层、军方和外交部门改进的关键节点。我想，虽然历史上可以举出许多积极事件，说明我们的决策部门事实上处在学习与适应的过程里，但被动的学习无法替代自觉的学习，事先学习的效果可能远远大于事后的修补。在我们的外交、安全和商务决策中，存在太多的被动学习和事后改善，而较缺乏主动的学习与机制化的学习。如前面建议的那样，外交部门应当着重考虑的事情之一，是如何与学界和专业研究部门展开定期交流或互设位置，例如外交官短期驻校进修或当访问学者、大学教师和研究机构专职人员驻使馆领馆研习工作，使外交学习真正成为前瞻性、制度化的一种安排。就本书主题而言，加强外交人的学习能力，是中国外交贴近公众、加强透明性、增进社会对外交的理解与支持、增强外交的社会基础的一个路径，也是推进外交社会化转型的必要条件和积极步骤。

笔者曾长期在中国社会科学院工作，近十多年又到北京大学教书，目睹越来越多的外交人员通过个人努力到著名高校或研究机构读学位、进修深造的案例。一个感受是，外交干部这方面的需求强烈，高校和研究机构可做的事情很多；只要有关部门加以规划、使之机制化，二者之间的结合可以合理平顺。这样有利于推动外交机制"扁平化"过程，合理扩展国家这方面的编制与资源。例如，外交部办公厅、干部司等机构预先统筹考虑，之后由部领导与若干高校之间商议并签署战略合作协议，中国海洋大学、北京航空航天大学、北京理工大学和北大、清华这些重点院校可设置专门的定向培养目标；或定期由后者向前者输送优秀的毕业生，到未来的外交部门下设的外空司、极地司、边界与海洋事务司、大洋司工作，或派遣外交部门的年轻干部到这些高校参加中短期进修培训，熟悉新的趋势与工具。同理，国家海洋局、国家航天局等部委与外交部之间也可以展开专项合作，实现小范围的干部岗位进修或轮换，加强彼此间的交流合作。现在部委的人员构成里，至少三分之一是年轻干部，很多人尽管有高学历，但毕竟工作多年，对新趋势、新方法、新理论、新工具不太了解，有必要加强对他们的在职培训，而且他们自己也都渴望再度到母校或专业对口的院校"回炉"。这方面的设计和安排，不仅有必要而且肯定受欢迎。它与现有的从国家公务员考试中录用高校毕业生的制度不应当是矛盾的，属于专业定向、数量有限的补充性安排。这种做法类似于国防部门近年来与北大等国内若干重点院校签署的"国防生"合作协议安排，后者业已被实践证明是卓有成效、受到欢迎的制度设计。除了接收相关院系专业的毕业生，外交部门最好配备一定的财政或物质资源，适当补贴相关专业学生在校期间的生活和学习，不致给有关院校和研究机构增加财政负担。这当然涉及整个外交部门人事和干部方面的费用，恐怕不是在原有框架内能够解决的。因此，国家财政预算须做专项配比支持，让外交学习过程获得制度性的保障。

在迈向全球性角色的进程中，提升中国人的学习能力，是一项基础性的建设。

结　语

仁的社会，智的外交

中国已是一个强大国家吗？

在笔者看来，"大"是肯定的，"强"则不好说。

从国家的经济总量、经济发展速度、国内生产总值、军费支出和军事装备等硬指标衡量，中国多半能够位居世界前三的行列吧。说"全球新兴大国"，或"发展中世界第一大国"，应该问题不大。

"强"的尺度难界定一些，但仍然有线索可循。读者可能首先想到的，是科技方面中国的某些差距，尤其与德国制造对比，与日本尖端机器人对比，与美国的芯片设计、军工实验室和航天技术对比，与英国在发动机、医学制药、生物育种和微电子方面的某些领先对比，哪怕与以色列、瑞士、瑞典、荷兰、芬兰这些发达小国的特有优势对比，中国总体上仍处于中低端位置，由大至强还有很长的路要走。

笔者更关注的是中国在另外一些方面大而未强的问题。经常在国内外旅行的人，直观上会有一个印象：中国政府尽管有钱，在教育、医疗、保险和各种社会化服务供应方面却不细致、不到位，且不说与发达国家比较，就连一些人均收入和政府财政收入低于我们的国家也做得比我们好。从飞机上往下看，中国的进步相当显著，别说北上广深一线城市，连许多省会和中等城市都非常"新"且"炫"，然而一到日常生活的具体层面（如旅游景点的设施与服务品质、日常消费品的质量问题、百姓办事的各种不便、官员弄权的无所不在、信息网络的时常不畅），就会让人不适、不快。上述问题至少说明，我们的工作重心放置有偏差，较多的资源投向外表的翻新改造，较少关心对个人的理解与服务。深究一下，根子在重物不重人，重集体轻个体，重数量轻质量，重外观而轻素质。国家物质层面貌似快速变大，但一个民族内在的精神追求与气质并未真的强起来。仁智与实力的扩展没有同步。

中国的对外关系和国际事务，既有重大成就的获取，也有上述问题的折射。一些国家的政府或公司现在当面把中国吹得厉害，更多可能还是出于资金或项目的需要，它们有时把我们政府当成"散财童子"，知道中国一些干部喜欢听赞美的话。私底下，很多外国人觉得中国只是"跛足巨人"，一个在经贸方面有某些劳动密集型优势的大国，一个主要依靠汗水赚取辛苦钱的民族，而不太像智慧大国，不是那种在全球政治决策方面富有引导力的强国，亦谈不上在世界安全领域有广泛倡议权的民族。反观自身，我们一些在外出差的干部常露出财大气粗、看不起别国发展水平的样子，一些驻外使馆领馆工作的外交官把大量时间精力用在接待国内领导却不屑服务普通群众，一些游客和企业在海外缺乏遵纪守法、入乡随俗的自律，从不同侧面反映出国内成长阶段的初级性质和某些体制弊端的根深蒂固。我们某些媒体和宣传机构向老百姓和国际社会输送的东西，相当部分是虚假的或夸张的，而外部世界对中国的复杂感受，由于各种原因传递过来后发生变形（显得要么一味赞颂、要么敌对遏制），结果造成中外相互理解的困难与异化。常被提及的一个矛盾现象是：国内多数人认为自身仍然不宽裕、不发达，觉得我们政府在外承诺太多、援助太过，而国外很多人觉得中国是当今全球化的最大受益者和特别有钱的国家、理应提供更多的外援；国内不少人认定中国外交太软，国外普遍感觉近年来中国变得强硬，外交和军事上咄咄逼人。国内"低估"与国外"高估"之间的反差，值得检讨与反思。

结语　仁的社会，智的外交

在本书的不同部分，笔者反复强调一个看法，即：真正强盛的风范大国，不仅要有能与其他大国比肩的硬实力，还需要他国和国际社会服膺的智慧，有本国人民深切感受的仁爱。必须清醒意识到，改革开放以来我们的硬实力确实提升比较快，虽然仍有这样那样的不足，可软实力（如民族优秀传统的光大、现有政治制度优势的广泛认可、外交方略的灵活多样且卓有成效、一般公民具备的高素质等）的改善要慢得多，不只存在诸多缺失，而且与世界较高水平的差距大于硬实力方面的不足。物质层面的现代化在快速推进，整个民族的现代性还远未达标，我们的干部队伍仍处于由革命向执政的适应性转变过程中，更重要的是这种角色转变绝非一帆风顺。说起来，最近两百年的大多数时候，中国都处于受压迫与抗争、战乱与革命、造反与决裂的中外摩擦大背景下，真正讲合作、谋发展、安心建设、搞现代化不过三四十年。

○　　○　　○

归纳一下，中国外交经历了和正在经历三段历程。对于自己的民族、对于外部世界，它们都非同小可。

中华人民共和国成立后的头三十年，是延安革命精神发扬和引导的一段时期。它的最重要使命，是结束长期的军阀混乱和外国在中国的势力分割，让近代以来饱受屈辱的中华民族摆脱枷锁、站立起来；它始终在同列强进行抗争，先是同美国和西方世界对峙，后来同曾经的"老大哥"苏联决裂，斗争哲学贯穿整个过程，乃至最终发展成广泛"输出革命"和自我不断革命的极"左"路线。它折射出20世纪50年代至70年代世界民族解放运动的时代特征，也体现了那个时代苏联模式的深刻印记。毛泽东的革命思想有它的积极意义，也有其历史局限，其中最大的不足是令中华人民共和国成立后头三十年中国经济的活力和社会多样性受到严重抑制。在外交方面，这一时期的中国对外关系实践及观念,在实现自身独立和带动亚非拉民族解放的同时,逐渐背离了中国人自身与印度、缅甸等国共同倡导的"和平共处五项原则",与现有国际体系的关系变得日益紧张,同第二次世界大战后兴起的全球化、信息革命、技术进步浪潮基本无缘。

改革开放进程使中国巨轮转向现代化建设的大方向,也令中华人民共和国的第二个三十年充满经济成长的活力与动能。"发展是硬道理",是一个简单却相当贴切的说法。无论内政或是外交,从农村联产承包责任制到下放企业自主权,从建立经济特区到实现香港回归的"一国两制"方案,从中美两国正式建交到中苏谈判边界撤军,从放弃"输出革命"到与韩国、以色列等昔日敌国的关系正常化,从"和平与发展"口号的提出到积极参加各种国际组织及协议,根本上改变了此前极"左"思潮影响下的国家发展走向,使之完全服从于百姓温饱和国家建设的目标。中国在当代世界的角色,发生了由打碎旧秩序的革命领导者到参与国际社会合作的积极建设者的深刻变化。虽然中间有过挫折失败,中国人逐渐熟悉和喜欢上各种国际交往与合作共赢方式,逐步从现存国际体系的边缘走到比较中心的位置。应当说,这一时期最大的成就,是中国人均收入从很低的档次提到国际中高收入水平,中国成为世界上最大的新兴市场和第二大经济体,同时带动了国际贸易和世界经济的繁荣。

总体观察,"3.0"版的中国并非始于今日,它生发于改革开放年代,有点像邓小平时代的升级版,但又有新一代逐渐显露的特性与目标。应该说,这一时期的中国发展轮廓尚未完全成形,还存在未知因素和不确定性。现在的领导人经常说,中国正在爬坡,不进则退。这话讲得不差。在笔者看来,中长期观察,存在大相径庭的两种可能:一种是,综合国力已经位居世界较前位置的中国,用更高的标准继续自身的改革开放,造福自身国民也造福周边邻国和国际社会。在国际范围,大力拓展海外利益的同时约束大国争霸和军事

结语 仁的社会，智的外交

对抗的冲动，学会提供更多更好的公共产品和服务，积极主动地与国际社会合作互利，在新一轮的全球治理和人类进步进程里，发挥富有想象力的建设性作用。在国内，加快政治现代化和制度建设步伐，落实法治社会、市民社会、多元社会和尊重人权的要求，在经济结构向国际更高标准转型升级的同时，推动社会政治的转型升级。这番景象当然也是世界之福，中国将日益成为全球进步和繁荣的一个引领大国。另外一种可能是，雄心勃勃的中国凭借日益增大的实力，特别是军事和经贸实力，与世界其他大国展开逐渐激烈的地缘政治较量，与周边邻国特别是存在领土或海洋纠纷的他国发生武装冲突，对峙的局面由点至面、由弱渐强，"和平发展""睦邻友好""互利共赢"遂成往事空谈。受这种由冷战到热战变化势态左右，不仅外部国家对中国的防范之心和围堵举措增加，国内的宽松方针与和谐氛围必然收紧，极端民族主义甚至大国沙文主义情绪或据主导地位，着眼于中长期的建设和改革进程戛然而止，所谓"发展战略机遇期"将被聚焦于国家间博弈算计的传统权力政治格局所葬送。真到那个时刻，无论此前如何说"不另起炉灶"，要担当"负责任大国"，中国对外部世界的关系也将由前一时期的创造性介入和建设性合作，逐渐变成摩擦和抗衡为主的态势。中华民族屹立世界东方、为人类做出重大贡献的愿景遂成泡影。

没有人能掐算出未来的所有变化。应该意识到，中国究竟向何处去，除了一些不可控的外部因素，关键在于自身政治社会的建设方向，取决于高层决策者的选择和国民心态的塑造。

○　　○　　○

现在的中国，主要缺乏的不是硬实力或加快硬实力建设的推力，而是缺少冷静审慎与自我反省的态度，缺少让外部国家心悦诚服的软实力和制度安排，缺少对普通百姓权利的细致关照和对公民社会存在的法制保障。也可以说,"仁"的一面做得还不到位、不充分。

一个大国的"仁",当然要以实力为基础,以外部世界对己方权利的尊重为参照,但它必须明白"内圣而外王",内化的仁爱与持久的仁政乃本国立于不败之地的深刻道理。

"仁",首先是一种道德规范,讲求人与人之间相互尊重、理解和帮助,做事通情达理,不会一味自私自利,如古人所说"夫仁者,己欲立而立人,己欲达而达人"。说文解字,"仁"的本意是,两个人在一起,愿意共同往前走。当人与人之间牢固建立起这种关系时,国家之间、民族之间建立类似的平等互利和相互尊重才有坚实的基础。假使一个社会内部戾气十足、人们成天喊打喊杀,很难想象它与周边邻国能友善相处。相反,一个仁智的民族,明理达观、性情温和且富有韧性,有德行有志向,在自身不断壮大的同时,带动他人和整个人类的持续进化。

要做到这一点,就要求国家实施"仁政",即做出充分尊重公民权利的政治制度安排,所谓"以德行仁者王"。综合先贤智慧和历史经验,仁政主要包括五个方面:一是重百姓生计,"制民之产"、轻徭薄赋、仁民爱物,让人民有恒产恒心且不受官吏盘剥。这是仁政的经济基础。二是促司法公正,"察小大之狱并以情",省刑罚、防株连、"罪人不孥",做到仁至义尽、透明公正。这是仁政的法制保障。三是倡导以人为本,"民为贵,社稷次之,君为轻",看到民心的向背对政治安稳的决定性作用。这是仁政的政治思想导向。四是用仁治天下,提倡以德服人、以智化危的王道治理,反对以力服人、杀人盈野的霸道战争。这是仁政的对外关系体现。五是善于反思学习,修身自省、尽心知性,始终保持开放和谦虚精神。这是仁政的哲学态度。

需要指出的是,仁的社会特别重视作为个体的人、公民本身的权利,把对个人的尊重及公民权利的保障放到至上的位置,作为共同体乃至整个国家权利实现的基石。从这个意义上讲,检讨传统的思想观念及政治体制的不适应之处，认真纠正主次颠倒的问题，乃中国政治改革和现代化的主要任务，也是我们国家赢得世界尊重的关键所在。

仁的国家里必然有一个开放和谦虚的学习型社会。理论和实践都证明，与古代相比，现代化进程呈现一种不断加速的进步以及适应这种进步所必备的自我学习能力。现代化进程不只带来物质的极大丰富，更要求一种内生且不间断的适应与学习能力。它不仅要求个体的人跟上这个节奏，还需要社会政治的决策者和思想及媒体领袖具备相关的气质与习惯。

看看全球史就不难发现，从古代社会一直到19世纪之前很长的历史里面，人类的生活水平维持在一个很低的水平，基本上没有质的改进，人们把绝大多数钱都花在食物上，住房条件相当简陋，医疗体系几乎不存在，服装只是满足最低的实用性，交通工具很少且谈不上舒适；从19世纪中后期开始，从前只有皇家和贵族才能享受的优越生活方式席卷欧美资本主义国家，到了20世纪更是从精英生活方式扩大普及至一般消费者，人的工作时间更短、选择面更大（比如旅行闲暇比重加大）、劳动者的权利更有保障。是什么带来如此巨大的进步？最重要的因素之一，是技术的日新月异和生产力的大幅提高，以及启迪并源源不断推动这种改变所需的学习（创新）能力。不发达国家与发达国家的差异（不管是物质享受还是收入水平），主要是知识水平的差异。比较世界各地经济政策和宏观目标的确立过程，一个显著的区别表现为对教育培训、人力资本投入和知识转化过程的重视程度不同。这里面，决策精英的谨慎务实、避免自大封闭、保持对外部先进经验的吸收，占有十分关键的位置。后发国家向学习型社会的转型，对这些国家人民福祉的影响和民族进步的作用，远远超过以往认为的资源配置效率提高和资源积累促进的经济增长。

能否建立起学习型社会，是当下中国急需探讨的命题之一。笔者印象特别深的一点是，在改革开放初期的20世纪80年代，从最高领导人邓小平，到知识界和媒体，直至普罗大众，中国人普遍比较谦虚谨慎，认为自己国家与先进国家存在大的差距，所以开放学习的氛围十分浓厚，引进的技术、资金、管理经验及各种教科书非常多，以至有些批评认为那时"食洋不化、囫囵吞枣"。回过头来看，确有值得汲取的教训。不过，现在似乎走向另一极端：国内自信心膨胀，出国看不起别人，谁要说中国还落后，哪怕是某些方面不如人，可能遭遇严厉指责。总体判断，如今讲学习外国，借他山之石，不那么容易了，至少不太可能成为某种共识。看过最高领导人的多次讲话，尤其是在国外的著名演讲，他一再要求既保持祖国传统文化和政治哲学的精华，又坚持兼容并包、开放吸收他人长处的态度。只是私下时有担忧，我们现有的某些宣传方式，会不会误读中央的精神，导致社会大众乃至整个民族变得浮躁自大，中国重新变成封闭、自说自话的"井底之蛙"，变化到逐渐与"学习型社会"无缘的地步？但愿这只是杞人忧天。本书所提的"创造性介入"，看重的是学习加创新。"有容乃大"。仁智大国的指向，是开放时代民族的包容性。

越是谦虚和开放的大国，越富于创造性和想象力，越有独特的智慧与力量。

说到底，仁智不是小聪明、小伎俩，而是大智慧，是目光深远、胸有格局的体现。一个大国如果具备了仁智，它就会有一种淡定强韧、不卑不亢、对本土文化充满自豪同时又对他者富有恻隐之心的气质，一种令国际社会和多数国家愿意接纳并追随的风范，一种可以带动整个人类进步和时代向上演化的力量。

有时，看看一些文学类作品，经常为它们所包含、所表达的真善美所感动。联想起来，外交与国际关系研究领域的这类表述似乎很少，相反在不少作者笔下和媒体报道中，国际政治里充斥着大量的算计、流血、阴谋和无助，仿佛这里天然是黑暗之地、是厮杀的战场，是弱小的被裹挟和强者的通吃尽拿。

正如观察盛了一半水的瓶子，不同的角度和心态有着完全不同的解说：消极负面者只注意到"剩下的水不多"，积极正面者肯定"还有好些水呢"。所以，我们的读者如果跳脱出权力政治的博弈算计视角，就会发现国际政治和对外关系范围的进展与希望。

举例来说，曼德拉当选南非总统之后，首先做的事不是清算而是向曾经的对手和压迫者伸出和解之手，他就是一个让世界感动的伟人。不断增多的国际规范和公约，不仅对传统丛林法则和炮舰政策做出积极修正，加速了世界各地的互联互通和协作进程。民间社会和非政府组织加入全球治理进程，一方面为国际政治和外交进程添加了新的动能，另一方面也让一直由民族国家主宰的国际事务变得丰富多彩。人类在21世纪虽不太可能结束暴力行为，但是军事蛮横的优先性及战争伤亡比从前有着显著下降。站在这样的视角加以分析和培育，我们的国民就会变得更加达观平和，我们的外交决策会充满创造性、建设性。

当我们的领导人在国际社会做出承诺，中国作为一个进步的负责任大国，不会重蹈"国强必霸、国强必乱"的老路，这是以一种比较乐观的心态看待现今的全球发展，尝试向外部发出积极正面的信号。只要中国人认真履行这种承诺，恰当应对国际上的各种消极事态和不确定性，努力消除内部不适应进步时代的各种陋习，在不远的未来成为仁智大国是完全有可能的。

在外交层面，国家的大智慧与小聪明的最大区别，是能否巧妙协调应用外事、军事和商务等主要政策性工具，规避恶性竞争和野蛮角力的陷阱，实现自身成长的既定目标。根据古人先贤教导，"上兵伐谋、其次伐交、其次伐兵、其下攻城"。中国邻国众多、环境多样复杂，加上传统权力政治的作祟，旧有的纠纷会时常冒出新的苗头，对我们的和平发展及互利共赢承诺形成这样那样的干扰。只要掌控好应对各种外部不测事端的节奏，抑制住内部狭隘的民族主义情绪，安排好外事与军事等关系，中国将立于不败之地。

新一代的中国人，尤其应当努力拓展全球高边疆，提供更多品种的国际公共产品。这同样是走向仁智大国的一种里程碑，即中华民族是否有眼界发现新的国际前沿与发展高地，是否有智慧和创意设计出国际上需要又于我有利、量力而行的解决方案与公共品。自然，这是从前革命年代的中国人无法想象的，是改革开放初期相对底气不足的中国政府无法应允的。不妨认为，它们是全球性角色的标配，应该是我们国家的新目标、新特质。

○　　○　　○

仁的社会，智的外交，二者间存在逻辑联系。

好的外交有长远格局，能够知进退。当发力则发力，当隐忍则隐忍。既不能坐失拓展全球利益和提升话语权的时机，也不可在无视国外关切和国人不理解的背景下强行当"带路大国"。创造性介入思想总体上鼓励积极有为的中国对外交往态势，特别是广泛活跃的各种斡旋活动，期待外交人在即便看似无望的困境中寻找解决难题和纠纷的亮点及突破口，坚守改革开放以来独立自主、和平发展、互利共赢、开放多元的指向，尤其是赞扬有想象力、体现中国智慧与"和合"文化精神的问题解决方案与思路，在国际关系中逐步树立有古老文明传统和东方智慧的当代新兴大国的正面形象。同时，防止意气用事，避免狭隘民族主义和"愤青式"口号绑架中国外交，以理性、健康、平和、沉稳的立场，抵制国际上的强权主义和霸道做法，遏止损害中国国家利益和主权完整的外部冲击。在当前国际关系消极因素和不确定性有所增加的复杂局面下，尤其在超级大国美国实施全球战略性收缩、不断削减其国际责任的特殊背景下，我们应当谨慎分辨国际社会要求中国取代美国角色（及义务）的各种呼声和多重压力，认真梳理外交资源使用的轻重缓急，有所为有所不为，小心防备战略冒进现象。

外交的格局与智慧，归根结底来自民族的精神和国家内在的动力。如果公民素质不高，社会充满紧张，政府失信于民，经济陷入停滞，政治充满压抑，就很难想象外交人有积极有效的作为，很难指望周边国家和国际社会对这个国家抱有正面期望。今天的中国人是幸运的，我们国家改革开放毕竟已经有了四十载，有取信于民的巨大建设成就，有取信于人的和平合作外交，不论内外发展尚存在哪些不足，它们是推动中国防止各种干扰继续前行的重要基础。现在重要的，不是沾沾自喜地讲大话，更不是着急向外输出"中国模式"，而是细致体察缺失，认真弥补短板。必须清醒地认识到，我们的政治现代化进程还处于中途，中国从经贸大国朝着全方位强盛的仁智大国的行进，依然面临大量的障碍与难题。"生于忧患，死于安乐"，古人的名言警句应时刻铭记存心。应当牢记，中国不是世界的"孤岛"，而是当代国际进步的一部分。应以更高的标准要求自己，以跟国际技术、经贸、政治、社会的发达水平对照对接的尺度，衡量现有国内改革、发展与现代化建设诸方面存在的差距，加快外交改革和能力建设的步伐。

鲁迅先生说得好："厚泽深仁，遂有天下。"

后　记

　　本书是对此前问世的"创造性介入"三部曲的集成，在原来的基础上做了修订增补。这个主题从设想、提出到逐步深化，前后经历八年时间。真心感谢这期间亲朋好友的关心、同行及读者的反馈，特别是北大出版社的支持。希望它多少有助于中国外交研究的深入，有益于仁智民族性格的建立。

2017 年 7 月于北大